고려대학교
파안연구총서
개척 03

의약품 · 의료기기 관련 산업과 법

김재선 · 박정연 · 박현정
이은솔 · 이하원 · 최미연

기획 이희정

세창출판사

머리말

우리가 현재 접하고 있거나 곧 맞이하게 될 세상에 대하여 사람들은 머지않은 과거와 매우 다른 모습을 그리고 있습니다. 법학의 패러다임도 대전환을 맞이하고 있습니다. 이 시기에 고려대학교에서 협업과 융합을 핵심가치로 하는 파안연구총서가 출범한 것이 2017년이었습니다. 파안연구총서 개척 시리즈 제1권은 "인공지능과 자율주행자동차, 그리고 법", 제2권은 "제4차 산업혁명시대의 개인정보"라는 제목으로 출간되었습니다. 이번에 파안연구총서 개척 제3권을 출간하면서 큰 보람을 느낍니다. 파안연구총서의 '개척' 시리즈는 전문가를 대상으로 하는 전문 학술서로서 새로운 사회이슈에 대한 법적 시각을 보여 준다는 취지로 시작되었습니다. '개척'이라는 이름의 의미는 법학의 지평을 확장시켜 간다는 의미입니다.

파안연구총서 '개척' 제3권의 주제는 "의약품·의료기기 관련 산업과 법"입니다. 코로나 바이러스의 확산으로 모든 국가들이 보건의료적 위기를 극복하기 위해 노력한 해에 시의적절한 연구분야라고 생각됩니다. 이 작업은 고려대학교 법학연구원 소속 보건의료법정책센터에서 2019년부터 2020년 초까지 파안기금으로 진행한 보건의료행정법 연구 모임의 결과물이기도 합니다. 이 연구 모임은 고려대학교의 훌륭한 동료 이희정 교수께서 주도해 주셨습니다. 어려운 환경 속에서 각별한 열정으로 뜻깊은 연구 모임을 통해 빛나는 결과를 보여 주신 이희정 교수께 각별한 감사를 드립니다.

개척 제3권에는 6편의 글이 실려 있습니다. 이를 간단히 살펴보면 다음과 같습니다.

　이은솔 변호사의 "의약품 및 의료기기 규제를 담당한 행정조직"은 의약품과 의료기기의 규제 거버넌스를 구성하는 행정기관들의 기능과 상호관계를 서술하고 있습니다. 특히 다양한 기술의 융·복합을 특징으로 하는 디지털 헬스케어의 경우 규제기관은 여러 소관 부처를 아우르는 기술 및 규제에 대한 전문역량을 확보하고, 부처 간 협업체계를 마련하여 규제책임에 명확성을 기할 수 있어야 한다고 지적합니다.

　박정연 교수의 "의료기기 진입규제의 변화: 공법적 정당화 논거와 규제 방향성"에서는 최근 소프트웨어 기반으로 괄목할 만한 변화가 나타나고 있는 의료기기의 진입규제에서 기술혁신을 상용화하기 위한 규제 완화의 흐름과 안전성 확보를 위한 규제 요청 사이에서 균형을 잡기 위해 공법적 이론에 토대한 규제의 방향성을 검토하고 있습니다.

　박현정 사무관의 "의약품 품목허가 단계에서 특허 분쟁 고려"는 해당 의약품이 시중에 판매되어도 될 만큼 안전하고 효과가 있는지를 판단하여 선별적으로 판매를 허용하기 위한 의약품 품목허가 제도와 새로운 기술 및 산업 발전을 도모하고자 고도의 신규 기술에 대해 일정기간 독점적으로 실시할 수 있는 권리를 주는 특허 제도가 관련을 맺게 되는 의약품 허가-특허 연계제도를 살펴보고 있습니다. 2015년 3월부터 시행된 이 제도는 의약품 품목허가 단계에서부터 해당 의약품에 대해 기존 특허권과의 충돌 가능성을 기초로 판매를 저지할 수 있는 제도입니다.

　최미연 변호사의 "유통질서문란 약제의 약가인하처분에 관한 법적 쟁점 연구"는 건강보험 급여대상으로 인정된 약제의 가격을 최초로 정한 후 상한금액을 조정하는 약가 사후관리제도를 주제로 합니다. 특히 리베이트 사건 발생 시 이루어지는 약가인하처분('유통질서문란 약제의 약가인하처분')에 대해서는, 취소소송 등 분쟁이 계속되고 있는 이유로 의료기관에 대한 리베이트 제공 관행이 근절되지 않고 있는 근본적인 문제점 외에도 약가인하처분 근거법령이나 구체적 방식의 문제점 등도 원인이라고 분석하고 있습니다.

이하원 변호사의 "의약품 유통과정에서의 경쟁법 이슈에 대한 검토 —의약품 도매거래를 중심으로"에서는 의약품 유통거래에서의 전문의약품의 도매 유통가격 책정과정에서 발생되는 독점규제 및 공정거래에 관한 법률상의 쟁점, 즉 부당한 공동행위(담합)(동법 제19조), 불공정한 거래행위(동법 제23조), 재판매가격 유지행위(동법 제29조) 등에 대해 검토하고 있습니다.

김재선 교수의 "미국의 의료정보보호법제에 관한 공법적 고찰 —미국의 최근 행정법제 적용사례 논의를 중심으로"에서는 민감정보에 해당하는 개인의 건강정보에 대해 특화하여 규정하고 있는 미국의 의료정보보호법(Health Insurance Portability and Accountability Act: HIPAA)의 내용 및 구체적인 집행방안에 대해 살펴보고 있습니다.

의약품·의료기기법은 아직 많은 연구가 필요한 영역인데, 위 6편의 글이 향후 연구의 든든한 초석이 될 것으로 기대합니다. 연구모임과 저서 출간을 기획·운영해 주신 이희정 교수께 다시 한 번 감사해야 할 이유입니다. 이 책의 출간을 위해 실무를 담당해 준 윤해진 조교에게도 감사를 표합니다.

2009년 법학교육의 중심이 법학전문대학원으로 전환되면서 학문으로서의 법학을 어떻게 수행해야 할 것인가에 대하여 많은 고민이 있습니다. 법학전문대학원의 주된 목적이 전문직업인으로서의 법조인을 양성하는 기관이고 보면 학문으로서의 법학의 바람직한 모습을 고민하는

6

것은 당연해 보입니다. 고려대학교 법학전문대학원은 로스쿨에서 교육을 받은 사람 중의 일부가 학문으로서의 법학을 수행함으로써 그들을 미래의 강건한 학문후속세대로 성장시킬 수 있는 프로그램을 개발하고 있습니다. 파안연구총서는 이러한 프로그램을 견인하고자 합니다.

파안연구총서는 파안연구기금으로 이루어지는 연구사업의 하나입니다. 파안연구기금은 파안(坡岸) 명위진(明渭珍) 회장님께서 2016년 5월 고려대학교 법학전문대학원에 지정 기탁한 기부금을 재원으로 조성되었습니다. 명위진 회장님께서는 어느 연설에서 "나이가 들면 들수록 역시 희망은 오직 사람에게서 찾을 수 있다는 생각이 더 간절합니다. 우리 세대가 대한민국을 가난의 굴레에서 벗어나도록 하기 위해 일했다면, 앞으로의 세대는 세계의 평화와 희망을 위해 일해야 한다고 생각합니다."라고 밝혔습니다. 고려대학교 법학전문대학원은 이 말씀을 마음에 깊이 새기고자 합니다. 파안연구기금을 계기로 학식과 지혜가 모여 훌륭한 성과물을 만들고, 이것이 교육으로 이어지는 선순환의 좋은 본보기를 보여 줄 것입니다. 건전한 학문·교육 생태계 조성에 큰 힘이 되어 주신 명위진 회장님의 귀한 뜻에 감사와 존경의 마음을 드립니다.

고려대학교 법학은 사회에 믿음을 주고 사람들로부터 사랑받는 "높고(高) 우아한(麗) 학문공동체"를 지향합니다. 파안연구총서의 출간은 高大法學이 더 우아해지고, 더 군건해지는 계기가 될 것으로 믿습니다.

2020.12.
고려대학교 법학전문대학원 교수
고려대학교 파안연구기금 기획운영위원장
명 순 구

차 례

의약품 품목허가 단계에서 특허 분쟁 고려 _박현정

유통질서문란 약제의 약가인하처분에 관한 법적 쟁점 연구 _ 최미연

의약품 유통과정에서의 경쟁법 이슈에 대한 검토

─의약품 도매거래를 중심으로 _이하원

미국의 의료정보보호법제에 관한 공법적 고찰
―미국의 최근 행정법제 적용사례 논의를 중심으로 _김재선

파안연구총서 개척 03

의약품·의료기기 관련 산업과 법

의약품·의료기기 산업에 대한 규제·진흥 거버넌스

이은솔*

　의약품과 의료기기는 사람의 생명과 건강에 직접적으로 영향을 미치는 점, 공급자와 소비자 간 정보 불균형을 해소할 필요성이 있는 점 등으로 인하여 전 주기에 걸쳐 정부의 규제하에 관리된다. 의약품과 의료기기는 개발 단계에서부터 임상시험에 대한 계획을 규제기관으로부터 심사받아야 하고, 개발을 마친 제품은 품목허가를 획득한 후 제조품질관리기준(GMP)을 준수하여 제조되어야 한다. 건강보험제도하에서 의약품의 가격은 관련 법령에 따라 산정되거나 정부와의 협상을 거쳐 결정되고, 판매와 유통, 사용에 있어서도 다른 재화보다 더욱 엄격한 정부의 규제와 감시하에 관리된다. 이렇듯 의약품과 의료기기는 타 산업에 비해 정부가 매우 적극적으로 개입하여 중요한 역할을 수행하는 분야라고 할 수 있다.

　의약품과 의료기기에 관한 사무를 총괄적으로 관장하는 국내 중앙행정기관은 보건복지부와 식품의약품안전처이며, 한국의약품안전관리원,

---

*　변호사, 한국제약바이오협회.

한국희귀·필수의약품센터, 한국의료기기안전정보원, 한국보건의료원 등의 기관이 의약품과 의료기기 관련 업무를 담당하고 있다. 그 밖에 산업통상자원부와 과학기술정보통신부 등의 유관 부처도 보건의료산업 관련 정책의 수립과 시행에 일부 관여한다.

위 기관들 간의 합리적이고 효율적인 역할 분담과 관계 수립은 의약품·의료기기 분야의 올바른 정책 방향 설정 및 목표 달성을 위해 반드시 고려되어야 하는 요소이다. 유관 부처의 모든 정책 목표들은 달성되어야 하는 필요성이 인정되지만, 동시에 타 부처의 정책목표와 부딪힐 가능성도 있기 때문이다. 예를 들어, 의약품의 위험 관리와 안전성 확보 그리고 소비자 보호와 관련된 정책은 의약품 관련 산업의 발전을 위한 지원 및 규제 완화와 상충될 수 있다. 따라서 의약품·의료기기와 관련한 다양한 정책목표들을 조화롭게 달성하기 위해서는 부처들 간의 역할 분담과 협력, 견제 등의 상호작용이 적정하게 이루어지는 것이 중요하다.

이 글에서는 의약품·의료기기 산업을 둘러싼 거버넌스를 구성하는 공적 주체로서의 식품의약품안전처와 보건복지부의 조직, 관장 사무 및 관련 산하기관들의 업무를 파악하고, 의약품·의료기기 산업 거버넌스의 다른 주체에 해당하는 기업과 소비자의 역할 및 이해관계에 대해 살펴보겠다. 이와 함께 식품의약품안전처와 보건복지부로 대표되는 의약품·의료기기 행정조직의 기능 분리와 역할 그리고 4차 산업혁명 시대의 규제기관의 역할 변화를 다루고자 한다.

Ⅰ. 의약품 및 의료기기 관련 행정조직

1. 보건복지부 및 소속기관

(1) 보건복지부

[연 혁]

보건복지부는 보건위생·방역·의정(醫政)·약정(藥政)·보건산업·기초생활보장·자활지원, 사회보장 및 사회서비스 정책, 인구·출산·보육·아동·노인 및 장애인에 관한 사무를 관장하는 중앙행정부처이다. 대한민국 정부 수립 당시 구분되어 있던 보건부 및 사회부는 1995년 '보건사회부'로 통합되었다가, 1994년 보건위생·의정·약정뿐 아니라 생활보호·여성복지·아동·노인·장애인 등 취약계층에 대한 정책과 사회보장에 관한 사무까지 관장하게 되면서 '보건복지부'로 개편되었다. 이후 2008년에 위 사무에 청소년·가족에 관한 사무가 추가되면서 '보건복지가족부'로의 개편을 거쳐, 2010년에 다시 청소년·가족 사무를 여성가족부로 이관하고 나서 현재와 같은 보건복지정책 중심의 보건복지부가 출현하였다.

[소관 법률]

보건복지부는 2020년 9월 기준 총 101개의 법률을 운용하고 있으며, 이 중 기획조정실, 사회복지정책실, 인구정책실 소관 46개를 제외한 총 55개의 법률이 보건의료 분야에 해당한다.[1] 55개의 법률은 다시 분야별로 보건의료정책(「의료법」, 「약사법」, 「의료기기법」 등) 10개, 공공보건 정책(「공공보건의료에 관한 법률」, 「감염병의 예방 및 관리에 관한 법률」 등) 24개, 한의약정책

---

1   보건복지부, "주요업무 추진 현황(제372회 국회 국정감사)," 2020. 10. 7, 33면.

(「한의약육성법」) 1개, 건강보험(「국민건강보험법」 등) 2개, 건강정책(「국민건강증진법」, 「마약류관리에 관한 법률」 등) 11개, 보건산업 정책(「제약산업 육성 및 지원에 관한 특별법」, 「첨단재생의료 및 첨단바이오의약품 안전 및 지원에 관한 법률」 등) 7개로 구분할 수 있다.

[의약품, 의료기기 관련 주요 업무 및 담당조직]

보건복지부는 의약품과 의료기기의 유통 정책, 가격 정책, 산업에 관한 정책 등을 수립하고 시행한다는 점에서 주로 의약품과 의료기기의 안전성·유효성 확보를 목적으로 하는 전문 심사기관으로서의 성격이 강한 식품의약품안전처와 구별된다.

4실 6국 16관 1대변인 81과(13담당관 1센터 포함) 1단 1팀(2020. 9. 기준)으로 구성된 보건복지부는 보건의료제도 전반에 관한 업무 외에도 인구아동·연금·사회서비스 등 복지 전반에 관한 업무를 관장한다. 2020년 8월 개정 「정부조직법」(법률 제17472호)의 시행으로 보건복지부는 복수차관제도를 도입하였다. 이에 따라 제1차관은 기획조정 및 복지 분야를, 제2차관은 보건 분야를 담당하여 보건과 복지 각 분야의 전문성 강화를 위한 기반이 마련되었다. 이 글에서는 의약품 및 의료기기와 직·간접적으로 관련된 보건복지부의 조직과 업무를 다루고자 한다.

가. 유통

보건의료정책실 보건의료정책관 소속 약무정책과에서는 식품의약품안전처와 중복되지 않는 범위 내에서 의약품 및 의료기기 관련 정책과 법령, 유통 정책에 관한 사항을 담당한다. 특히 의약품을 사용자의 안전을 위하여 허가를 받은 도매상 등으로 공급자를 제한 및 관리하고, 유통 과정을 추적하기 위해 의약품에 고유번호를 붙이는 일련번호 제도를 운영하며, 의약품의 올바른 선택과 사용을 방해하는 리베이트를 규제하는 등 종합적인 유통 정책을 수립하는 것이 약무정책과의 중요한 업무라고

보건복지부 조직도

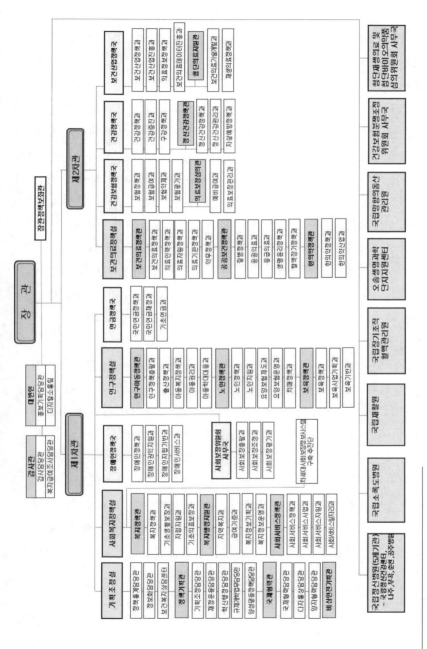

2 보건복지부, "주요 업무 추진 현황(제372회 국회 국정감사)", 2020. 10. 7, 31면.

할 수 있다. 이 외에 의약분업, 약사인력 등에 관한 제도의 수립 및 연구도 보건복지부 약무정책과의 소관 사무에 해당한다.

나. 가 격

우리나라 건강보험체계상 의약품을 제조·수입하는 제약회사가 신규로 판매를 허가받은 의약품에 대해 건강보험을 적용받기 위해서는 보건복지부 장관에게 해당 의약품을 요양급여 대상으로 결정해 줄 것을 신청하여야 한다. 건강보험정책국 보험약제과에서는 이러한 약제 요양급여의 결정신청에 대한 건강보험급여 대상 여부 결정 및 조정, 약제의 경제성평가 및 상한금액 협상, 약제의 건강보험요양급여기준 수립 등 약제에 대한 요양급여 관련 업무 전반을 관장 및 지도, 감독한다. 의료기기 역시 건강보험 요양급여 대상이 되기 위해서는 해당 의료기기를 이용한 의료기술 또는 해당 치료재료에 대하여 급여 여부의 결정을 받아야 하는바, 이는 건강보험정책국 보험급여과에서 담당하고 있다.

다. 산 업

보건산업 관련 업무는 보건산업정책과, 보건산업진흥과, 의료정보정책과, 보건의료데이터진흥과 그리고 첨단의료지원관으로 구성된 보건산업정책국에서 총괄한다. 보건산업 전반의 정책 기획과 종합계획 수립은 보건산업정책과에서, 의약품과 의료기기 산업의 육성·지원 및 기반구축 등 산업의 지원과 직접적으로 관련된 업무는 보건산업진흥과에서 담당한다. 보건의료 빅데이터, 인공지능 등 4차 산업혁명으로 인하여 새롭게 등장하거나 산업계의 관심이 높아진 분야는 보건의료데이터진흥과의 소관 사무에 해당한다. 첨단의료지원관은 보건의료기술 및 보건의료 연구개발에 관한 사항을 관장하며, 보건의료기술개발과와 재생의료정책과를 두고 있다.

라. 기 타

배아·줄기세포, 유전자검사 및 인체유래물 관련 제도 그리고 혈액정책 등은 보건의료정책실 공공보건정책관에 소속된 생명윤리정책과의 소관 사무이다. 동 부서 역시 세포치료제, 혈액제제 등의 의약품과 관련한 정책을 직·간접적으로 수립한다고 할 수 있다.

(2) 보건복지부 소속기관

가. 국민건강보험공단

우리나라 의료보험은 1977년 7월 상시 500인 이상 근로자를 고용한 사업장을 대상으로 시작되어 1988년 농어촌 지역의료보험, 1989년 도시지역의료보험으로 확대되었으나, 단일 보험자 체계가 아닌 직장, 직종, 지역, 공무원 및 사립학교 교직원 등 직역에 따라 다양한 조합 방식의 다(多) 보험자 체계로 운영됨에 따라 보험료와 급여의 불형평성, 관리 운영의 비효율성, 위험분산의 한계, 급여 확대의 어려움 등의 문제가 지속적으로 제기되었다.[3] 이에 국민건강보험법의 제정 1년 후인 2000년에 국민건강보험공단이 출범하였으며, 2011년부터 공단이 4대 사회보험에 대한 통합 징수를 시작하였다. 국민건강보험공단은 가입자인 국민을 대리하여 국민건강보험과 노인장기요양보험의 급여 및 보험재정을 관리하며, 건강보험의 보험자로서 가입자와 피부양자의 자격 관리, 보험료 등의 부과·징수 등의 업무를 관장한다. 전 국민 단일 건강보험체계와 그 운영기관으로서의 국민건강보험공단은 세계적으로 우수한 사례가 되고 있으나, 보험재정의 불안정과 이로 인한 지속가능성 문제 등 공단이 마주하는 주요 당면 과제의 무게는 결코 가볍지 않다고 할 수 있다.

나. 건강보험심사평가원

건강보험심사평가원은 보험료를 부과·징수하고 요양급여비용을 지급하는 국민건강보험공단과 국민에게 의료를 제공하는 공급자 사이에서 요양급여비용의 심사 및 요양급여적정성 평가업무를 수행한다. 건강보험심사평가원은 국민건강보험공단 출범과 같은 해인 2000년에 국민

---

3 김용익, "건강보장과 국민건강보험의 역할," 보건행정학회지 28권 3호, 2018, 210면.

건강보험법에 근거하여 독립된 전문 심사기구로 설치되었으며, 이는 진료비 심사의 객관성·전문성·공정성을 확립하여 고유의 역할을 원활하게 수행하도록 하기 위한 목적이었다. '요양급여비용의 심사'는 보건의료서비스 제공에 대한 대가를 일정 기준과 원칙에 따라 심의·결정하는 것이고, '요양급여의 적정성 평가'는 환자에게 실시한 진찰, 시술, 투약, 검사 등이 의·약학적으로 타당하였는지 여부와 비용 효과적 측면에서 효율성이 있었는지 여부를 요양기관별로 평가하는 것이다.[4] 즉, 건강보험심사평가원의 책무는 공정하고 전문적인 심사를 통하여 보험재정과 국민을 보호하는 것이라고 할 수 있다.

다. 질병관리청

질병관리청은 국민보건향상 등을 위한 감염병, 만성 질환, 희귀 난치성 질환 및 손상(損傷) 질환에 관한 방역·조사·검역·시험·연구업무 및 장기이식관리에 관한 업무를 관장하는 보건복지부 소속기관이다. 질병관리청은 2020년 8월 질병관리본부에서 현재의 청으로 승격되어 독자적인 예산을 가지고 조직을 운영하며 감염병에 관한 정책을 독립적으로 수립, 시행할 수 있게 되었다. 코로나19와 같은 국가적 재난 상황을 겪으면서 방역 대응 조직과 인력을 확충할 필요성 및 감염병 대응 총괄 기관으로서의 위상을 강화할 필요성을 절감한 점이 이러한 승격에 기여한 것으로 보인다.

질병관리청은 국내 백신의 공급 및 유통 상황을 지속적으로 관리하여 공급량과 부족 상황 등을 예측하고 수급이 부족한 상황이 발생하더라도 예방접종이 중단되지 않도록 대비한다. 백신은 특정 수요계층이 존재하여 수요량이 한정적이고 제조·수입 후 국가출하승인 과정을 거쳐 국내에 유통되기까지 일정기간이 소요되므로, 수요를 미리 예측하여 유통량을 계획, 조절해야 안정적인 공급이 가능하기 때문이다.[5] 만약 백신 제

---

4 건강보험심사평가원, "건강보험심사평가원 기능과 역할," 2019.
5 김윤주, "국가필수예방접종 백신 정부조달 공급 체계," 2013.

조·수입사의 공급 부족 또는 접종 수요의 급증으로 국내에 백신이 부족한 상황이 발생한다면 국가 내 전반적인 접종률 및 적기접종률이 저하되어 질병의 유행을 예방하기 위한 예방접종의 본질적 목적 달성이 어려워진다.

또한 질병관리청은 감염병 재난 발생을 예방하고 재난 발생 시 효과적으로 대응하기 위하여 방역 컨트롤타워로서의 역할을 수행한다. 질병관리청은 자체 위기평가회의 결과에 따라 '관심', '주의', '경계', '심각' 4단계의 위기경보를 발령한다. 코로나19와 같이 감염병이 전국적으로 확산되는 '심각' 단계에서는 국무총리를 본부장으로 하는 '중앙재난안전대책본부'가 가동되고 질병관리청이 '중앙방역대책본부'로서 감염병 대응의 특수성과 전문성을 가지고 범정부적 방역을 총괄한다. 중앙방역대책본부장으로서 질병관리청장의 역할은 감염병의 추가 확산을 차단하기 위한 방침을 수립, 시행하는 동시에 신속·정확·투명한 정보 공개를 통해 국민 불안을 해소하는 것이며, 코로나19로 인한 대응 과정에서 이러한 역할 수행을 잘 보여주고 있다.

라. 한국보건산업진흥원

한국보건산업진흥원은 보건산업의 육성·발전과 보건 서비스 향상을 위한 지원사업을 전문적·체계적으로 수행함으로써 보건산업의 국제경쟁력을 높이고 국민보건 향상에 이바지하기 위한 목적으로 한국보건산업진흥원법에 근거하여 설립된 준정부기관이다. 보건산업진흥원은 보건산업 기술의 개발과 그 기술의 제품화를 위한 기술개발 지원사업, 보건산업 정보 및 통계의 조사, 분석 및 활용에 관한 사업, 보건산업의 발전을 위한 정책연구 및 정책 수립지원, 교육·홍보 및 국제협력 등의 업무를 수행한다. 또한 국내에 소재한 본부 외에 미국, 중국, UAE, 카자흐스탄, 중남미에 해외지사 6개소를 두어 국내 보건의료산업체의 해외진출을 돕고 있다.

마. 한국보건의료연구원

우리 건강보험 체계상 병원에서 환자에게 새로운 의료행위를 하기 위해서는 신의료기술평가를 거쳐야 하기 때문에, 식품의약품안전처로부터 허가를 받은 의료기기라 하더라도 이를 이용한 의료기술이 건강보험에 도입되기 위해서는 신의료기술평가를 통한 안전성·유효성 평가가 선행되어야 한다. 한국보건의료연구원은 「보건의료기술진흥법」에 근거하여 2008년에 설립된 공공기관으로, 신의료기술 평가 등에 관한 업무를 포함한 보건의료기술의 안전성·유효성 등에 대한 정보수집·분석·평가 및 경제성 분석, 보건의료기술에 대한 국가적인 근거 개발을 위한 연구의 지원, 국민건강 개선효과 분석 및 연구개발 수요분석 등을 수행한다. 따라서 의료기기 분야에 있어 한국보건의료연구원은 사실상의 진입규제를 담당하는 중요한 규제기관으로 기능하며, 식품의약품안전처는 '제품'에 대하여, 한국보건의료연구원은 제품을 이용한 '의료기술'에 대하여 안전성과 유효성을 평가한다는 차이에도 불구하고 업계로부터 이중규제라는 지적이 제기되기도 한다.

바. 대한적십자사

대한적십자사는 국내외 재난자와 취약계층에 대한 구호사업을 담당하고, 혈액사업의 주체로서 혈액관리법상 혈액관리업무를 수행하며 의약품 원료로 사용되는 분획용 혈액을 판매한다. 혈액의 매매행위는 「혈액관리법」상 금지되므로[6] 의료기관에서 사용되는 수혈용 혈액 전량은 대한적십자사의 헌혈사업으로 수급된다. 수혈용 이외의 혈장제제는 대한적십자사의 혈장분획센터를 거쳐 제약사에 의약품 제조용으로 공급되며, 의약품 원료로 사용할 혈장이 부족할 경우 일부 수입하여 사용되고 있다. 관련하여 의약품 제조를 위한 분획용 혈장이 자급자족이 어려워 수입에 의존할 수밖에 없는 점, 적십자사가 제약사에 공급하는 혈장의 공급가격이 표준원가

---

6   혈액관리법 제3조.

보다 낮아 부적정한 점 등이 문제점으로 지적되고 있다.[7]

2. 식품의약품안전처 및 산하기관

(1) 식품의약품안전처

식품의약품안전처는 규제기관인 동시에 정책의 수립과 집행을 담당하는 정책기관이며, 과학적 증거를 기반으로 안전관리를 수행하는 전문가 중심 기관의 성격도 혼재하여 가지고 있다.[8] 또한 국민 안전을 위한 의약품 · 의료기기 규제 기능뿐 아니라 기업이 우수한 제품을 개발하여 국민에게 공급할 수 있도록 협력하는 기능도 수행한다. 이러한 복합적인 역할로 인하여 식품의약품안전처는 국민들로부터는 현대사회의 다양한 보건 위해요소로부터 국민을 충분하게 보호하지 못하고 투명한 소통이 부족하다는 비판을, 기업들로부터는 불필요한 규제가 산업의 발전을 막고 제도가 신기술의 발전을 따라가지 못한다는 비판을 받기 쉽다. 그럼에도 다양한 리스크와 가능성이 공존하는 4차 산업혁명 시대에 국민의 건강을 수호하는 규제기관이자 헬스케어 산업의 동반자로서의 식품의약품안전처의 역할은 더욱 강조되고 있다.

[연 혁]

식품의약품안전처는 1,964명 규모(2020. 9. 기준)의 식품 및 의약품의 안전에 관한 사무를 관장하기 위한 국무총리 소속 기관이다. 식품 및 의약품의 안전에 관한 업무는 본래 보건복지부 내의 식품의약품안전관리본부에서 담당하였으나, 1998년 식품 및 의약품에 대한 안전관리 기능

---

7 대한적십자사, "주요 업무 보고(2018년도 국정감사)," 2018. 10, 26면; 히트뉴스, "분획용 혈장 헐값에 팔아 적십자사 5년간 490억 손해," 2019년 10월 15일자.
8 고려대학교 산학협력단, "식품의약품안전처 미래 방향 설정을 위한 연구," 2016. 6, 11면

을 강화하기 위하여 보건복지부장관 소속하에 식품의약품안전청이 신설되었다. 이후 보건복지부 산하 외청의 형태를 유지하다가, 국민생활의 안전을 위하여 식품 및 의약품 안전관리체계를 일원화하기 위한 목적에서 2013년 국무총리 산하 기관으로 승격되어 현재와 같은 식품의약품안전처가 설립되었다. 동 개편으로 식품의약품안전처는 보건복지부와 별도로 예산을 수립하고 집행하는 것이 가능해짐으로써 조직의 권한과 책임이 강화되었으며, 임상시험 관리, 허가 · 제조 업무, 유통 및 시판후 관리 등 의약품 전 주기에 대한 집행업무뿐 아니라 관련 법령 및 제도개선 등 정책업무를 통합하여 수행하는 의약품 등의 안전관리 컨트롤타워 역할을 부여받았다.

[소관 법률]

식품의약품안전처는 식품 · 의약품 · 의료기기 정책 관련 21개의 법률을 운용하고 있다.[9] 이 중 의약품과 의료기기와 관련되는 법률은 다음과 같다.

분 야	법률명	제정일
의약품 · 의료기기 공통	실험동물에 관한 법률	'08.3.28
	식품 · 의약품분야 시험 · 검사 등에 관한 법률	'13.07.30
	식품 · 의약품 등의 안전기술 진흥법	'15.05.18
의약품	약사법 (복지부 공동 소관)	'53.12.18
	마약류 관리에 관한 법률	'00.01.12
	첨단재생의료 및 첨단바이오의약품 안전 및 지원에 관한 법률 (복지부 공동 소관)	'19.08.27
의료기기	의료기기법	'03.05.29
	체외진단의료기기법	'19.04.30
	의료기기산업 육성 및 혁신의료기기 지원법	'19.04.30

---

9   식품의약품안전처, "주요업무 보고(제372회 국회 국정감사)," 2020. 10. 13, 44면.

[의약품, 의료기기 관련 주요 업무 및 담당조직]

식품의약품안전처는 의약품과 의료기기, 의약외품, 마약류, 화장품 그리고 건강기능식품과 식품의 안전관리에 관한 사무를 관장한다. 이러한 관장 사무를 지원하기 위하여 식품의약품안전평가원을 소속기관으로 두고 있고, 6개의 지방식품의약품안전청이 식품의약품안전처 소관 사무를 분장하고 있다.

식품의약품안전처 조직도[10]

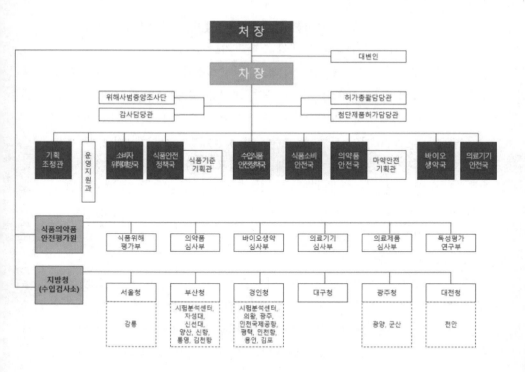

가. 정책 수립

의약품 안전정책 및 안전관리는 의약품안전국에서 총괄한다. 의약품 안전국은 의약품의 허가 · 임상시험 제도, 품질관리, 수출 · 수입, 통계, 교육에 관한 사항 등에 관한 정책을 수립, 관리하고 의약품 부작용 피해 구제제도를 운영한다. 의약품안전국에 소속된 마약안전기획관은 마약류 및 원료물질에 관한 정책을 총괄하고 마약류 안전관리 계획을 수립 및 추진한다. 우리나라에서 마약류 관리는 「마약류 관리에 관한 법률」 에 따라 허가 · 지정받은 마약류 취급자만이 취급하도록 엄격하게 이루어지고 있으나, 최근 몇 년간 의료기관에서 발생하는 프로포폴 오남용이 사회적 문제로 부각되면서 환각성분이 함유된 향정신성의약품에 대한 실질적 감시와 관리의 한계가 드러나기도 하였다.

바이오생약국은 생물학적 제제, 유전자재조합의약품, 유전자치료제, 세포치료제 등 바이오의약품과 한약, 화장품 및 의약외품 등에 관한 안전정책을 총괄하고, 바이오의약품 등의 품질관리 및 허가 관련 업무를 담당한다. 의료기기 허가제도 운영 및 정책개발, 의료기기의 등급 분류와 지정 등 의료기기 정책전반에 관한 업무는 의료기기안전국에서 총괄하고 있다. 소비자위해예방국은 식품, 의약품, 의료기기 등 식품의약품 안전처의 모든 규제대상에 대하여 위해정보를 분석하고 소비자 지향 정책을 개발하는 기능을 수행한다.

나. 허가와 심사

의약품과 의료기기는 인체에 직접 사용하는 것으로서 그 본질상 인체에 위해를 끼칠 가능성이 존재한다. 따라서 의약품과 의료기기가 품목 허가를 받기 위해서는 위험과 편익의 비교형량 과정을 거쳐 질병의 치료 · 예방 효과가 인체에 대한 위해성보다 크다는 점이 과학적 심사로 증명되어야 한다.

식품의약품안전평가원은 식품의약품안전처 소속 기관으로서 과학적 근거에 기반하여 의약품 등의 위해평가 · 심사 · 시험분석 · 연구개발을 수행한다. 의약품의 심사를 담당하는 의약품안전부는 의약품의 개발단계에서의 임상시험계획 승인 심사와 허가신청 시의 품질, 안전성·유효성 심사 및 허가 후의 재평가, 재심사 등을 통한 전 주기에 대한 심사로 국제 수준의 안전한 의약품이 공급될 수 있도록 한다. 생물의약품 및 의료기기의 심사는 바이오생약심사부와 의료기기심사부에서 각 담당하고 있다. 이외에 식품의약품안전평가원은 의료제품연구부에서 수행하는 연구사업을 통하여 안전관리 정책의 과학적 근거를 제공하고 심사 평가 기술을 마련한다.

식품의약품안전처 본부의 허가총괄담당관 및 첨단제품허가담당관은 식품의약품안전평가원의 심사 결과를 토대로 허가 업무를 수행한다. 원래 의료제품의 허가·심사 업무는 식품의약품안전평가원에서 통합하여 수행 중이었으나, 심사부서는 과학적 기반의 평가에 집중하고 허가부서는 규제행정의 완결성을 제고함으로써 각 업무의 전문성을 강화하기 위하여 2020년에 허가는 본부 차장 직속 과에서, 심사는 평가원에서 수행하는 것으로 분리되었다.[11]

다. 개발 지원

식품의약품안전처는 기업의 의약품 등의 개발을 촉진하고 지원하는 업무도 수행한다. '팜나비 사업'은 국내 개발의약품의 신속한 제품화 및 글로벌 진출을 지원하는 대표적인 사업이다. 동 사업 지원 대상으로 지정되는 의약품 개발자는 제품 개발 중 실시간으로 허가·심사 전반에 대해 전문 창구를 통한 밀착 상담을 받을 수 있다.[12]

4차 산업혁명과 글로벌 헬스케어 트렌드에 따라 산업 간 경계를 넘나드는 신개념 의료 제품에 대한 개발 및 허가 지원도 이루어지고 있다. 식품의약품안전처는 혁신의료제품의 개발을 지원하기 위해 2019년에 임시조직으로서 융복합혁신제품지원단을 출범하였으며, 동 조직은

---

11 2020. 8. 18. 관계부처 합동 보도자료 "식약처 의료제품 허가·심사 체계개편".
12 식품의약품안전처 홈페이지(https://www.nifds.go.kr/brd/m_94/list.do).

2020년에 본부의 첨단제품허가담당관 및 식품의약품안전평가원 원장 직속의 사전상담과 등으로 정규화되었다. 이로써 전통적인 의약품 또는 의료기기의 분류에 따라 구분하기 어려운 융복합 의료제품의 신속한 제품화 지원이 가능한 환경이 마련되었고, 기업들은 전문 심사자와 조기에 협력함으로써 시행착오를 최소화하고 제품화에 소요되는 비용과 시간을 단축할 수 있게 되었다.

라. 법 집행

6개의 지방식품의약품안전청[13]은 본부에서 수립된 정책을 현장에서 집행할 뿐 아니라 지역적 한계로 인하여 본부에서 효율적으로 수행하기 어려운 사항을 관장하며, 정책과 현장 간의 괴리가 발생하지 않도록 피드백을 제공한다. 구체적으로는 의약품 위해사범에 대한 수사기관의 수사 지원, 의약품 제조업의 허가 및 위탁제조판매업 신고의 수리, 의약품 제조판매품목 및 수입품목에 대한 허가(의약품동등성 시험 관련 자료를 제출한 경우만 해당), 마약류 제조업자·수출입업자·원료사용자 및 학술연구자에 대한 허가·행정처분·교육, 의료기기의 제조·수입업체에 대한 제조 및 품질관리기준(GMP)의 심사 및 지도 등이 있다.

본부의 위해사범중앙조사단은 각 지방식품의약품안전청이 지원하는 의약품 위해사범 관련 수사를 총괄한다. 위해사범중앙조사단은 미국 식품의약국(FDA) 범죄수사부(OCI)와 같이 보건범죄에 한하여 직접 수사권을 가진 특별사법 경찰 전담조직으로,[14] 2개 이상의 광역지방자치단

---

13 서울지방식품의약품안전청, 부산지방식품의약품안전청, 대구지방식품의약품안전청, 경인지방식품의약품안전청, 광주지방식품의약품안전청, 대전지방식품의약품안전청 (식품의약품안전처와 그 소속기관 직제 별표1).

14 「사법경찰관리의 직무를 수행할 자와 그 직무범위에 관한 법률」 제5조 제9호 및 제6조 제7호에 따라 식품의약품안전처와 그 소속 기관, 특별시·광역시·도 및 시·군·구에 근무하며 의약품·화장품·의료기기 단속 사무 및 「식품·의약품 분야 시험·검사 등에 관한 법률」에 규정된 시험·검사에 관한 단속 사무에 종사하는 4급부터 9급까지의 국가공무원 및 지방공무원은 소속 행정관서 관할 구역에서 발생하는 「약사법」·「화장품법」·「의료기기법」·「식품·의약품분야 시험·

체에 걸쳐서 발생한 의약품 등의 사고에 대한 조사, 의약품 등의 상습
적·고의적 범죄행위 발굴 등을 수행한다. 위해사범중앙조사단은 2009
년 2월 식품의약품안전처에서 출범한 이후 1년 만에 의약품 분야 256건
을 포함하여 식·의약품 관련 범죄 469건(669명)을 수사한 것으로 집계
되는 등의 성과를 보이고 있으나,[15] 위해사범중앙조사단이 식품·의약
품 위해사범을 적발해 검찰에 송치한 이후에 검찰과의 협조체계가 매우
빈약함에 따라 해당 사건 처리결과와 이유를 파악하기 어려워 '단속, 적
발, 검찰 송치, 검찰의 혐의없음 또는 불기소'의 악순환을 반복할 수밖에
없다는 지적을 받기도 하였다.[16]

(2) 식품의약품안전처 산하기관

가. 한국의약품안전관리원

한국의약품안전관리원은 의약품으로 인한 부작용 및 품목허가정보·
품목신고정보 등 의약품의 안전과 관련한 각종 정보의 수집·관리·분
석·평가 및 제공 업무를 효율적이고 체계적으로 수행하기 위하여 2012
년에 설립된 식품의약품안전처 산하의 공공기관이다. 의약품안전관리
원은 약화사고 등의 조사, 의약품 부작용 피해구제 사업, 의약품안전정
보 관련 사업, 마약류 통합정보 관리 등 식품의약품안전처장으로부터
위탁받은 사업을 수행하며, 의약품의 제조업자·수입자 등과 약국·의
료기관 개설자로부터 의약품으로 인하여 발생하였다고 의심되는 질
병·장애·사망 등의 사례를 보고받는다. 한국의약품안전관리원은 의
약품 부작용을 체계적으로 수집, 분석, 평가 및 공유한 성과를 인정받아

　검사 등에 관한 법률」에 규정된 범죄와 「보건범죄 단속에 관한 특별조치법」 중
　약사(藥事)에 관한 범죄에 대하여 사법경찰관리의 직무를 수행한다.
15　메디소비자뉴스, "지난해 의약품범죄 '제조관리 위반' 가장 많아 … 식약청," 2010
　년 5월 17일자.
16　헬스코리아뉴스, "식약처가 검찰 송치한 위해사범사건, 결론은 '모름'," 2019년 10
　월 7일자.

2018년 세계보건기구(WHO)로부터 보건의료 분야 발전에 기여한 개인이나 기관에게 수여하는 UAE 보건재단상을 수상하기도 하였다.

나. 한국희귀필수의약품센터

의약품은 국민의 생명과 건강에 직결되기 때문에 안정적인 공급이 담보되어야 한다. 그러나 의약품 제조·수입업자는 기업의 특성상 본질적으로 영리성을 추구하기 때문에 경제적 이익을 창출할 수 없는 의약품의 경우 정부의 개입이 있어야 환자들의 접근성이 보장될 수 있다. 한국희귀필수의약품센터는 희귀의약품, 국가필수의약품 그리고 그 밖에 국민 보건상 긴급하게 도입할 필요가 있거나 안정적 공급 지원이 필요한 의약품의 정보 제공 및 공급 업무를 담당하는 법인이다. 센터는 희귀난치질환 환자들의 민원을 접수하고 정책을 건의할 뿐 아니라, 대체의약품이 없어 긴급한 도입이 요구되는 희귀질환자 치료용 의약품과 환자치료에 반드시 필요한 국가필수의약품을 직접 수입·위탁생산하고, 의료용 대마와 같은 자가치료용 의약품을 구입대행하여 국내에 공급한다. 한국희귀필수의약품센터가 2018년 한 해 동안 공급한 의약품은 총 172품목 17,719건이며,[17] 식품의약품안전처는 희귀·난치 질환자를 위한 정책의 일환으로 필수의약품 등의 신속한 공급을 위하여 센터의 기능을 확대하고 전담인력을 확충해 나가고 있다.

다. 한국의료기기안전정보원

한국의료기기안전정보원은 국내외 신개발의료기기 동향 및 임상정보 등에 관한 종합적인 정보·기술의 지원과 의료기기 인증 등에 관한 업무를 하기 위하여 2012년에 설립되었다. 2018년에는 그 수행업무가 의료기기 안전관련 정책수립 지원을 위한 조사·연구 및 의료기기 부작용 인과관계 조사·분석·평가업무에까지 확대되면서 기존 기관명 '의료기기정보기술지원센터'에서 현재와 같이 변경된 기관명으로 새롭게 출

---

17 한국희귀필수의약품센터 소식지 vol.76 〈2018년도 공급실적〉, 2019. 1.

범하였다. 주요 사업으로는 의료기기 관련 종합적 정보 수집 및 분석과 이를 통한 의료기기 산업의 육성 및 지원, 의료기기 안전관리 향상과 의료기기 전문인력 양성을 위한 의료기기 품질책임자 교육 및 RA전문가 교육 사업, 의료기기 인증 및 신고 업무가 있다. 이 중 의료기기 인증 및 신고 업무는 1등급 신고대상 의료기기와 2등급 인증대상 의료기기에 관한 것으로, 2015년부터 지방식품의약품안전청으로부터 위임받아 한국의료기기안전정보원이 수행하고 있다.

3. 기타 유관기관

(1) 산업통상자원부 및 과학기술정보통신부

최근 정부는 2017년에 「제3차 생명공학육성기본계획('17~'26)」, 「제약·의료기기·화장품 산업 5개년 종합계획('18~'22)」을 수립하고, 2018년에 「바이오헬스 산업 발전전략」, 「혁신성장 확산을 위한 의료기기 분야 규제혁신 및 산업육성 방안」, 「4차 산업혁명 기반 헬스케어 발전전략」 등을 발표하며,[18] 2019년에 의약품, 의료기기 등의 제조업과 의료, 건강관리 서비스업을 통칭하는 '바이오헬스 산업'을 우리나라 차세대 주력산업으로 선정하는 등 바이오헬스 산업의 육성에 관심을 기울여 왔다. 관련하여 산업통상자원부와 과학기술정보통신부가 보건복지부와 함께 유관부처로서 바이오헬스 산업의 성장 가속화를 위한 예산을 편성하고 지원책을 수립 및 시행하고 있다. 산업통상자원부과 과학기술정보통신부는 세제지원, 규제 합리화 등 일반적인 산업지원정책뿐 아니라 환자 맞춤형 신약과 신의료기술 연구개발에 활용할 최대 100만 명 규모의 '국가 바이오 빅데이터' 구축, 정부 R&D 투자 확대를 통한 혁신신약 및 의료기기 기술 개발 등을 목표로 바이오헬스 산업의 지원을 계속하

---

18 과학기술정보통신부 보도자료 〈바이오 헬스 혁신을 위한 민관 공동간담회 개최〉, 2019. 5. 16.

고 있다.[19]

(2) 특허청

의약품·의료기기 산업은 첨단 기술 및 지식 집약 산업으로서 특허권 등 지식재산권의 보호를 받는다. 특히 의약품의 경우 수년간 막대한 개발 비용이 드는 반면 그 복제는 상대적으로 쉽다는 점에서 특허가 중요한 의미를 갖는다. 또한 의약품의 특허발명은 그 기술 내용이 매우 전문적이며 적용되는 법리가 다른 분야에 비해 특수할 뿐 아니라, 관련 제도를 정비 시 발명에 대한 보상에 더하여 국민의 의약품 접근권까지 고려해야 한다는 특징이 있다. 특허청 화학생명기술심사국 소속의 약품화학심사과 및 의료기술심사과 그리고 융복합기술심사국 소속 바이오헬스케어심사과에서 의약품, 의료기기 및 기타 바이오분야의 특허 심사를 수행하고 있다.

(3) 공정거래위원회

보건의료인의 의약품 선택을 왜곡하는 리베이트는 공정거래위원회가 규제하는 불공정행위 중 부당한 고객유인행위에 해당한다. 공정거래위원회 제조업감시과는 제약산업에서 구조적, 관행적으로 발생하는 리베이트를 전문적이고 집중적으로 조사하고, 「독점규제 및 공정거래에 관한 법률」에 따라 위반 사실 적발 시 제재한다. 이 외에 공정거래위원회는 납품 구조의 특성상 빈번하게 발생하는 백신의약품 사업자 간 담합을 규제하고, 의약품 거래의 특수성을 반영한 의약품 등 제조업종 표준하도급계약서 및 의약품 표준대리점거래계약서 등을 제·개정하고 있다.

---

19 산업통상자원부 보도자료 〈바이오 빅데이터·R&D 투자 4조원, 바이오헬스 글로벌 수준으로 육성〉, 2019. 5. 21.

II. 기업 및 소비자

의약품 · 의료기기 산업 거버넌스를 구성하는 주체에는 행정기관뿐 아니라 환자와 소비자, 기업, 각 협회 등 사업자단체, 약사와 의사 등이 있다. 이들 주체는 의약품 · 의료기기 정책에 대하여 각자의 이해관계에 기반하여 의견을 내고 서로 충돌하며 정책 결정과정에 개입하고 영향을 미친다. 여기에서는 이 중 제약기업과 환자의 정책에 대한 입장 및 역할에 대하여 살펴보고자 한다.

1. 제약기업

제약기업은 의약품의 제조, 판매업자로서 품질 관리와 유통 질서뿐 아니라 어떠한 의약품을 언제 얼마나 생산할지, 가격을 얼마로 결정할지에 이르기까지 기업의 거의 모든 활동에 대하여 유관기관의 규제를 받는다. 의약품 관련 정책들은 기업을 광범위하고 엄격하게 규제하는 동시에 전문적이고 복잡한 내용을 다루기 때문에, 합리적인 정책이 수립 및 시행될 수 있도록 기업이 정부와 적극적으로 협력하여야 한다. 또한 의약품이라는 재화의 특성상 기업의 본질인 영리성 추구에 부합하지 않는 제품도 개발, 제조되어야 하므로 이를 장려하고 유도하기 위한 정책들도 필요하다. 기업이 공공보건을 위하여 반드시 필요한 의약품 또는 일부 환자의 생명과 직결된 의약품을 제조하지 않을 경우 이는 국민의 건강과 안전을 위협하는 심각한 사회적 문제가 될 수 있기 때문이다.

2019년 기준 국내 의약품 시장 전체 규모는 약 24조 원이며, 총 918개의 제약기업 중 생산 실적이 있는 기업 수는 477개로 총 20,843 품목이 생산되었다. 같은 해 제약기업 총 매출액의 61.4%는 매출액 상위 20개사가 차지한바, 기업 간 양극화 현상 현상은 국내 제약산업의 고질적 문

제 중 하나로 지적되어 왔다.[20] 이러한 현상은 대부분의 기업들이 내수
완제품 특히 제네릭(후발의약품) 중심의 생산행태를 가지고 있어 내수
시장점유율을 높이기 위한 기업 간 과당경쟁이 발생함에 기인한다. 이
미 허가된 품목과 유효성분의 종류, 함량, 제형, 효능·효과, 용법·용
량 등이 동일한 제네릭 의약품은 오리지널 의약품의 특허기간이 종료된
이후 시장에 출시되므로 상대적으로 그 가격이 저렴하다. 최근에는 국
내 기업들에서도 신약개발을 위한 R&D 및 투자규모가 증가하면서 일
부 성과가 나타나고 있으나, 여전히 다국적 제약기업에 비하여는 그 비
중과 성공 사례가 매우 적다.[21]

　이러한 구조적 특수성으로 인하여 제약기업은 그 규모와 보유 품목의
특성 등에 따라 정부 정책에 대하여 상반된 입장을 보인다. 대다수의 국
내 제약기업들은 산업구조의 선진화를 목적으로 제네릭 품목 수 감소를
유도하는 정부의 정책에 대해 직접 이해관계를 가지는 규제 대상이다.
그리고 특허권자를 강하게 보호하는 정책이 국내 제약산업을 위축시킬 수
있음을 우려하고, 제약주권(자국민에게 원활하게 의약품을 생산하고 공급하
기 위한 국가의 권리)의 측면에서 글로벌 기업보다 국내 기업을 우대하기
를 바란다. 또한 매출액 대비 높은 판매관리비 비중으로 컴플라이언스 규
제의 강화에 글로벌 제약기업보다 민감하게 반응하는 경향이 있다.

　대규모의 자본을 가지고 신약 개발에 많은 투자를 하는 글로벌 제약
기업들은 건강보험체계를 통한 의약품 가격규제에 특히 이해관계를 가
진다. 신약 개발에는 장기간 많은 비용이 소요되므로 신약 개발에 성공
한 기업은 높은 가격을 책정하여 수익을 창출하고자 하나, 정부는 건강
보험 재정 절감을 위하여 가격을 통제할 필요성이 있다. 우리 정부가 글
로벌 기업이 요구하는 가격을 수용하지 못해 해당 의약품의 국내 공급이

20　한국제약바이오협회, "2020 제약바이오산업 DATABOOK 통계정보" 참고.
21　윤강재·김대중·이봉용·형남원·문성훈·박소라·유형석·천재영, "제약산업
　　구조분석과 발전방향," 한국보건사회연구원, 2012. 7, 32-34면.

중단될 위기에 놓이는 사례들이 발생하기도 했다.[22] 또한 글로벌 제약기업들은 에버그리닝 등 특허권을 전략적으로 활용하여 후발주자를 차단하고 이익 극대화를 모색하기 때문에 특허권의 강한 보호를 선호한다.

기업들은 정책의 수립이나 입법 과정에서 직접 또는 각 협회 등 사업자단체를 통하여 의견을 개진하며, 보건복지부, 식품의약품안전처 등에서 구성하는 민관협의체에 참여하여 정책의 초기 단계에서부터 함께 논의하기도 한다. 국내 기업들은 아직까지 주로 국내 산업의 영세성으로 인한 보호 필요성과 채산성이 없는 저렴한 의약품을 국민들의 필요를 위해 생산하는 점 등을, 글로벌 기업들은 혁신적인 신약이 사회에 기여하는 점을 각 이해관계를 대변하는 주요 논거로 활용하고 있다. 이렇듯 상이한 제약기업들의 이해관계가 합리적으로 조율되고 관련 정책에 적절히 반영되어야 의약품의 안전성 및 안정적인 공급 담보라는 궁극적인 정책 목표가 달성될 수 있다.

2. 환 자

의약품의 소비자인 환자가 정책 결정 과정에 충분히 참여하여 영향을 미치는 것은 매우 중요하다. 의약품의 특징은 국내 제약산업 구조의 특성과 함께 리베이트가 발생하기 쉬운 원인이 되며, 이로 인한 의약품의 오남용은 결국 환자의 안전을 위협할 수 있기 때문이다. 의약품은 인체에 직접적인 영향을 미침에도 불구하고 전문의약품의 대중광고가 금지되므로 일반인은 관련 정보를 쉽게 접하기 어렵고, 정보에 접근하였다

---

22 2018년 3월 게르베코리아는 간암환자가 사용하는 조영제인 '리피오돌' 약가를 500% 인상해주지 않으면 한국에 공급을 중단하겠다고 선언하여 논란이 되었다. 인공혈관 등 심장수술 치료재료를 공급하는 미국 고어사는 낮은 약가를 이유로 2017년 한국 내 철수 의사를 밝히고 2019년에 인공혈관 공급을 일시적으로 중단한 바 있다.

고 하더라도 그 내용의 전문성으로 인하여 이해에 한계가 있을 수밖에 없으며, 의약품의 선택권은 소비자인 환자가 아닌 의사 등 보건의료전문가에게 있다. 또한 정부가 의약품 관련 정책을 수립함에 있어 기술의 발전을 통한 치료제의 개발과 이에 대한 환자의 접근성 개선이라는 핵심적 목적을 간과한다면, 오로지 산업의 발전과 기업의 이윤 추구만을 위한 산업 지원이 이루어질 위험이 있다.

환자단체 등 시민단체는 환자의 의약품 접근성을 보장하기 위한 정책들을 제안하고 정부나 제약기업에 정보 공개를 요구하는 등 다양한 활동으로 정책 형성에 참여하고 있다. 또한 정부에서 구성하는 위원회, 협의회, 민관협의체 등에서 환자단체나 소비자단체에 소속된 자를 반드시 구성원에 포함하도록 하는 경우도 있다. 일례로 「약사법」에서는 의약품등의 부작용·위해가능성 등을 심의하는 '의약품부작용 심의위원회'에 「비영리민간단체 지원법」에 따른 비영리민간단체가 추천하는 자가 반드시 1명 이상 포함되도록 규정하고 있다.[23] '제네릭의약품 국제경쟁력 강화를 위한 민관협의체', '허가특허연계제도 정책소통 협의체' 등 다수의 민관협의체에서도 환자단체를 대표하는 자를 위원으로 위촉하여 유관 부처, 기업, 보건의료인 등 제약산업의 다른 주체와는 대립될 수 있는 소비자의 의견을 반영하고자 노력하고 있다.

환자들의 정부 또는 제약기업에 대한 소송 제기가 정부의 정책 수립 또는 변경의 계기가 되기도 한다. 「약사법」 제86조에 따른 의약품 부작용 피해구제 사업 시행의 배경에는 2012년 3월 감기약 복용 후 스티븐-존슨증후군이 발병한 환자가 해당 의약품의 제조사와 약사, 의사에게 제기한 손해배상청구 소송[24] 및 동 사업 실시에 필요한 시행규칙을 마련하지 않은 것에 대해 제기한 행정입법부작위 위헌소송[25]이 있었다. 의

---

23 「약사법」 제68조의11 제3항 제2호.

24 1심 원고패소, 2심 원고 일부 승소하였으며(2017. 4. 4. 선고 2013나2010343), 대법원 판결은 아직 선고되지 않은 것으로 보인다 (2017다223835).

약품 부작용 피해구제 사업의 법적 근거는 1991년부터 마련되어 있었으나 사실상 사문화된 상태였고, 환자단체연합회 및 시민소비자단체 등의 지속적인 사업 실시 요구에도 의료사고 피해구제와 맞물려 시행이 유보된 상태에 있었다.[26] 위 소송으로 제조사, 보건의료인 등 어느 누구에게도 과실이 없어 의약품 부작용에 대한 보상을 받기 어려운 사각지대에 있는 환자를 구제할 필요성이 사회적으로 부각되었으며, 이는 장기간 지연된 입법과 정책의 시행을 촉진하는 계기가 되었다.

Ⅲ. 보건복지부와 식품의약품안전처의 기능 분리와 상호 관계

1. 진흥기능과 규제기능에 따른 행정조직 체계

정책 입안자의 입장에서 '진흥'은 주로 정부의 지출과 산업 간 자원배분을 통한 산업의 지원·육성 및 고도화 수단이고, '규제'는 법규의 제·개정을 통해 기업과 소비자의 행위를 통제함으로써 정책목표를 달성하는 수단이다.[27] 산업 진흥 정책과 규제 정책은 그 정책 목표가 상이하기 때문에 동일한 기관이 담당하는 경우 이해상충 현상이 나타날 수도 있는 반면 효율적이고 탄력적인 대응이 가능한 장점도 있다. 진흥 정책과 규제 기능을 별개의 기관에서 담당할 경우 기관 간의 갈등으로 인해 체

---

25 헌법재판소는 행정입법 부작위에 대한 위헌결정을 한다고 해도 청구인의 권리보호이익이 없고 2014년 12월 19일 「약사법」을 개정하여 행정입법 작위 의무가 소멸하여 이 사건 심판청구가 부적합하다며 각하하였다 (헌법재판소 2015. 6. 25. 선고 2012헌마210 결정).

26 국회입법조사처, "「약사법」 제86조(의약품 부작용 피해구제사업)의 입법영향분석," 2017. 12. 29., 4-5면.

27 이종한, "진흥과 규제 그리고 정부의 역할," 한국경제연구원, 2013. 03.

계적이고 거시적인 정책 수립이 어려울 수 있으나 이원화로 인한 전문적이고 책임성 있는 정책 결정이 이루어질 확률이 높다. 이처럼 진흥 기능과 규제 기능의 일원화 또는 이원화는 각 장점과 단점을 가지고 있기 때문에 ICT 분야 등 다양한 산업 분야에서 지속적으로 제기되어 온 문제이며,[28] 각 규제대상 사무의 성격에 따라 일원화 또는 이원화 여부를 판단해야 한다.

　의약품과 의료기기는 국민의 안전을 최우선으로 두어야 하는 분야이므로 전통적으로 규제대상으로 분류되어 왔다. 의약품과 의료기기의 안전관리에는 객관적이고 과학적인 자료의 생성과 이를 분석하는 능력이 필요하나, 일반 국민은 관련 정보와 전문성이 부족하므로 정부의 판단에 크게 의존할 수밖에 없어 안전성 확보를 위한 규제 기능이 매우 중시되었다. 또한 안전성이 보장되지 않는다면 상업적 가치 역시 인정되기 어려우므로 안전을 위한 규제가 곧 진흥을 위한 전제에 해당하기도 한다. 따라서 의약품과 의료기기 분야에서는 타 산업에서보다 안전관리의 중요성이 더욱 큰 점을 고려하여 진흥기능과 분리된 별도의 기관에서 규제를 담당해야 한다는 시각이 일반적인 것으로 보인다. 그러나 이러한 분리 체계가 절대적으로 타당한 것은 아니며, 해당 국가의 보건의료 상황, 의약품 및 의료기기 산업의 발달 단계, 국가의 안전관리에 대한 국민의 신뢰수준 등에 따라 각 국가에서 다르게 설계될 필요성이 있을 것이다.

　미국의 식품의약품청(Food and Drug Administration: FDA)은 보건후생부(US Department of Health and Human Services: DHHS)에 소속되어 독립된 기관은 아니지만, 관장하는 제품의 다양성, 담당하는 이슈의 과학성

28　푸드투데이, "[문재인 정부 식품정책 방향은] 박현진 교수 '진흥-안전 분리돼야 식품안전 책임질 수 있다'" 2017년 5월 31일자. 한국경제, "원자력 업무 규제·진흥 분리" 2013년 1월 23일자. 전자신문, "방송통신융합기구 진흥·규제 분리" 2007년 9월 18일자 外 다수.

그리고 광범위한 규제 권한으로 인하여 마치 독립기관처럼 기능한다.[29] 의약품과 의료기기 관련 규제 업무의 일부는 보건후생부(DHHS) 보건차관보실(Assistant Secretary for Health)과 국립보건원(NIH), 그리고 법무부 소속 마약단속국(Drug Enforcement Administration: DEA)에서 관여하지만, 대부분의 규제 업무는 식품의약품청(FDA)에서 맡고 있다. 의약품과 의료기기에 관한 진흥업무는 국가전략적 차원에서 여러 기관들이 참여하고 있는바, 미국 의약품 산업은 세계적 경쟁력을 갖추었기 때문에 대부분의 진흥정책이 식품의약품청(FDA)의 시스템 개선과 인·허가 절차를 개선하는 방향으로 이루어지고 있으며, 국립보건원(NIH)에서 의약품에 관련된 대부분의 R&D 투자를 기업과 대학을 통해 시행하고 있다.[30]

미국 외에도 영국, 독일, 프랑스 등 많은 선진국에서 대부분 기관별로 의약품과 의료기기에 대한 진흥기능과 규제기능을 나누어 업무를 수행하거나, 진흥기능과 규제기능이 같이 있는 조직의 경우에도 각 조직의 전문성을 인정하여 독립성을 보장하는 형태로 나가고 있다. 진흥기관과 규제기관을 구조적으로 분리함으로써 규제기관은 제조자 및 유통업자가 안전에 관한 정책에 이해관계를 반영하고 영향력을 발휘하는 것으로부터 어느 정도 거리를 둘 수 있으며, 그 결과 안전에 관한 정책이 업계 지향이 아닌 소비자 지향으로 이루어지는 것이 가능해진다.[31]

이러한 점들을 살펴볼 때 식품의약품안전처가 의약품 및 의료기기 관련 독립된 규제기관으로 기능하고 보건복지부의 주도하에 산업통상자원부, 과학기술정보통신부 등 여러 정부부처가 보건의료산업의 진흥 기능을 담

29 Fred H. Degnan & Smitha Stansbury, "A Practical Guide to FDA's Food and Drung Law and Regulation," The Food and Drug Administration — How It Is organized and Works, Sixth Edition., 2017.

30 배재대학교 산학협력단, "식의약 안전을 위한 규제최적화 방안 연구," 2017. 6, 20-22면.

31 배재대학교 산학협력단, "식의약 안전을 위한 규제최적화 방안 연구," 2017. 6, 54-64면.

당하는 우리나라의 행정체계는 여러 선진국의 체계와 유사하다고 할 수 있다. 또한 산업의 급속한 성장으로 보유한 기술수준에 비하여 업계의 자율적인 위해방지 수준 및 체계는 상대적으로 미흡하다고 볼 수 있는 점, 화학물질·식품·의약품 등의 위해사고 경험으로 국민의 전문 규제기관에 대한 요구가 증대되어 온 점, 건강에 관한 국민의 관심과 우려가 높은 편인 점 등을 고려할 때에도 현행의 분리 체계가 적합하다고 보인다.

2. 보건복지부와 식품의약품안전처의 관계

의약품의 경우, 식품의약품안전처는 의약품의 연구개발·허가 및 제조·수입 단계에서의 규제, 의약품의 취급·광고에 관한 규제 그리고 안전한 사용을 위한 의약품 평가·관리 제도를, 보건복지부는 의약품의 유통정책 및 유통질서, 약사·약국에 관한 사무, 약제의 건강보험 요양급여에 관한 사무, 의약품 산업의 육성을 관장하므로 외견상 양 기관의 업무가 분명하게 구분되어 보일 수 있다. 그러나 실제로는 의약품 전 주기에 따른 규제체계에서 양 기관의 규제는 상호 의존적 또는 보완적으로 작동하여 어느 단계의 규제가 다른 단계의 규제 결과에 중대한 영향을 미치기도 하며, 각 기관 및 산하기관 간의 업무가 중복되어 조정이 필요한 경우도 있다. 실제로 식품의약품안전처가 2013년에 식약청에서 처로 승격되어 보건복지부의 영향력을 벗어나면서 양 기관은 각 규제역할 또는 업무 중복에 따른 갈등을 종종 빚어 왔다.

식품의약품안전처는 의약품의 안전성 및 유효성을 심사하여 품목허가를 부여하며, 보건복지부 산하 건강보험심사평가원은 품목허가를 받은 의약품의 건강보험 등재 여부를 결정하기 위해 경제성 평가를 거쳐 가격을 결정한다. 따라서 식품의약품안전처로부터 허가를 받았다고 하더라도 보건복지부 산하기관이 해당 제품의 요양급여 결정 신청을 거절한다면 사실상 시장 진입이 어려워 무용지물이 될 수 있다. 건강보험 재정의 건전화를 도모해야 하는 보건복지부로서는 특히 고가 의약품의 경우 보험등재를 위한 비용효과성 판단 시 신중할 수밖에 없으나, 보험등재에 실패할 경우 식품의약품안전처가 안전성과 유효성을 검증하였음에도 불구하고 해당 의약품에 대한 환자의 접근성 보장이 어렵다는 점에서 양 기관의 입장 차이가 발생한다. 2019년 건강보험심사평가원 약제급여평가위원회에 상정된 신약 24개 중에서 급여 등재에 성공한 약제는 12개로 등재율은 50%에 그쳤다.[32]

　양 기관의 업무 분장으로 인한 갈등은 의약품 · 의료기기 관련 분야에 한정되지 않는다. 화장품의 안전성 평가를 위한 전문기관 설립에 관하여 보건복지부와 식품의약품안전처는 업무범위와 관련한 입장차이를 보여 왔다. 양 기관은 '화장품 산업 · 안전 기술진흥원'을 설립하도록 하는 내용의 화장품법 일부개정법률안[33]이 발의되기 이전부터 화장품의 안전성을 평가할 전문기관의 설립에 대하여 논의해 왔지만 통일된 의견을 도출하지 못하였다. 보건복지부는 화장품 산업의 진흥을, 식품의약품안전처는 화장품의 안전규제를 담당하나, 품질 · 안전 관리 및 관련 기술지원은 '발전을 위한 규제'로서 규제와 진흥 양자에 걸쳐져 있다. 또한 신설기관의 업무로 논의된 화장품의 위해관리 및 R&D · 산업기술지원은 식품의약품안전처 소속 식품의약품안전평가원의 업무 및 보건복지부 및 그 산하 재단법인인 대한화장품산업연구원의 업무와 중복된다. 화장품에 대한 국민의 신뢰를 제고하고 K-뷰티의 해외 수출을 지원하기 위하여 화장품의 안전성과 품질을 통합적으로 관리하는 컨트롤타워가 필요하다는 점에 대하여는 정부와 업계가 전반적으로 공감하였으나, 결국 신설 기관의 역할과 유관기관과의 업무 중복 등에 대하여 보건복지부와 식품의약품안전처가 합의에 이르지 못한 상태로 해당 법안은

32　데일리팜, "급여 도전 실패한 신약 4품목, 약평위 판단 기준은," 2020년 1월 14일자.
33　[의안번호 2015014] 화장품법 일부개정안(김상희 의원 등 11인/2018. 8. 23. 발의) 참고.

임기만료 폐기되었다.

전례가 없고 책임소재가 불분명하여 보건복지부와 식품의약품안전처 간 대책 마련을 위한 명확한 역할 분담 설정이 어려운 영역도 있다. 2018년에 고혈압 치료제 발사르탄 함유 의약품에서, 2019년에는 위장약인 라니티딘 함유 의약품에서 비의도적으로 유입된 2A급 발암물질 N-니트로소디메틸아민(NDMA)이 검출됨에 따라 정부는 문제되는 의약품에 대하여 판매를 잠정 중지시키고 해당 의약품을 복용한 환자에게 1회에 한하여 무료로 의약품을 교환 처리하였다. 이 과정에서 위해 의약품의 판매·제조 중단 조치는 식품의약품안전처가 내리지만 이에 따른 교환 조치 마련 및 건강보험 재정의 투입은 보건복지부에 의해 이루어지면서, 보건복지부 내부에서는 건강보험 손실금 상당에 대하여 식품의약품안전처가 보상책을 마련해야 한다는 의견도 있었다.[34] 결과적으로 의약품 제조·수입업체, 의료기관과 약국 그리고 정부로 구성된 민관협의체를 통해 유사 사태 발생 시 사회적 비용을 분담하는 방안을 합의하여 관련 내용의 입법을 준비하고 있다. 한편 건강보험공단과 발사르탄 함유 의약품을 제조·판매한 일부 제약기업들 간에는 기업들의 건강보험 손실금 납부 의무 존부에 관한 소송이 아직 계속 중이다.

부처 간의 지나친 대립으로 상호 협조가 불가능하고 정책의 합리성이 상실되는 결과는 지양되어야 한다. 그러나 행정기관이 그 설치 목적에 따른 역할을 충실하게 이행하고 다른 기관과 상호작용해 가는 과정에서 발생하는 기관 간 경쟁과 긴장관계는 민주주의적 정책 과정에서 불가결한 요소이다. 보건의료 분야는 복잡하고 다양한 진입규제와 건강보험체계의 특성, 융합과 혁신으로 인하여 피규제대상이 과거와 같이 명확하지 않고 규제기관의 역할 또한 다변화해 가는 점, 과학기술의 발전에 따라 새로운 문제들이 등장하면서 기존에 수행해 온 역할 이상의 논의

---

34 메디칼업저버, "NDMA 사태 재발 없다 단언 못 해 … 구제기금 마련 추진," 2019년 10월 14일자.

가 필요한 점 등으로 인하여 부처 간의 대립양상과 업무영역의 불명확성이 특히 두드러져 보일 수 있다. 급변하는 대내외 환경과 기술의 발전에 대하여 합리적인 규제 방안을 신속하게 마련하기 위해서는 보건복지부와 식품의약품안전처가 각자의 이해관계에 매몰되지 않고 유기적이고 협력적으로 작동하여 상호 보완적인 기능을 수행해야 할 것이다.

IV. 제4차 산업혁명과 규제기관의 역할 변화

제4차 산업혁명은 20세기 중반의 정보화 혁명인 3차 산업혁명에 빅데이터, 사물인터넷과 인공지능 기술을 적용한 초지능 혁명으로서, 현대사회 구조를 신속하고 광범위하게 변화시키고 새로운 패러다임으로 이끌고 있다. 유례없이 빠른 과학기술의 발전과 이로 인한 대변혁의 시대는 변동성(Volatility), 불확실성(Uncertainty), 복잡성(Complexity), 모호성(Ambiguity)이 그 특징으로 요약되며, '4차 산업혁명'을 처음 명명한 클라우스 슈밥은 4차 산업혁명이 가져올 혁신은 이전의 산업혁명과는 전혀 차원이 다르다고 강조하였다.

제4차 산업혁명은 융합기술을 적용한 새로운 시장의 성장을 촉진하기 때문에 정부의 산업에 대한 규제 권한과 방식에도 영향을 미친다. 과거와 같은 중앙집권적인 규제자와 정책조정자로서의 역할은 점차 낮아질 수밖에 없고, 대신 제4차 산업혁명으로 인한 새로운 사회시스템에 적응하고 이를 효과적으로 관리하는 역량이 중요해질 것이다.[35] 클라우스 슈밥은 4차 산업혁명 시대에 정부는 다양해진 서비스를 가장 효과적이고 개별화된 방식으로 시민사회에 제공하는 능력에 의해 평가받는 '공공 서비스센터'로 그 역할이 바뀌게 될 것이며, 과거와 달리 소수의

---

35 배재대학교 산학협력단, "식의약 안전을 위한 규제최적화 방안 연구," 2017. 6, 96면.

정책입안자가 변화를 주도하기 어려운 현실에서 새로운 규제체계를 구
축하기 위해서는 상의하달식 접근을 벗어난 규제기관-기업-시민사회 간
의 긴밀한 협력과 소통이 필요하다고 지적하였다.[36]

　의약품과 의료기기를 포함하는 헬스케어 산업은 4차 산업혁명 시대
에 그 파급력이 가장 큰 분야 중 하나이다. 지금까지는 헬스케어 분야의
주도권이 의료기관이라는 공간적 배경에서 질병에 사후적으로 대응하
는 의사를 중심으로 형성되어 왔고, 환자들은 의료기관을 찾아가서 진
료를 제공받는 수동적인 위치에 놓여 있었다. 그러나 4차 산업혁명으로
데이터 기반의 건강관리가 활성화됨에 따라 체내 삽입기기와 같은 디지
털 헬스케어 제품을 이용한 환자의 주도적인 의료정보 생성과 확인이
가능하며, 정밀의료, 유전체 분석 그리고 첨단 융·복합 제품에 기반한
사전적·예방적인 의학이 더욱 강조되고 있다.

　4차 산업혁명에 따른 디지털 헬스케어의 핵심은 다양한 기술의 융·
복합이다. 따라서 규제기관은 여러 부처 소관을 아우르는 기술 및 규제
에 대한 전문역량을 확보하고 부처 간 협업체계를 마련하여 규제책임을
명확화할 수 있어야 한다. 또한 규제기관은 산업계에서 수행하기 어려
운 시간과 비용이 많이 드는 기초연구 및 법과 제도 구축을 담당하고,
첨단기술을 연구·개발하여 제품화하는 기업에 대한 지원을 지속적으
로 제공하며, 정부와 기업 간 협의체 구성 등을 통해 활발한 의견 수렴
및 교환이 있도록 해야 한다.[37] 4차 산업혁명은 규제기관 역할의 변화와
효율성을 요구하는 것이며, 규제의 완화라는 구호 및 선언하에 정부의
역할이 덜 중요해지거나 축소되는 것은 결코 아닐 것이다.

　식품의약품안전처는 기관의 비전 자체가 "안전한 식의약, 건강한 국

36　클라우스 슈밥, "클라우스 슈밥의 4차 산업혁명," 2016, 112-117면.
37　최유성·안혁근·박정원·심우현, "4차 산업혁명에 대응하는 규제개혁 연구: 공
　　유(共有)경제와 디지털 헬스케어 분야를 중심으로," 한국행정연구원, 2017. 1,
　　582-591면.

민, 행복한 사회"로서 국민의 생활과 매우 밀접한 정책을 수행하고 의약품과 의료기기 업계에 대해서는 제품화 지원을 제공한다는 점에서, 정책을 집행하는 규제기관으로서의 기존 역할뿐 아니라 클라우스 슈밥이 지적한 "공공 서비스센터"로서의 역할 또한 크다고 할 수 있다. 2017년 9월 7일 문재인 정부의 규제혁신 추진방향 수립 · 발표 이후 식품의약품안전처는 신제품과 신기술에 대하여 시장 출시를 우선 허용하고 필요 시 사후규제를 하는 '포괄적 네거티브 규제 전환' 도입, 첨단 복합제품에 대한 맞춤형 규제 제시 및 신속 출시 지원 등 의약품 · 의료기기 산업 환경의 변화에 대응하는 규제 개혁을 추진해 오고 있다.[38] 또한 각 세부 분야별로 유관 부처, 기업, 보건의료단체, 시민단체, 법률전문가 등으로 구성된 민 · 관 협의체를 운영하여 의약품 및 의료기기 분야의 정책과 제도에 대한 소통을 계속하고 있다.

우리 정부는 4차 산업혁명 시대를 주도하는 핵심 분야로서의 헬스케어 산업의 중요성을 인식하고 다양한 규제 개선 및 제도 정비를 추진해 왔으나, 특히 디지털 헬스케어와 관련하여 여전히 불명확한 규제, 자의적 규제 적용, 전문역량 부족 등이 미흡한 점으로 지적된다. 4차 산업혁명을 이끄는 규제기관의 역할은 신속한 기술 발전에 대응하는 안전성 · 유효성 확보 방안 마련, 의료정보의 활용과 보호에 대한 제도 마련과 시행, 부처 간 협업 및 이해관계자들 간의 적극적 의견 공유가 가능한 체계 구축, 전통적 윤리관과 첨단기술의 활용 간의 갈등 조정 등으로 정립할 수 있다. 보건의료산업을 관장하는 우리 행정기관들이 이러한 역할을 성공적으로 수행해 나가기를 기대한다.

---

38 식품의약품안전처, "식품의약품안전처 규제혁신 사례집," 2020. 1. 14. 참고.

의료기기 진입규제의 변화
—공법적 정당화 논거와 규제 방향성—*

박정연**

Ⅰ. 들어가는 말

보건의료환경의 변화 및 기술혁신과 보조를 맞추어 최근 의료기기 분야에서도 괄목할 만한 변화가 나타나고 있다. 전통적인 의료기기가 기구, 기계, 재료 등 주로 물리적 제품 중심이었던 반면, 최근에는 소프트웨어 기반 의료기기 시장이 급격히 성장하였다. 또한 3D 프린팅 기술, 환자맞춤형 정밀의료, 빅데이터 기반 헬스케어, 인공지능 등 혁신적 기술이 의료기기 산업에도 그대로 이식되고 있다. 이러한 기술혁신의 실용성과 경제적 가치 등을 고려하여 입법자와 규제기관은 기존의 의료기기 규제체계의 한계를 극복하고자 변화를 모색하고 있다. 그러나 의료기기 분야의 규제완화의 이면에는 늘 안전성에 대한 우려가 존재하기

* 이 글은 2020년 1월 31일 발간된 법학논총(숭실대) 제46집에 게재된 본인의 졸고를 일부 보완하여 재편집한 것임을 밝힙니다. 보건의료행정법 세미나에서 토론을 통해 많은 도움을 주신 교수님들과 연구자분들께 감사의 마음을 전합니다.

** 국립 한경대학교 법학과 조교수, 법학박사.

때문에 안전성 확보를 위한 일정한 장치들이 동반된다.

의료기기 규제 변화의 흐름 속에서 해무처럼 저변에 깔려 있는 것은 과연 이러한 일련의 의료기기 규제개선 입법이나 규제정책의 변화가 일정한 공법상 원칙이나 한계에 대한 인식에 기초하여 진행되는 것일까 하는 불안감이다. 이 글에서는 먼저, 현행 의료기기 진입규제 체계에 대한 이해를 토대로, 새로운 의료기기 등장 및 공익적 필요성에 따른 다양한 규제변화의 모습을 유형별로 살펴보고자 한다. 나아가 이러한 진입규제 변화를 공법적 관점에서 접근하여, ⅰ) 헌법 제37조 제2항에 따른 원칙이 의료기기 진입규제에 관한 입법과 행정에서 어떻게 구체화되어야 하며, ⅱ) 생명 보호라는 긴절한 공익적 요청에 의해 사전규제를 완화함에 있어서 안전성 확보라는 기존의 규제 목적이 후퇴하게 되는지 논의한다. 나아가 ⅲ) 현재의 기술 수준에서도 예견하기 어려운 불확실한 위험에 대해 환자로 하여금 수인하도록 함에 있어 국가에게 요구되는 일정한 역할은 없는지, ⅳ) 산업 활성화를 위한 규제완화에서 실질적 시장진입을 확보하기 위한 공법상 요청은 무엇인지 살피기로 한다.

Ⅱ. 의료기기에 대한 진입규제

1. 진입규제

전통적으로 규제는 사회적 위험을 통제하고 방지하기 위한 수단으로 이해되어 왔으나, 현대사회에서는 사회 발전을 유도하거나 그 방향성을 제시하는 장치로 활용되기도 한다. 입법자는 관련 법제도 설계 및 구체화를 통해 해당 분야의 발전과 활성화를 촉진하고 기술혁신 등에서의 그 방향을 제시함으로써 규제가 사회의 발전방향을 유도하는 동력장치로 기능하도록 한다.[1] 이러한 동력장치는 개별 경제주체의 행위에도 영

향을 미쳐 기술혁신을 가속화하기도 하고 제지하기도 하며 때로는 그 방향을 조정하기도 한다.[2]

진입규제는 신고, 인증, 인허가, 면허, 특허 등의 수단을 이용하여 금지를 전제로 일정한 요건하에서 시장진입을 허용하는 사전규제 수단이다. 이는 효율과 형평, 안전 등의 공익을 보장하기 위한 목적을 가지며, 공익침해 내지 위험 발생 가능성을 사전에 검토하여 사회적 위험을 예방하고 이를 통해 안전성 등에 대한 소비자의 신뢰를 확보한다. 특히 한 번 침해될 경우 피해 회복이 불가능하거나 극심한 경우 사전적인 진입규제는 필요불가결하다.[3] 사전규제는 준수사항이 미리 법규 형식으로 마련되어 있어 규제사항이 비교적 명확하며, 분쟁해결에 소요되는 시간과 노력에 있어서 사후규제보다 사전규제가 상대적으로 경제적이라는 이점이 있다.

반면, 진입규제는 잠정적으로 금지상태가 지속된다는 점에서 개인의 창의적 욕구와 자유를 처음부터 제한하여 기술혁신 및 그 가능성을 사전에 차단한다. 이러한 문제점으로 인해 실무와 학계에서는 지속적으로 사전규제를 사후규제로 전환하고자 하는 방안을 모색한다. 사후규제는 피규제자의 행위 선택의 자유를 원천적으로 제한하지 않는다는 점에서 시장에 훨씬 덜 간섭한다고 볼 수 있다.[4] 사후규제는 행위기준을 미리 특정하는 대신 일정한 의무를 부과하거나 사회적으로 바람직하지 않은 행위에 대해 사후에 책임을 묻는 방식으로 불법행위 체계나 행정벌 등 제재 제도에 의하여 정책 목적을 달성하고자 한다.

---

1 이원우, "혁신과 규제: 상호 갈등관계의 법적 구조와 갈등해소를 위한 법리와 법적 수단,"『경제규제와 법』제9권 제2호, 서울대학교 법학연구소, 2016, 11면.

2 김태호, "과학기술혁신과 시장진입규제: 신산업 분야 규제개선 논의의 비판적 수용론을 겸하여,"『경제규제와 법』제10권 제2호, 서울대학교 공익산업법센터, 2017, 349면.

3 김태호, 위의 논문, 350면.

4 최철호 외 2인,『규제 법제의 근본적 전환 가능성과 방안에 관한 연구』, 청주대학교 산학협력단, 2015, 8면.

사후규제로의 전환 등을 통한 규제완화는 단순히 국민의 자유를 회복하거나 의무를 감축시키거나 국가간섭을 배제하는 것을 의미하지는 않는다. 규제에 대한 지속적인 관찰을 통하여 규제의 질을 향상시키는 '규제개혁'으로서의 의미를 가진다.[5] 규제완화 역시 일정한 헌법적 한계와 법적 근거하에 이루어져야 한다. 법치주의란 모든 국가작용은 법에 의하여 이루어져야 한다는 것을 의미하는바, 규제개혁 내지 규제완화 역시 법치주의 원칙을 준수해야 한다.

그러나 영역에 따라 사전규제 완화가 적절하지 않거나 조심스러운 분야가 존재한다. 보건의료영역이나 환경영역에 있어서의 기업의 자유와 성장, 기술발전을 위한 사전규제 완화는 때로는 국민의 생명·건강이나 안전상에서 예기치 못한 위험을 초래하기도 하고 사실상 환경오염을 용인하는 결과를 가져오기도 한다. 특히 진입규제 단계에서 새로운 규제의 필요성 내지 정당성이 검토되지 않거나 다른 이익과의 비교형량이 제대로 이루어지지 않은 채 섣불리 규제완화를 추진하면 많은 피해를 가져올 수 있다. 의료기기 규제와 같이 국민의 생명과 건강에 직결되는 영역은 위험의 중대성이 일반적으로 인정되고 특히 침습성이 강한 의료기기일수록 사후규제로의 전환 논의는 쉽게 정당화되기 어려울 것으로 보인다. 환경 규제와 마찬가지로 의료기기를 포함한 보건의료분야는 규제 필요성에 대해서는 의심의 여지가 없으며 규제완화가 아니라 규제 목표를 보다 효율적으로 달성해야 함이 강조되어야 한다.[6]

그러나 이러한 분야라도 과학기술의 발전 속도에 영향을 받는 정도가 큰 영역에서는 조속한 시장진입 여부가 개별 피규제자는 물론 해당 산업 발전의 성패를 좌우하기도 한다. 이러한 경우라면 신산업 성장을 위한 규제완화의 필요성과 생명, 건강, 안전을 위한 엄격한 사전규제 필요

---

5 홍완식, "규제개혁과 입법정책,"『공법연구』제36집 제3호, 한국공법학회, 2008, 358면.
6 OECD, *regulatory reform and innovation*, 2012. p.24.

성 사이에 적절한 합의점을 찾는 것은 쉽지 않다.

한편, 위험 발생 이전 단계에서 규제하는 것이 피규제자 및 이해관계인에게 가장 합리적이고 이익이 된다면 이러한 경우도 여전히 사전규제로 남겨 둘 필요가 있다. 다만, 위험도 평가 및 그 결과 변화에 따른 유연한 규제수단을 마련해야 한다. 일률적인 사전규제는 일정한 피규제자에게는 과소규제가 될 수 있는 반면, 어떤 자에게는 과도한 규제 또는 불필요한 규제가 될 수도 있기 때문이다.[7] 이러한 경우 절차 간소화 등을 통해 최대한 사전규제가 가지는 모순점을 극복하도록 하는 방안이 마련되어야 할 것이다.

2. 의료기기 인허가

의료기기가 시장에 출시되어 사용되기 위해서는 「의료기기법」상 업허가 또는 신고는 물론[8] 제품 자체에 대한 인허가 절차를 거쳐야 한다. 「의료기기법」에서는 합리적이고 체계적인 규제를 위해 해당 의료기기의 사용목적과 사용 시 인체에 미치는 잠재적 위해도 등에 따라 1등급에서부터 4등급까지 분류하여 식약처장이 고시한다(「의료기기법」 제3조제1항). 의료기기 등급은 품목별로 분류되며[9] 등급에 따라 요구되는 인

---

7 최철호 외 2인, 앞의 논문, 25-27면.
8 제조 및 수입은 허가 사항이며, 수리업과 판매업·임대업은 신고사항에 해당한다. 현행 의료기기법은 이와 같이 의료기기 제조, 수입, 판매, 수리 및 임대에 대한 진입규제를 모두 규율하고 있다. 다만, 이 글에서 주로 '제조'에 대한 인허가를 중심으로 논하기로 한다.
9 의료기기는 먼저, 기구·기계, 장치 및 재료별로 분류되고(대분류), 각 대분류군을 원자재, 제조공정 및 품질관리체계가 비슷한 품목군으로 분류하게 된다(중분류). 이와 같이 대분류 및 중분류에 관한 사항은 식약처장이 고시한다. 다음으로, 각 중분류군을 기능이 독립적으로 발휘되는 품목별로 다시 분류하게 된다(소분류). 소분류된 의료기기는 품목별로 등급을 정하여 고시한다(「의료기기법 시행규칙」 별표 1 제2호).

허가절차가 개괄적으로 정해진다.[10] 1등급 의료기기는 대개 신고 대상
이며, 2등급 의료기기는 의료기기안전정보원에서 인증을, 3등급 및 4등
급 의료기기의 경우 식약처의 허가를 받아야 한다. 다만, 기허가 제품과
본질적 동등성이 인정되지 않는 제품은 보다 강화된 단계의 인허가 절
차가 적용되며, 콘택트렌즈와 같이 인체에 상시적으로 부착하는 등 안
전관리 필요성이 높은 일부 품목은 낮은 등급이라도 허가 대상이 되기
도 한다.

의료기기 등급분류를 위한 검토 절차는 검토 대상이 「의료기기법」상
'의료기기' 정의 규정에 부합함을 전제로 한다. 「의료기기법」상 의료기
기란 "사람이나 동물에게 단독 또는 조합하여 사용되는 기구·기계·장
치·재료·소프트웨어[11] 또는 이와 유사한 제품"으로서 ① 질병을 진
단·치료·경감·처치 또는 예방할 목적으로 사용되는 제품, ② 상해
(傷害) 또는 장애를 진단·치료·경감 또는 보정할 목적으로 사용되는
제품, ③ 구조 또는 기능을 검사·대체 또는 변형할 목적으로 사용되는
제품 또는 ④ 임신을 조절할 목적으로 사용되는 제품을 말한다(「의료기
기법」 제2조).

의료기기 제조업자는 의료기기가 환자 또는 사용자에게 안전하게 사
용될 수 있도록 제품의 위해를 관리해야 하는데, 이를 행정청에 입증하
기 위해 기술문서심사를 받아야 한다.[12] '기술문서(technical file)'란 의료
기기의 성능과 안전성 등 품질에 관한 자료로서 해당 품목의 원자재, 구

---

10 '품목류'란 「의료기기 허가·신고·심사 등에 관한 규정」에 따른 소분류를 의미
　　한다. 이 고시의 별표 1에서는 「의료기기법」의 위임에 따라 품목류 인증대상 의
　　료기기, 품목류 신고대상 의료기기를 열거하고 있다. 한편, 인체에 대한 잠재적
　　위해성이 낮은 경우는 관련 법령에 따라 품목류별로 인·허가를 받거나 신고하게
　　된다(「의료기기법」 제6조 제2항).
11 개정 전 「의료기기법」상 의료기기의 개념에서는 '소프트웨어'가 포함되지 않았으
　　나, 최근 의료기기 기술발전 및 국제적 기준을 반영하여 2018년 12월 의료기기 정
　　의에 소프트웨어가 명시적으로 추가되었다.
12 유규하, 『의료기기 글로벌 허가인증제도』, 북랩, 2016, 28면.

조, 사용목적, 사용방법, 작용원리, 사용 시 주의사항, 시험규격 등이 포함된 문서를 의미한다(「의료기기법」제2조 제2항).[13] 기술문서심사 여부 및 심사 시 제출해야 하는 자료의 범위는 등급 및 같은 등급 내에서도 법령에서 정한 기준에 따라 달라진다. 한편, 시장 확대로 인한 의료기기의 국제 표준화의 필요성이 커지면서 4등급 의료기기는 허가 신청을 할 때 의료기기 국제표준화기술문서를 작성하도록 하고 있다(「의료기기법 시행규칙」제9조 제2항).

제조업자 등은 의료기기 제조품질 시스템을 확인하는 GMP(Good Manufacturing Practice) 심사를 받아 적합인정서를 취득한 후 그 인증서를 제출하여야 기술문서 검토결과와 함께 최종적으로 품목허가 등을 받을 수 있다. GMP 심사란 「의료기기 제조 및 품질관리기준」에 따른 심사로서 품목군 및 등급에 따라 심사주체와 방법이 다르다. 의료기기의 설계·개발, 제조, 시판 후 관리 등 전 과정에 대한 품질시스템의 확보를 통해 안전(safe)하고, 유효(effective)하며, 의도된 용도(intended use)에 적합한 품질의 제품을 일관성 있게(consistently) 생산하도록 하는 것을 목적으로 한다.[14] 시장진입 전에 제품에 대한 안전성과 유효성을 담보하며 품질시스템 기준에 적합함을 보증하는 것이다.[15]

제조허가 등을 받기 위해 임상시험자료 제출이 필수적으로 요구되는 경우나 그 밖의 목적으로 의료기기로 임상시험을 하려는 제조업자 등은 시판 중인 의료기기의 허가사항에 대한 임상적 효과를 관찰하는 등의

---

13 기술문서 검토는 전기적, 기계적, 생물학적 전문지식을 갖고 있는 분야별 전문가 및 경험자가 기술문서 검토조직에 보유되어 있어야 한다는 점에서 전문성을 갖추는 것이 중요하다(이원복 외 3인, 『의료기기 시행재량 도입방안 연구』, 이화여대 산학협력단, 2016, 15면). 「의료기기법」제6조의4에서는 기술문서 심사기관을 지정하여 기술문서 심사업무를 수행하도록 규정하고 있다.

14 식품의약품안전처, 『의료기기 GMP 종합 해설서』(5차개정), 2011.

15 이경만 외 2인, "국내 의료기기관리제도의 현황분석에 따른 정책적 제도개선 방안에 관한 연구," 『대한안전경영과학회지』 제12권 제3호, 대한안전경영과학회, 2010, 39면.

일정한 경우 외에는 임상시험계획서를 작성하여 식약처의 승인을 받아야 한다.[16] 임상시험은 식약처로부터 지정을 받은 임상시험기관에서 실시해야 하며, 임상시험을 통해 정확하고 신뢰할 수 있는 자료와 결과를 얻고 피험자의 권익보호와 비밀보장이 적정하게 이루어질 수 있도록 관련 기준을 준수해야 한다. 나아가 식약처는 제조업자, 임상시험의뢰자 및 임상시험 실시기관에 대하여 임상시험 실시에 관한 관리감독 등 필요한 행정조치를 할 수 있다(「의료기기법」 제10조 및 「의료기기법 시행규칙」 별표 3).

3. 건강보험 급여·비급여 결정 및 신의료기술평가

국내 의료기기 산업에서는 의료기기 인허가뿐만 아니라 신의료기술평가 및 건강보험 급여·비급여 결정에 이르는 절차 전체가 실질적 의미의 진입규제로 작용한다고 볼 수 있다. 「의료기기법」 상 인허가 절차를 완료했다고 하더라도 해당 의료기기를 사용한 새로운 의료기술이 현장에 도입되기 위해서는 신의료기술평가를 거쳐 「국민건강보험법」에 따른 요양급여 또는 비급여 항목으로 등재되어야 한다.[17] 국내 건강보험체계에서는 모든 의료행위 및 치료재료에 대해 급여 또는 비급여 결정이 이루어져야 시장 진입이 가능하며, 요양급여결정 신청을 위해서는 신의료기술의 안전성·유효성 등의 평가결과 통보서가 요구되기 때문

---

16 임상시험은 개발단계에 따라 다양하게 구분되는데, 크게는 의뢰자 주도 임상시험과 연구자 주도 임상시험으로 구분된다. 의뢰자 주도 임상시험은 다시 탐색적 임상시험, 타당성연구, 품목허가용 임상시험, 시판후 조사연구로 구분된다. 이 중 의료기기 허가를 위해서 제출해야 하는 안전성 및 유효성에 대한 과학적 근거를 확보하기 위한 것으로서 통계적으로 유의한 수의 피험자를 대상으로 설계·실시되는 임상시험이 품목허가용 임상시험(확증임상)이다.

17 반면, 기존 기술 의료기기로서 동일한 사용 목적에 대해 이미 급여 또는 비급여로 결정되어 있으면 별도의 결정 절차 없이 해당 수가가 적용된다.

이다. 가정용 제품이 아닌 의료기관에서 사용되는 의료기기인 이상 식약처의 인허가, 신의료기술에 대한 한국보건의료연구원의 평가와 의료행위 및 치료재료에 대한 건강보험심사평가원의 요양급여목록 등재 및 급여여부를 확인받는 절차 모두를 필수적으로 거쳐야 한다.[18]

먼저, 건강보험에서는 의료기관이 지출하는 환자의 진료비용을 크게 행위, 약재, 치료재료의 세 가지 유형으로 나누어 보상하는데, 의료기기는 의료장비 또는 치료재료로서 구분되어 허가 또는 신고된 의료기기에 대해서만 수가가 적용된다. '의료장비'란 의료기관에서 진찰, 검사 등에 사용하는 내구성 의료기기로서 환자 1회 진료에 대한 감가상각비의 성격으로 건강보험의 행위수가에 포함되어 보상된다. 의료장비가 포함된 행위의 상대가치점수는 의료행위전문평가위원회를 거쳐 건강보험정책심의위원회에서 결정한다. 반면, 인체 내에 이식되는 인공심장판막, 신경자극기, 인공와우 등 소모성 제품은 '치료재료'로 분류되는데, 개별 제품군별로 상한액을 책정하여 별도로 보상된다.[19]

한편, '신의료기술평가'란 기존 연구들을 객관적으로 검색, 분석, 고찰하는 '체계적 문헌고찰방법론'을 토대로 신의료기술평가위원회 및 분야별 전문평가(소)위원회에서 해당 기술의 안전성과 유효성을 심의하는 절차로서 「의료법」 제53조에 근거를 두고 있다.[20] 의료기기 인허가 절차가 의료기기 자체의 안전성 및 유효성을 검증대상으로 한다면, 신의료기술평가는 해당 기기를 사용한 새로운 의료기술이 안전성과 유효성을 갖추었는가를 평가의 대상으로 삼는다. 일정한 의료기기를 사용한 기술이 기존 기술에 해당한다면 기존기술에 해당한다는 확인만을 거쳐 동일한 수가가 적용되지만, 새로운 제품을 사용한 새로운 의료기술일

---

18 박은철, 『국민안전과 의료기술 조기 활용을 위한 신의료기술평가 제도개선방안 연구』, 연세대학교 산학협력단, 2016, 25면.

19 김영, 『건강보험제도와 연계된 의료기기 허가심사 체계 개편방안 마련 연구』, (주)사이넥스, 2016, 10면.

20 한국보건의료연구원, 『신의료기술평가 안내』, 2018. 참조.

경우 신의료기술평가를 거쳐 별도 급여/비급여 결정이 이루어지게 되는 것이다.

Ⅲ. 새로운 의료기기 등장과 공익적 요청에 따른 규제변화

1. 저위해도 디지털 헬스케어 기기에 대한 규제

최근 의료기기 규제에서 지속적으로 확인되는 특징 중 하나는 저위해도 제품에 대한 규제완화 경향이다. 이는 특히 디지털 헬스케어 기기 인허가에서 두드러지게 나타난다. 디지털 헬스케어는 정보통신기술을 활용하여 인간의 건강을 개선하는 다양한 방법론을 의미하는바, 의료기기 분야에서도 소프트웨어를 기반으로 한 정보처리를 통해 의료에 활용되는 다양한 제품들이 생산되고 있다. 디지털 헬스케어에서는 웨어러블 기기 시장의 확대, 소비자 의뢰 유전자 분석 시장의 성장, 인공지능의 헬스케어 등을 통해 '데이터의 분석과 통합'이 주된 이슈가 된다. 또한 디지털 헬스케어 기기는 인체에 대한 침습성에 기반하여 위해도가 규제의 여부 및 정도를 결정하는 전통적인 하드웨어 기반의 의료기기와 본질적으로 차이가 있다. 이러한 이유로 위해도가 낮거나 위험 발생여부가 불확실한 경우에 대해서까지 엄격한 사전규제를 적용하는 것이 의료기기 산업발전을 저해한다는 비판이 가해지면서 식약처는 위해도가 낮은 디지털 헬스케어 제품에 대한 규제를 지속적으로 완화하고 있다. 그예로, 모바일 애플리케이션 규제 변화를 들 수 있다. 식약처는 2014년 「의료기기 허가 · 신고 · 심사 등에 관한 규정」을 개정하여 의료용 모바일 어플리케이션과 이를 탑재한 제품(스마트폰, 태블릿, 가전 제품 등)을 의료기기 판매업 신고면제 대상에 포함시켰다. 또한 이에 앞서 2013년 12월 식약처는 「모바일 의료용 앱 안전관리 지침」을 발표하여 (i) 일반적 의

료정보를 제공하는 앱, (ii) 환자 맞춤형 진단·치료법 제공 없이 자가
건강관리를 돕는 앱, (iii) 환자정보관리, 전자기록시스템 등 의료기관 내
의 업무를 자동화하여 보조하는 앱, (iv) 의료인과 환자의 문진을 위한
화상지원 등의 통신시스템을 제공하기 위해 사용되는 앱에 대해서는「의
료기기법」상 규제의 대상이 되지 않는다고 보았다.[21]

건강관리 앱을 의료기기 규제 대상에서 제외하는 것처럼 일상적으로
사용하는 개인용 건강관리제품에 대해서도 규제 대상에서 제외하기 위
한 가이드라인이 마련되었다. 2015년 7월 식약처는「의료기기와 개인
용 건강관리(웰니스)제품 판단기준」을 발표하여 운동·레저 및 일상적
건강관리 목적의 개인용 건강관리제품을「의료기기법」제2조상의 의료
기기와 구분하는 기준을 제시하였다.[22] 이 가이드라인에 따르면, 의료
기기인지 개인용 건강관리제품인지는 사용 목적과 위해도에 따라 판단
한다. 즉, 광고 등을 통해 표현된 사용목적이 의료목적이라면 객관적 성
능에 대한 고려 없이 의료기기로서 규율된다. 반면, 사용목적이 단순히
개인 건강관리용이라고 하더라도 위해도가 높을 경우 의료기기로서 규
제의 대상이 된다. '위해도'는 생체적합성 문제를 야기하는지 여부, 침습
적인지 여부, 사용의도대로 작동되지 않을 경우 사용자에게 상해, 질병
이 발생하는지 여부, 위급한 상황을 탐지하는지 여부, 기기의 기능이나
특성을 통제하거나 변경하는지 여부 등을 기준으로 판단한다.

2. 체외진단의료기기에 대한 규제

'체외진단의료기기(In-vitro Diagnostics: IVD)'란 인체에서 유래한 시료

---

21 식품의약품안전처,『모바일 의료용 앱 안전관리 지침』, 2013.12, 11-12면.
22 식품의약품안전처,『의료기기와 개인용 건강관리(웰니스)제품 판단기준』, 2015.
7. 이 지침은 미국 FDA가 2015년 1월 발표한 가이드라인인「General Wellness:
Policy for Low Risk Devices」를 참고한 것이다.

를 검체로 하여 검체 중의 물질을 검사하여 질병 진단, 예후 관찰, 혈액 또는 조직 적합성 판단 등의 정보 제공을 목적으로 체외에서 사용되는 시약을 말한다.[23][24] 오늘날 보건 · 의료가 질환치료 중심에서 예방 및 건강증진 중심으로 트렌드가 변화하고 치료방법들 간의 네트워크 개선, 원격 모니터링, 데이터 관리 등으로 체외 진단기기 테스팅 빈도가 증가하고 있어 체외진단의료기기 시장도 지속적으로 성장하고 있다.[25] 또한 인구 고령화 및 신종바이러스 출현 역시 체외 진단기기 시장의 성장을 촉진하는 중요한 요소로 지목되고 있다.[26] 한편, 4차 산업혁명 시대에 체외진단의료기기가 유전자 분석기술 등과 접목되어 앞으로 정밀의료 분야에서 핵심적인 역할을 할 것으로 기대되고 있다.

그런데 체외진단의료기기는 치료가 아닌 진단 목적으로 체외에서 사용되어 인체에 대한 직접적인 침습성이 없는 등 일반 의료기기와는 다른 특성이 있음에도 불구하고 그동안 일반 의료기기와 동일한 인허가 기준을 적용하고 절차를 진행함으로써 업계의 비판을 받아 왔다.[27] 이에 따라 「체외진단의료기기법」이 2019년 4월 30일 제정되어 2020년 5월 1일부터 시행되었다. 이 법에서는 체외진단의료기기의 특성을 고려한 등급분류 기준 및 인허가절차 간소화를 위한 별도의 규정을 두고 있다. 한편, 2019년 7월 4일 「신의료기술평가에 관한 규칙」 및 「국민건강보험 요양급여의 기준에 관한 규칙」 개정으로 체외진단검사에 대해서

---

23 식품의약품안전처,『체외진단용 의료기기에 관한 민원 해설서』, 2019.7, 2면.
24 체외진단의료기기는 기술적 분류에 따라 면역화학적 진단, 자가 혈당 측정, 현장 진단, 분자진단, 혈액진단, 임상 미생물학진단, 지혈진단, 조직진단으로 구분할 수 있으며 이에 따라 그 특징 및 진단가능질병이 상이하다. 이정우 · 정회종,『체외 진단기기 시장 동향』, 연구성과실용화진흥원, 2016, 2-3면.
25 체외진단기기 시장은 약 522억 달러(2014년 기준)로 2007년 이후 연평균 8.24%의 성장이 예상되며, 2012년 기준 미국이 가장 큰 154.9억 달러 규모를 형성하고 있다. 그다음으로 서유럽지역이 138.4억 달러, 아시아 태평양 지역이 79.5억 달러 규모를 형성하고 있다. 이정우 · 정회종, 위의 글, 3-4면.
26 이정우 · 정회종, 앞의 글, 7면.
27 체외진단의료기기법 제정이유 참조(법제처 제공).

는 신의료기술평가를 거치기 전에도 건강보험 등재 신청을 할 수 있게 되었으며, 이에 앞서 2019년 3월 15일 보건복지부 예규인 「신의료기술 평가위원회 운영에 관한 규정」의 개정으로 일정 범위의 체외진단검사 는 신의료기술평가 대상에서 제외되어 신속한 시장진입이 가능해지게 되었다.[28]

체외진단의료기기의 일종으로 분류될 수 있는 것으로는 체외동반진 단기기(In Vitro Companion Diagnostic Devices)가 있다. 기존의 의료는 질환의 원인을 탐색하여 그 치료법을 개발하는 것이 목적이었지만, 질 환의 상태는 개개인 차이가 크고 같은 치료법이라도 적정하지 않은 경 우가 많다. 이러한 개인차를 고려하여 사람에 따라 치료 및 투약을 개별 화하려는 것이 '정밀의료(precision medicine)'이다. 미국을 비롯하여 일 본, 유럽 등 세계적으로 정밀의료는 환자에 대한 최적의 치료를 위한 방 안으로 제시되며 그 연구가치가 높아 관심이 급부상하고 있다. 동반진 단은 정밀의료의 중요한 구성요소로서, 의약품의 효과나 부작용을 투약 전에 예측하기 위해 행하는 임상검사를 말한다. '체외동반진단기기'란 이러한 동반진단에 있어서 의약품의 치료효과를 극대화시키거나 부작 용을 최소화하기 위해 치료제의 치료반응이나 내성진단을 목적으로 해 당 약물 투약과 병용되는 체외 진단제품을 의미한다.[29]

동반진단은 특정 약물 또는 생물학적 제제의 안전하고 효과적인 사용 에 필수적인 적용 대상 환자에서의 약물 반응성이나 부작용 발생 여부 정보 및 약물 치료의 효과 모니터링 등의 정보를 제공할 수 있다. 이에 각국에서는 관련 규범화가 진행 중인바, 미국 FDA는 2014년 7월 31일 「Guidance for Industry: In Vitro Companion Diagnostic Devices」를

---

28 「신의료기술평가위원회 운영에 관한 규정」 별표 '신의료기술평가 심의기준'.
29 유럽연합의약품청의 경우 동반진단의 개념에 동반진단기기를 포함시켜 이해하기 도 한다. 이세정, "개별화의료의 공법적 과제," 행정법이론실무학회 제241회 정기 학술발표회 발표집, 2017, 43면.

발표하여 제약사가 약물과 동반진단기기의 동시개발을 계획할 수 있도록 하였으며, 2016년 「Principles for Codevelopment of an In Vitro Companion Diagnostic Device with a Therapeutic Product」, 2018년 「Developing and Labeling In Vitro Companion Diagnostic Devices for a Specific Group or Class of Oncology Therapeutic Products」와 같은 지침문서를 발표하면서 체외동반진단기기 개발을 장려해 왔다.[30]

물론 아직 대부분의 국가에서는 동반진단에 대한 비즈니스 모델뿐만 아니라 동반진단에 관한 규제체계도 아직은 제대로 정비되어 있지 않은 상태이며 규제 방향 역시 일치되어 있지 않다. 우리나라에서도 체외동반진단기기에 대한 규범화는 이제 막 시작 단계이다. 식약처는 2015년 10월 「체외동반진단기기 허가심사 가이드라인」을 비롯해 2018년 6월 「동반진단 의료기기를 사용하는 의약품의 허가사항 기재 가이드라인」을 발표하였으며, 2020년 5월 1일 시행된 「체외진단의료기기법」에서는 동반진단의료기기와 의약품을 동시 심사할 수 있도록 규정하여 절차의 신속을 도모하고 있다(동법 제6조). 그러나 근본적으로 체외동반진단기기의 기능적 특성을 고려할 때 이를 치료약과 구별하여 의료기기로서 규제하면서 별개 규제체계에 따라 심사하는 것이 정밀의료의 본질에 부합하는지는 의문이다.[31]

3. 신개발·혁신 의료기기에 대한 인허가절차 간소화

4차 산업혁명이 대두되면서 로봇기술을 응용한 재활로봇, 인공지능

---

30 FDA 〈https://www.fda.gov/regulatory-information/search-fda-guidance-documents〉; 최준석, '신약 개발에 있어서 동반진단이란?' 〈https://www.bioin.or.kr〉 [최종검색일자: 2019.11.17.].

31 이세정, 앞의 논문, 42면 참조. 미국의 경우 체외동반진단기기를 의약품과 같이 취급하여 의약품 규제에 따르게 하고, 의약품 및 동반진단기기 동시개발원칙을 취하고 있다.

(AI)을 적용한 질병진단 소프트웨어처럼 디지털, 바이오 등의 기술이 접목된 의료기기가 속속 등장하고 있다. 이와 관련해 「의료기기법」에서는 여러 규정에서 '신개발의료기기'를 명시하고 있지만, 이에 대해 명확히 정의하고 있지는 않다. 다만, 대체로 첨단 융·복합 의료기기로서 새로운 작용원리에 기반하여 성능이나 사용목적 등에서 기존 제품과 구분되는 특징을 가진 제품으로 이해할 수 있다.[32] 한편, 2020년 5월 1일부터 시행된 「의료기기산업 육성 및 혁신의료기기 지원법」에서는 혁신의료기기에 대해 "「의료기기법」상 의료기기 중 정보통신기술, 생명공학기술, 로봇기술 등 기술집약도가 높고 혁신 속도가 빠른 분야의 첨단 기술의 적용이나 사용방법의 개선 등을 통하여 기존의 의료기기나 치료법에 비하여 안전성·유효성을 현저히 개선하였거나 개선할 것으로 예상되는 의료기기로서 식약처장으로부터 지정을 받은 의료기기"라 정의하고 있다(동법 제2조 제4호).[33]

신개발의료기기나 혁신의료기기는 기존에 없던 새로운 제품이라는

---

32 식약처는 2017년에 "신개념 의료기기 전망 분석 보고서"를 통하여 신기술과의 융복합으로 기존 한계를 극복하고 새로운 의료서비스를 창출하는 의료기기를 신개념 의료기기로 정의하고 3D 프린팅 의료기기, ICT 의료기기, 로봇 의료기기, 신소재 의료기기 등을 제시한 바 있다. 이를 기반으로 "2018년 신개발 의료기기 전망 분석 보고서"를 통해 4차 산업혁명 관련 기존의 기술보다 심화되고 제품화에 가까운 치과용 임플란트, 인체이식형 전자의료기기, 로봇 수술기, 3D 프린팅 의료기기, 의료용 레이저, 전기 수술기 총 6개 분야에 대한 기술의 개요와 개발현황 등을 분석하였다. 2019년판에는 웨어러블 의료기기, 수술용 내비게이션 기술융합 의료기기, 차세대 체외진단기기 등에 대해 소개하고 있다. 결국 어떠한 제품이 신개발 의료기기에 해당한다고 볼 것인지는 그 당시 기술 발전 상황에 비추어 상대적으로 판단할 수 있을 것이다. 식품의약품안전처, 『신개발의료기기 등 허가도우미 운영 결과보고서』, 2018.6, 3면 참조.
33 신개발의료기기와 혁신의료기기는 '새로운 기술에 기반한다'는 점에서 공통점이 있으나, 혁신의료기기는 기술의 혁신 속도 및 안전성·유효성에서의 개선 정도 등을 고려하여 별도로 지정되는 등 보다 특별한 규율을 받고 있다는 점에서 양자를 동일하게 취급하는 것은 부적절하다. 따라서 이하에서는 양자를 병기하기로 한다.

점에서 인허가 절차 단계뿐만 아니라 인허가 이후 실질적 시장 진입을 위한 급여/비급여 결정 및 신의료기술평가 단계에서 많은 어려움이 있다. 따라서 인허가 단계에서부터 의료기기법규 적용에 있어서 보다 세밀한 취급이 요구된다. 예컨대, 품목 및 등급분류 단계에서 기존에 해당 기기와 같은 의료기기가 존재하지 않아 품목 분류 자체가 되어 있지 않은 경우가 발생한다. 이 경우 부득이 중분류를 이용하여 신고하거나 허가를 신청한다. 중분류는 등급이 지정되어 있지 않기 때문에 사용목적과 잠재적 위해도를 기준으로 등급을 정하고 추후 의료기기위원회의 심의를 거쳐 품목과 등급이 결정된다.

그동안 의료기기 업계는 신개발제품 등을 제품을 출시할 때 인허가 과정과 필요 서류 등에 대한 정보가 부족해 출시 기간이 계속 길어진다는 불만을 제기해왔다. 의료인들은 의료기기 사용에 있어서 보수적 특징이 있기 때문에 최대한 신속하게 시장에 진입하여 시장을 선점하는 것이 매우 중요하다. 그런데 국내 의료기기 제조업체는 약 80%가 영세업체로 복잡한 인허가 절차를 거쳐 제품 상용화에 이르기까지의 프로세스를 독자적으로 진행하는 것이 쉽지 않고 인허가 여부도 불확실한 경우가 많다.

이러한 문제인식하에 2011년「의료기기법」전부개정 시 사전검토제도가 도입되었고, 2016년 8월「의료기기 허가·신고·심사 등에 관한 규정」개정을 통해 단계별 심사제도가 시행된 것이다. 단계별 심사제도는 그 적용 대상을 신개발의료기기, 희소의료기기, 그 밖에 식약처장이 인정하는 기기로 한정하고 있다(「의료기기 허가·신고·심사 등에 관한 규정」제49조). 단계별 심사제도는 업체의 개발단계를 4단계로 구성하고 단계별로 심사를 실시한다. 각 단계별로 정한 심사자료를 제출하여 적합하면 다음 심사단계로 이동하며, 심사자는 단계별로 제출된 자료를 검토하여 각 자료 제출일로부터 30일 내에 검토 결과를 통보하는 것을 원칙으로 한다. 단계별 심사가 완료되면 적합통지서를 발급하고, 개발 완료 후 품목허가를 신청하면 신청 즉시 허가하게 된다.[34] 기존에는 의료기기 허가 신청 후 시험성적, 임상시험결과서, 기술문서 등의 자료보완 사례가 빈번하여 허가가 지연되는 경우가 많았다. 단계별 심사제도는 미국의 Modular PMA, 즉 단계별로 나누어 사전심사하여 개발 완료 즉시 허가하는 제도를 벤치마킹한 것으로서 별도 심사기간이 필요하지 않아 전체 소요기간이 단축되고 신속한 제품사용화가 가능해지게 되었다.[35]

한편, 「의료기기산업 육성 및 혁신의료기기 지원법」에서는 혁신의료기기 및 혁신 소프트웨어에 대한 허가심사특례제도를 마련하여 단계별 심사에 대해 법률에서 명문화하는 한편, 혁신의료기기에 대한 우선심사제도 규정을 두고 있다. 또한 혁신의료기기 소프트웨어로 지정된 경우 인허가 자료 제출 일부를 면제받을 수 있다(동법 제22조 및 제24조).

IV. 의료기기 규제변화에 대한 공법적 정당화와 방향성

1. 헌법 제37조 제2항에 따른 인허가 기준과 절차

(1) 의료기기 규제입법에서의 과잉금지원칙

자연적 자유의 회복을 위해 개별 법령에서 정하고 있는 각종의 허가기준은 헌법 제37조 제2항의 구체화 규범에 해당한다. 의료기기 인허가 관련 입법 및 집행은 기본적으로 헌법 제37조 제2항에 따른 심사 원칙에 부합해야 한다.[36]

여타 규제 분야와 마찬가지로 '원칙금지-예외허용'이라는 의료기기

---

34 식품의약품안전처, 『첨단의료기기 단계별 허가심사 가이드라인』, 2016.9, 6면.
35 김수연, 『첨단의료기기 단계별 허가심사 제도 소개』('17년 범부처 융복합 신개발 의료기기 신속제품화 지원 범부처 공동워크숍 발표자료), 식품의약품안전평가원, 2017, 4면 이하.
36 최철호 외 2인, 앞의 논문, 14면.

규제의 기본구조가 근본적으로 기본권 제한에 관한 헌법상 원칙에 부합하는지에 대해 해명이 필요하다. 헌법재판소의 일부 결정례에서는 규제의 헌법적합성에 관하여 "규제할 필요가 있는 구체적 유형이나 범위를 선별하여 그 경우에만 개별적으로 규제하는 입법방식을 취하는 것이 헌법이 요구하는 기본권제한 입법의 체계와 방식에 부합한다"고 판시하였다.[37] 이러한 취지에서 보면 현행 의료기기 인허가제도를 보다 덜 제한적인 원칙허용-예외적 금지 구조로 전환하는 것을 고려할 수 있겠다.[38] 그러나 의료기기 안전규제는 국민의 건강과 안전을 보장하기 위해 국가의 적극적인 규제가 요구되는 분야이다. 사회적 규제에 있어서 개혁은 일반적으로 비규제 내지 규제완화의 관점이 아닌 규제의 유연성과 효율성을 향상시키는 것을 의미한다.[39] 따라서 이른바 원칙허용-예외금지로의 근본적인 전환을 모색하는 데는 한계가 있으며, 현행과 같은 기본구조를 전제로 각 부분별 제도 보완을 통해 헌법적 요청에 부응하도록 해야 한다. 다만, 보건의료 및 환경 등 특정 분야 규제의 기본구조와 규제 방식을 결정함에 있어서 이러한 분야의 특수성을 반영한 구체화된 헌법상 심사원칙을 정립할 필요가 있는지에 대해서는 앞으로 고민이 필요하다.

과잉금지원칙은 인허가 기준과 절차에 관한 규범을 정립함에 있어서 그 방향을 제시한다. 즉, 해당 기준이 달성하고자 하는 입법목적이 정당하며 그 목적 달성을 위해 적절한 방법인가, 나아가 이를 충족한다고 하더라도 다양한 수단 중 최소침해 수단을 사용하고 있는가, 최종적으로 최소침해 수단이라도 달성하고자 하는 공익에 비해 해당 규제로 인해 사인이 받는 불이익이 더 크지 않는가의 관점을 고려하며 인허가 기준 및 절차규정을 정비해야 한다.[40]

---

37 헌법재판소 2001. 6. 28. 선고 2001헌마132 결정 중 재판관 3인의 위헌의견.
38 원칙허용-예외적 금지의 법리에 대해서는 윤석진·이세정, 『원칙허용 인허가 제도 관련 법리적 심화연구를 통한 법령 입안심사 기준의 도출: 2012 법제처 연구용역 보고서』, 법제처: 한국법제연구원, 2012. 참고.
39 OECD, 앞의 글, 10면.

의료기기에 대해서는 기본적으로 위험 관리의 필요성이 인정되지만, 모든 의료기기를 동일하게 규제할 수는 없다. 의료기기를 등급별로 분류하는 것도 의료기기 규제목적을 달성하는 데 적합한 정도의 규제수단을 사용하기 위함이라고 이해할 수도 있다. 의료기기 인허가 기준의 세분화에 있어서도 이와 같은 원칙이 반영되고 있다. 인체에 미치는 잠재적 위해성이 낮아 고장이나 이상이 발생하더라도 생명이나 건강에 위해를 줄 우려가 거의 없는 의료기기에 대해 '품목류'별 인허가제도를 운영하거나 같은 등급의 의료기기라도 인체에 대한 접촉이 지속되어 침습성의 우려가 큰 경우 식약처 허가라는 강화된 인허가 기준을 적용하는 것이 이에 해당한다. 또한 기허가 제품과 본질적 동등성이 인정되는 경우 기술문서 심사에서 임상시험 관련 자료 제출을 면제해 주는 것 역시 같은 취지로 이해된다. 저위해도 디지털 헬스케어와 관련해 2014년 의료용 모바일 애플리케이션과 이를 탑재한 제품을 의료기기 판매업 신고면제 대상에 포함시킨 것이나 저위해도 디지털 헬스케어 제품에 대한 의료기기 규제 대상에서의 제외도 같은 관점에서 정당화될 수 있다.[41]

한편, 인허가 기준이 아니라 인허가 완료에 소요되는 시간이 지나치게 길어질 경우 이 역시 침해의 최소성에 반하므로 절차의 간소화 및 효율적인 심사가 요구된다. 헌법 제37조 제2항은 실체적 합리성과 절차적 합리성 관점에서 이해할 수 있으며, 기본권 제한이 필요 최소한에 그치도록 하는 것(침해의 최소성)은 입법목적 달성이 가능하다면 절차적으로도 기본권을 덜 침해하는 방법을 사용할 것을 요구한다.[42]

---

40 법률의 위헌심사 기준으로서 비례의 원칙에 대해서는 헌법재판소 1992. 12. 24. 선고 92헌가8 결정 등 참조.

41 다만, 이에 대해서는 선개발업체 등이 막대한 비용을 들여 임상시험을 완료한 후 후발업체들이 본질적 동등성을 근거로 이에 무임승차한다는 반발이 발생하면서 오히려 면제요건을 강화하려는 움직임이 있기도 하다.

42 윤진수, "法의 解釋과 適用에서 經濟的 效率의 考慮는 가능한가?,"『서울대학교 법학』제50권 제1호, 서울대학교 법학연구소, 2009, 75-80면.

최근 의료기기 인허가 절차의 간소화 및 효율적 심사의 한 예로, 인허가·신의료기술평가 통합심사제도가 있으며,[43] 그 밖에 법령상 엄격한 요건으로 인해 적시에 허가 등을 받지 못함으로써 의료기기 제조업자 등의 제품출시 지연 등으로 인해 발생할 수 있는 손해를 방지하기 위한 조건부 인허가 제도를 운영하고 있다(「의료기기법」 제7조). 또한 신개발 의료기기 등에 대한 사전검토 및 단계별 심사제도 역시 절차의 신속화를 위한 제도개선 사례이다. 다만, 이러한 제도 도입에 있어서 입법자의 의도가 사전검토결과에 법적 구속력을 부여하려는 것인지는 문언상 명확히 드러나지 않는다. 사전결정이란 최종적인 행정결정 전에 사전적 단계에서 요건 중 일부에 대해 종국적 판단을 내리는 결정을 의미하는 바, 수범자의 예측가능성 확보를 위해서는 가급적 사전검토를 '사전결정'으로 해석하고 운영할 필요가 있다.[44]

(2) 의료기기 규제행정에서의 비례원칙

법률에 따라 규제기관이 구체적인 집행을 하거나 집행을 위한 세부기준을 마련함에 있어서 비례의 원칙이 적용된다. 입법기술적인 측면이나 정책적 측면에서 구속력이 있는 법규범을 통해 구체화가 어려운 부분에서는 행정이 행정입법 활동이나 개별 구체적 법집행을 통해 행정목적 달성과 수단 사이에 균형관계가 유지되도록 해야 한다.

빠르게 발전하는 의료기기 산업 분야에서 있어서는 전문성을 갖춘 규

---

43 의료기기 제조허가를 신청할 때에는 이와 동시에 신의료기술평가 및 요양급여대상·비급여대상 여부 확인을 함께 신청할 수 있도록 하였다(「의료기기법 시행규칙」 제5조 제4항, 「신의료기술평가에 관한 규칙」 제3조의2).

44 같은 취지로는 김민호, "인허가기준의 법적 문제와 개선방안," 『공법연구』 제38집 제2호, 한국공법학회, 2009, 73면. 한편, 단계별 심사제도는 그 연혁적 배경은 달리하나, 행정법학에서의 다단계 행정행위의 한 유형으로 이해할 수 있겠다. 원자력발전소 등 대규모 건설과 같은 경우는 아니지만, 오늘날 신속한 인허가가 요구되고 그 절차 및 관련 실체적 기준이 복잡한 영역에서도 다단계 행정행위론이 적용될 필요가 있다.

제기관으로 하여금 비례원칙에 부합하게 규제 여부 및 정도를 결정할 수 있도록 해야 한다. 과학적 불확실성하에서 관련된 이익들을 조율하고 실질적 규제 필요성을 고려하기 위해서는 법 집행 단계에서 구체적인 규제 기준을 세워야 하고, 이 과정에서는 전문성과 경험을 가진 행정이 비례원칙에 부합하게 재량을 행사하도록 해야 한다. 나아가 이러한 행정작용은 법률유보의 원칙과 같은 헌법상의 일반원칙에 위배되지 않아야 한다.

현재 수준의 규제가 과연 국민의 생명·신체 보호라는 목적을 달성할 수 있는가의 근본적인 관점에서 접근할 때, 완화된 규제로는 본래의 목적을 달성할 수 없게 된다면 이는 오히려 과소규제에 해당한다. 따라서 다시금 규제 강화가 요구되기 때문에 유연한 규제권한의 행사가 요구된다. 이같은 규제의 전문성·유연성·신속성에 관한 요청은 오늘날 규제기관의 행정규칙에 의해 상당부분 수행되고 있으며, 최근 식약처가 발표하는 수많은 가이드라인 역시 같은 점에서 그 취지를 찾을 수 있다.

그런데 우리나라는 법적 근거 유무를 매우 중요시하고 고시나 지침 형태의 행정규칙도 매우 구체적으로 규정하는 것이 일반적이다.[45] 따라서 무리한 행정규칙 제정으로 자칫 법률유보원칙에 반하는 경우가 발생하기도 할 뿐만 아니라, 구체적으로 한 번 정해진 행정규칙이 수년이 가도록 그대로 유지되고 있어 규제의 유연성에 대한 요청에 충실하지 못하다는 비판을 받기도 한다.

한 예로, 2013년 제정된 「모바일 의료용 앱 관리지침」을 들 수 있다. 이 가이드라인은 2013년 9월 발표된 미국 FDA의 모바일 앱 지침문서(guidance document)를 상당부분 참고한 것이다. 이 지침문서에서는 구체적인 치료방법을 제시하지 않는다는 전제하에 환자가 자신의 질병이나 질환을 관리하는 것을 돕는 앱, 환자가 자신의 건강정보를 정리하고

---

45 이세정, 앞의 논문, 45면.

추적하는 것을 돕는 앱, 환자의 건강상태나 치료방법에 관한 정보에 쉽게 접근할 수 있도록 돕는 앱, 환자가 의료인에게 질환의 가능성이 있는 상황을 기술하거나 보여 주거나 의사소통할 수 있도록 도와주는 앱, 의료인이 하는 간단한 작업을 자동화하는 앱, 환자 또는 의료인이 의료기록을 열람할 수 있도록 하는 앱이 모바일 기기와 결합한 것이 미국 FDCA(Food, Drug and Cosmetic Act) 규정상 의료기기에 해당한다고 하더라도 집행재량(enforcement discretion)을 행사하여 FDCA상의 사전규제를 적용하지 않겠다고 밝힌 바 있다.[46] 미국 FDCA와 우리나라 의료기기법에서 의료기기의 정의는 실질적 차이가 없음에도 불구하고,[47] 일부 모바일 앱을 실제 규제 대상에서 배제하기로 함에 있어 FDA는 '의료기기 정의에 부합한다 하더라도 FDA의 집행재량을 근거로 FDCA상 규제를 적용하지 않기로(Some software functions may meet the definition of a medical device, but because they pose a lower risk to the public, FDA intends to exercise enforcement discretion over these devices (meaning it will not enforce requirements under the FD&C Act))' 한 반면, 식약처는 가이드라인을 통해 「의료기기법」상 '의료기기에 해당하지 않는다'고 해석한 것이다.[48] FDA는 실질적 규제 필요성이 없는 경우 사실상 규제권한을 행사하지 않고, 추후 새로운 위험의 발견 등 규제 필요성이 발생하는

46　FDA, Mobile Medical Applications: Guidance for Industry and Food and Drug Administration Staff, 2013.9.25., pp.16-18. 미국 행정청의 집행재량의 헌법적 의의에 대해서는 Price, Zachary S., "Enforcement Discretion and Executive Duty," Vanderbilt Law Review 67, 2014, 673면 이하 참조.

47　21 U.S.C. 321 (h).

48　박정연·이원복, "미국 행정청의 집행재량(enforcement discretion)에 관한 법리와 시사점—부집행(non-enforcement) 행정작용을 중심으로—,"『공법연구』제45권 제3호, 한국공법학회, 2017, 223-224면. 물론 우리와 달리 미국에서 이러한 명시적인 집행재량이 받아들여지고 있는 것은 미국의 법제도적 배경에서 기인함을 전제할 필요가 있으며, 각각의 규제방식은 나름의 장단점을 가지고 있다는 것은 당연하다.

경우 등에는 다시금 규제할 수 있는 기술적 방식을 취하고 있다. 반면 우리나라의 식약처는 행정규칙 형식으로 의료기기 대상에서 제외하였는바 법률유보 원칙에 위배하는 것으로 판단될 수 있다.[49]

우리 법제하에서 비례원칙에 합당한 행정입법 및 처분을 하기 위해서는 비례원칙에 적합하게 행정권한을 행사할 수 있도록 법률에 별도의 수권규정을 둘 필요가 있다. 나아가 유연한 재량행사가 안정적으로 이루어질 수 있도록 절차 규정을 마련하고 행정규칙의 주기적인 업데이트가 이루어져야 한다.

2. 생명권 등 보호의무에 따른 인허가기준의 예외 허용과 그 전제

의료기기 안전관리 규제체계는 국민의 생명·신체에 대한 국가의 보호의무 이행으로 이해할 수 있다. 기본권 보호의무란 기본권 침해로부터 개인을 보호하고, 그에 대한 적절한 조치를 강구하여 개인의 기본권 침해를 면하도록 국가에게 적극적으로 부과되는 일정한 의무로서 헌법 제10조 제2문에서 근거를 찾을 수 있다.[50] 헌법과 법률에 의하여 국가가 기본권 주체에 대한 구체적인 생명권 보호의무가 있음에도 불구하고 국가가 아무런 조치를 취하지 않았거나, 국가가 보호조치를 취하였더라도 보호조치가 생명보호의 가능성이 전혀 없거나 생명보호에 무의미한 경우 생명권 보호의무 위반이 인정된다.[51] 희귀질환 치료나 수술 등에 필요한 의료기기로서 대체재가 없어서 긴급하게 도입할 필요가 있고 정상적인 인허가절차를 거치게 되면 긴절한 공익적 요청에 부합하지 못한 결과가 발생하는 경우 기존의 규제를 그대로 적용하기에는 부적절한 경

---

49 박정연·이원복, 위의 논문, 243면.
50 헌법재판소 1997. 1. 16. 선고 90헌마110 결정 등 참조.
51 정문식, 『생명권: 기본권의 쟁점과 전망. 1』, 한국법제연구원, 2018, 6면. 다만, 위헌심사에 있어서는 과소금지원칙이 적용될 것이므로, 생명권 보호를 위한 특정한 입법조치를 하지 않음이 위헌으로 평가될 것인지는 별개의 문제이다.

우가 있다. 이러한 경우 기존의 규제 자체가 비례원칙에 어긋나지는 않는다고 하더라도 일반 규제가 추구하는 공익보다 더 강력한 공익적 요청으로 인해 일반 규제에 대한 예외를 인정하는 것이 허용된다. 시간적 긴급성과 특정한 인적 집단 또는 특정 사태에 직면하여 이러한 특수성에 따른 국가의 보호의무 이행이라는 점에서 정당화될 수 있다.

이와 같은 정당화에 기초해 진입규제 단계에서 기준 완화 및 절차 신속화가 이루어지는 것이지만, 일반 규제가 추구하는 일반적 공익 목적이 후퇴하는 것으로 보아서는 안 될 것이다. 실체적 기준에 대한 검토의 시점과 방식에 변경이 가해지는 것으로서, 입법자는 절차 간소화를 통해 최대한 인허가에 소요되는 시간을 줄여가야 하는 동시에 기존의 규제수단이 추구하던 안전성 보장이라는 목적이 완화된 규제 내에서도 충분히 달성될 수 있도록 해야 한다. 이는 '생명권에 대한 보호의무'와 '제3자에 의한 기본권 침해로부터 국민을 보호할 국가의 의무'가 중첩되는 경우라고도 이해된다.[52]

생명권 보호 등 긴절한 요청에 의한 진입규제 완화의 대표적인 예는 희소의료기기 규제에서 찾아볼 수 있다. '희소의료기기'란 국내에 대상 질환 환자 수가 적고 용도상 특별한 효용가치를 갖는 의료기기로서 식약처장이 지정하게 된다(「의료기기 허가·신고·심사 등에 관한 규정」 제36조 제1항). 희소의료기기는 대개 독점적이거나 대체제가 없는 품목들이 많기 때문에 독점기업들을 상대하려면 인허가절차의 일부 면제 등 혜택을 부여하는 경우가 많다. 「의료기기 허가·신고·심사 등에 관한

---

52 기본권의 객관적 질서성에 기초하여 제3자의 위법한 침해로부터 국민을 보호할 국가의 의무는 동등한 기본권주체들의 기본권 영역들을 상호획정하고, 획정된 영역에서 타 기본권주체의 행위나 영역으로부터 나오는 기본권적 법익에 한 침해 또는 침해의 위험을 억제하여 각 기본권 주체가 자신의 기본권을 실효적으로 행사할 수 있도록 법질서를 형성·유지해야 할 국가의 의무를 의미한다. 이는 제3자의 침해를 전제하지 않는 생명권 등 기본권에 대한 국가의 보호의무와는 구분된다. 정태호, "기본권 보호의무," 『인권과 정의』 제252호, 1997, 85면 이하 참조.

규정」에서는 희소의료기기에 대해서는 식약처장이 타당하다고 인정하는 범위의 임상시험에 관한 자료로 갈음할 수 있도록 규정하고 있다. 그러나 신속하고 안정적인 공급을 도모하는 것과는 별개로 기본적인 의료기기 안전관리가 소홀해져서는 안 된다. 예컨대 공급자에게 부담을 주는 GMP 심사를 면제하는 대신 해외 사용현황 등을 통해서 해당 의료기기의 안전성에 대한 충분한 검증이 이루어져야 한다.

한편, 신의료기술평가 유예제도는 안전성에 대한 검증이 이루어지지 않은 경우라도 임상시험을 거친 기허가 의료기기 중 일정한 요건이 충족된 의료기기를 사용한 의료기술의 조기 시장진입을 허용하고 신의료기술평가를 1년간 유예하는 제도이다. 식약처 허가를 받은 의료기기 중 기존기술과 비교한 임상문헌이 있는 경우와 대상 질환, 적응증 등의 사용목적이 특정된 경우에 한해 적용되도록 하는데, 대체 의료기술이 없거나 희귀질환 대상 의료기술인 경우 비교 임상문헌 요건을 면제하고 있다(「신의료기술평가에 관한 규칙」 제2조 제2항 제1호).[53]

3. 의료기기 위험관리와 정보 제공

(1) 의료기기 위험과 위험관리 방식

의료기기로 인한 공중의 위험은 과학적으로 불확실하며 그러한 위험이 인간의 행동에 의해 영향을 받는 등 기술적 위험(technological risk)의 특징을 보인다.[54] 전통적인 의료기기는 그 자체로 일정한 침습성을 전제할 뿐만 아니라, 과학기술 발전에 따라 새로운 의료기기가 등장하고

---

53 물론 평가 유예 신의료기술을 실시하여 사망 또는 인체에 심각한 부작용이 발생한 경우 등에 해당하고 위해수준이 높다고 인정되는 경우 평가유예가 중단된다(「신의료기술평가에 관한 규칙」 제3조의3).

54 기술적 위험의 주요 특징에 대해서는 Elizabeth Fisher, Risk Regulation Administrative Constitutionalism, Hart Publishing: Oxford and Portland Oregon, 2007, pp. 7-11.

희귀난치성 질환 등 치료를 위한 의료기기가 신속히 현장에 도입되면서 이러한 의료기기 사용에 따른 불확실한 위험을 관리하고 통제할 필요성이 커지고 있다.[55]

의료기기 위험관리는 GMP심사, 기술문서심사 및 신의료기술평가 단계에서 나타난다. 먼저, 의료기기 위험관리는 「의료기기 제조 및 품질관리 기준」에 따른 기준[56] 및 국제기준에 부합해야 한다. 특히 현재 적용되는 국제기준인 ISO 13485:2016에서는 제품 실현 단계에서 요구되고 중요시됐던 위험관리에 대한 요구 사항이 전반적인 품질경영시스템으로 확대되어 적절한 프로세스 관리에 있어서 위험기반 접근 방식(risk-based approaches) 적용을 요구하고 있다.[57] 이에 따라 의료기기의 위험관리는 「의료기기 제조 및 품질관리 기준」에 따라 의료기기 제조자가 품질시스템에서 수립한 절차에 따라 이루어지며, 동시에 위험관리 프로세스를 통해 이루어질 것이 요구된다.[58] 의료기기 위험관리 프로세스는 위험분석(risk analysis), 위험평가(risk evaluation), 위험통제(risk control), 잔여위험허용평가(evaluation of overall residual risk acceptability), 위험관리보고서(risk management report), 생산 및 생산 후 정보(Production and post-production information)의 단계로 진행된다.[59]

---

55 통상 행정법학에서는 위험과 리스크를 구분하여, 위험은 가까운 장래에 손해를 야기할 가능성이 충분한 상태를, 리스크는 위험에 이르지 않은 손해발생의 개연성을 의미하는 것으로 사용한다. 이 글에서는 양자 모두 현실화되지 않았으나 관리 필요성이 인정된다는 의미에서 '위험'이라는 하나의 용어로 포괄하여 사용하기로 한다.

56 「의료기기 제조 및 품질관리 기준」 별표 2의 7.1의 가.(위험관리를 위한 프로세스를 문서화, 위험관리 활동에 대한 기록 유지의무), 7.3.3의 가.(적용되는 위험관리 출력물 결정 기록 유지).

57 의료기기 뉴스라인, 2018.4.5. "ISO 13485:2016 적용과 달라지는 점 미리 준비해야," 〈http://www.kmdianews.com/news/articleView.html?idxno=23458〉.

58 식품의약품안전처, 『의료기기 소프트웨어 허가심사 가이드라인』, 2019, 8면.

59 ① 위험분석 단계에서는 의도된 용도 및 의료기기의 안전성과 관련된 특성들과 위해요인을 식별하고 각 위해요인에 대한 위험을 산정한다. ② 위험평가 단계에

GMP 심사에서는 위험관리와 관련한 위험관리계획서, 위험관리 보고
서, 기타 관련 기록물과 문서 등 위험관리 파일을 구비하도록 요구한다.

한편, 기술문서 심사에 있어서 제품의 안전성 및 성능 검증 자료를 제
출하도록 하고 있는데 전기 기계적 안전, 전자파 안전, 방사선 안전성,
생물학적 안전, 성능, 물리화학적 특성 및 안정성에 관한 자료 등을 그
내용을 하고 있다. 4등급 의료기기에 있어서 요구되는 국제표준화기술
문서(Summary Technical Documentation: STED)에서도 위험관리시스템
및 주요한 위험요인에 대해 요약 기술하고 이에 관한 보고서를 첨부하
도록 요구하고 있다.[60]

(2) 지속적인 위험성 평가와 정보 제공

위와 같은 현행 의료기기 위험관리체계가 지금의 과학기술 수준 및
국제적인 위험관리 수준에 비추어 최적이며 최선이라 가정한다 하더라
도, 현재 수준에서는 확인할 수 없는 위험이 존재하며 또한 전혀 예견하
지 못한 새로운 위험이 나타날 수 있다. 예컨대 디지털 헬스케어 기기는
업데이트 및 기술융합 등의 과정을 거쳐 전혀 새로운 기능을 탑재할 수

서는 식별된 각 위해요인에 대하여 제조자는 위험관리 계획서에 따른 판단기준을
이용하여 산정된 위험이 위험감소를 하지 않아도 될 만큼 낮은지를 결정한다. ③
위험통제 단계에서는 제조자는 위험을 허용할 수 있는 수준으로 감소하기에 적합
한 위험통제 대책들을 식별한 후 위험통제를 실행하여야 한다. ④ 위험통제 수단
이 적용된 후 잔여위험들에 대하여 허용 평가를 하여야 한다. ⑤ 이러한 일련의
위험관리 프로세스에서의 절차들은 위험관리 보고서에 기록되어야 하며 제조자
는 생산 및 생산 후 정보 단계에서 의료기기에 대한 정보를 검토하기 위한 체계적
인 절차를 수립하고 유지해야 한다. 식품의약품안전처, 『의료기기 소프트웨어 허
가심사 가이드라인』, 2019, 8-9면.

60　한편, 사후적인 차원의 위험관리로는 의료기기 재평가제도가 있다. 재평가제도는
의료기기의 부작용사례 및 안전성 정보 등을 수집하고 분석하여 이미 허가된 의
료기기의 안전성 및 유효성을 최신의 과학수준에서 재평가함으로써 효율적으로
의료기기를 관리하고 안전성 및 유효성에 대한 사회적 요구를 반영하는 것을 목
적으로 한다. 식품의약품안전처 의료기기안전국 홈페이지 사후관리-재평가 안내
참조〈http://www.mfds.go.kr/medicaldevice/index.do?nMenuCode=69〉.

있고 이 경우 기존에 없던 새로운 위험이 창출될 수 있다. 그렇다면 최신 의료기기의 개발, 인허가 및 신의료기술평가 등을 거치는 과정에서 현재의 기술수준이나 임상시험 및 문헌 등에 기초하여서도 전혀 예측하지 못한 위험에 대해서는 단순히 소비자(환자) 개인의 부담으로 돌려야 하는가?

위해방지 및 위험의 사전배려에도 불구하고 잔존위험은 회피불가능하고 사회적으로 수용가능한 것으로 간주되어 헌법상 용인될 수 있다.[61] 잔존위험에 대해서는 전통적인 방식의 예방적 금지나 억제적 금지가 아닌 위험의 분배에 초점을 맞추어야 하는바,[62] 국가가 위험을 방지하기 위하여 최선을 다한 경우에도 남게 되는 잔존위험에 대해서는 사회구성원이 수인하여야 한다.[63] 회피불가능한 위험에 대해서는 소비자의 선택의 문제로 넘겨 그에 따른 위험 역시 스스로 인수한 것으로 이해할 필요가 있다(물론 이는 앞에서 논한 위험성 평가를 적절히 거친 경우여야 한다. 위험성 평가는 사후규제에 있어서 규제 정도나 수단을 고려하는 데 일정한 방향을 제시함과 동시에 잔존위험에 대한 개인의 선택가능성을 부여하는 데 있어서 전제가 된다).

그러나 최신 의료기기가 내포하는 위험의 발전적 성격을 고려한다면, 의료기기 규제분야에서 국가의 보호의무를 보다 적극적으로 해석할 필요가 있다. 잔존위험에 대한 소비자(환자)의 위험부담이 받아들여지기 위해서는 높은 수준의 위험관리 및 정보공유가 전제되어야 한다. 위험성 평가를 통해 위험이 확인되지 않는다면 이에 대해서는 '방지의무'라는 개념조차 인정되지 않을 것이나, 적어도 국가는 위험에 관한 업데이트된 정보를 지속적으로 제공함으로써 일반인에게 불확실하고도 예측하기 어려운 위험에 대해서 그 위험을 피할 것인지 아니면 수인할 것인

---

61 정영철, "위험관리에 대한 행정법적 금지와 해제의 재검토,"『공법연구』제43집 제4호, 한국공법학회, 2015, 284면.
62 정영철, 위의 논문, 301면.
63 박균성, "과학기술위험에 대한 사전배려원칙 적용에 관한 연구,"『행정법연구』제 21호, 한국행정법연구소, 2008, 148면.

지 선택할 기회를 부여하여야 한다. 전문가에 의한 위험분석을 거쳐 불확실한 위험에 대한 정보를 공중에게 제공한다는 것은 위험에 대한 대응책임을 일부 소비자에게 지운다는 것을 의미하기도 한다.[64]

지속적인 위험성 평가와 정보제공은 특히 환자가 기기의 사용 여부를 실질적으로 선택하기 어려운 경우에 있어서 더 큰 의미를 가질 수 있다. 식약처장은 「의료기기 허가·신고·심사 등에 관한 규정」 제35조에 따라 희소의료기기 제품군을 공고하고 신청인에게 통보하게 되는데, 일반인 입장에서는 그 목록 이상의 구체적인 정보는 취득하기 쉽지 않다. 또한 위험성에 대한 정보는 지속적으로 업데이트되어 제공되어야 한다. 2018년 9월 공고된 희소의료기기 제품군의 목록(전체 31개 품목)을 살펴보면, 품목명 외에 대상환자의 질환 및 특성, 제품 특징 정도만을 안내하고 있어 정보가 부족하다. 한국희귀·필수의약품센터(http://www.kodc.or.kr)에서는 희귀의약품의 지정기준이나 목록 등은 물론 용법용량, 주의사항 등에 관한 정보까지 제공하고 있으며 구매대행 업무까지 수행하고 있는 것과 비교된다. 이러한 점에서, 앞서 살핀 희소·긴급도입 필요 의료기기에 대한 공급 및 정보제공에 관한 규정(「의료기기법」 제15조의2)의 신설은 정보제공에 관한 국가의 역할을 한층 강화하였다는 측면에서 긍정적으로 평가된다.

4. 산업발전 촉진 및 기술혁신을 위한 규제 개선

(1) 산업 활성화를 위한 신속한 시장진입 보장
의료기기 규제는 기술발전과 혁신을 위한 수단으로도 기능해야 한다.

---

64 박균성, 위의 논문, 156면. 다만, 이러한 정보제공을 잔존위험을 수인하기 위한 전제로 이해할 것인지 일반적인 위험관리의 일환으로 볼 것인지 의문이 제기될 수 있을 것으로 보인다. 이 글에서는 정보제공의 필요성에 강조점을 두는 수준에서 그치기로 한다.

최신 융·복합 기술 기반 의료기기에 대한 규제완화와 지원은 의료소비자의 접근권 보장이나 선택권 확대라는 측면도 있지만, 무엇보다 신속한 시장진입을 통해 해당 분야 산업을 활성화하기 위한 목적이 강하다. 이러한 경우는 절차지연이 초래되는 지점을 객관적으로 분석하여 절차의 중복과 지연이 발생하는 영역에 대한 부분을 대폭 개선할 필요가 있다. 그 예로서, 앞에서 살펴본 신개발 의료기기에 대한 단계별 심사제도나 신개발·혁신의료기기에 대한 인허가 제도의 완화를 들 수 있다.

한편, 최근에는 「정보통신 진흥 및 융합 활성화 등에 관한 특별법」상의 신속처리·임시허가 및 실증특례제도를 활용할 수도 있다.[65] 의료기기의 시장진입 장애는 「의료법」 등 관련 법률에 의해서도 발생하는바, ICT 융합 기술에 기반한 의료기기 및 이를 이용한 서비스에 대한 적용법규가 불명확하거나 법해석상 위법의 소지가 있기 때문이다. 실제로지난 2019년 2월 웨어러블 기기의 데이터를 기반으로 의사가 환자에게 의료기관 방문을 안내하는 '손목시계형 심전도 측정기를 활용한 서비스'가 「의료법」상 허용되는지 불분명함에도 이에 대해 「의료기기법」상 허가를 조건으로 실증특례가 인정된 바 있다.[66] 다만, 이 법은 의료기기 외

---

65 「정보통신 진흥 및 융합 활성화 등에 관한 특별법」 제36조에 따른 '신속처리'는 신규 ICT 융합 기술·서비스의 허가 등에 관한 규정이 모호하여 허가 등을 받지 못하거나 허가 등의 필요 여부가 불분명한 경우, 과학기술정보통신부장관이 소관 부처 및 허가 등의 필요 여부를 확인하여 신속한 시장진출을 가능하게 해주는 제도이다. 동법 제37조에 따른 '임시허가'는 신속처리의 후속 조치 중 하나로서, 신속처리 신청에 대해 관계 중앙행정기관의 장으로부터 소관 업무에 해당하지 않는다는 회신이 있었거나 해당하지 않는 것으로 간주된 것 중에서 별도의 기준·규격·요건 등을 설정할 필요가 있는 경우 과학기술정보통신부장관이 임시적으로 시장 진출을 허용할 수 있도록 한 제도를 말한다. 제38조의2에 따른 실증특례는 허가 등의 근거법령에 기준·규격·요건 등이 없거나 있더라도 불명확·불합리한 경우 관련 규제의 전부 또는 일부를 적용하지 않는 실증을 위한 규제특례제도이다.
66 관련 기사로는, 2019.2.14. 한겨레, '웨어러블 심장병 관리·모바일 전자고지 등 규제샌드박스 통과' 〈http://www.hani.co.kr/arti/economy/it/882145.html〉 등.

에도 ICT 융합 기술·서비스 전반에 적용되는바, 임시허가의 법적 성격이나 적용 법원칙 등 공법상 쟁점에 대한 깊이 있는 논의가 필요하다.

그 밖에 신의료기술평가 단계에서는 의료기기 허가·신의료기술평가 통합심사, 제한적 의료기술평가 및 혁신의료기술평가제도 등이 있다. 제한적 의료기술 평가제도는 '대체기술이 없는 질환이거나 희귀질환, 말기 또는 중증 상태의 만성질환의 치료·검사를 위하여 신속히 임상에 도입할 필요가 있어 보건복지부장관이 정하는 조건을 충족하는 경우에 임상에서 사용 가능한 의료기술'을 선정하여 지정 의료기관에서 비급여 진료를 허용하는 제도이다.[67][68] 이는 임상적 효과가 예상되는 유망 의료기술의 임상 현장 진료를 통해 유효성에 관한 근거 창출을 지원하여 환자의 의료선택권을 확대함은 물론 오로지 신의료기술평가만으로 새로운 의료기술의 의료현장 도입 여부를 결정짓는 기존 구조에서 탈피할 수 있는 방안으로 평가되고 있다.[69]

2019년부터 도입된 혁신의료기술평가제도는 안전성은 인정되나 유효성에 관한 근거가 부족한 기술 중 잠재성(potential value)이 인정된 의료기술로서 사용기간, 사용목적, 사용대상 및 시술(검사)방법 등의 조건을 충족하는 경우 임상에서 사용할 수 있도록 하는 제도이다(「신의료기

---

67 2018.12 기준으로 총 10건의 제한적 의료기술평가가 진행되었으며, 대상 환자에 대한 임상시험보상보험 가입료와 시술(검사)지원비가 지급되는 국고 지원평가 7건, 비급여 형태로 환자들이 진료비를 부담해야 하는 국고 미지원 평가(2018년 8월 1일부터 시행) 3건에 해당한다(출처: 한국보건의료연구원, https://hineca.kr/1716?category=541702).

68 해당 의료기술의 안전성은 인정되나 기존 연구결과 등에 따르면 유효성에 대한 근거가 부족한 경우 해당 의료기술을 의료현장에 조기에 도입하기 위한 제도로서, 미국, 캐나다, 영국 등에서도 의료기술의 연구결과가 부족하여 급여 여부를 결정하기 어려운 경우 조건부 급여 혹은 비급여를 인정하는 유사제도를 찾을 수 있다. 한국보건의료연구원, 한시적 신의료기술 인정관련 근거창출 관리지침 개발연구, 2013. 6, 29면 이하 참조.

69 박종연, "의료기술의 평가와 급여의 결정방향," 『보건복지포럼』 제248호, 2017. 6, 44면.

술평가에 관한 규칙」제3조 제10항 제3호). '잠재성'에 대해서는 ① 질병의 중요성과 질병의 희귀성, ② 환자의 신체적 부담, ③ 환자의 경제적 부담 및 삶의 질, ④ 남용 가능성, ⑤ 대체기술의 유무 및 기술의 혁신성 등을 평가기준으로 하고 있다(「혁신의료기술의 평가와 실시 등에 관한 규정」 제6조 및 별표 2). 특히 첨단기술 활용도 측면에서는 로봇, 3D 프린팅, 이식형장치, 가상현실, 인공지능 등 첨단기술을 활용하는지 맞춤형 의료를 제공하는지 뿐만 아니라 대상 질환이 희귀난치성 질환이나 재난적 질환인지 대체기술이 있는지 등 해당 의료기술이 가지는 사회적 요구나 질병의 중요성 등 공익적 측면과 기술의 혁신성에 기초한 신속한 시장 진입의 필요성 등을 함께 고려하고 있다.[70]

(2) 시장진입 보장을 위한 규제의 불확실성 해소

가. 규제 기준의 불명확성

기술은 급속히 그리고 끊임없이 변화하는 반면, 법제의 변화에는 상당한 시간이 소요된다. 따라서 새로운 기술에 대해 현행 규제가 적용되는지 여부도 불분명하다는 불확실성이 존재하며, 이러한 불확실성이 기술발전의 장애물로 작용하는 경우가 빈번하다. 특정 시점에 적절한 규제기준이 마련되지 못하면 시장을 왜곡할 뿐만 아니라 기술혁신을 저해하기도 한다.

규제 여부의 불확실성의 원인은 먼저 현행법상 규제 기준이 불명확하다는 데서 찾을 수 있다. 예컨대 규제대상으로서 '의료기기'에 해당하는지「의료기기법」상 정의 규정에 열거된 추상적인 용어만으로는 해석이 어려운 경우가 발생한다. 나아가 법문언이 추상적이고 이에 대한 법원의 해석마저도 최근 출현하는 다양한 의료기기 유형들을 판단함에 있어서 구체적이고 유의미한 기준을 제시하지 못하는 것으로 보인다.[71] 의

---

70 한국보건의료연구원,『혁신의료기술평가 제도 안내』, 2019, 10면 참조.
71 "어떤 기구 등이 의료기기기법상 의료기기에 해당하기 위하여는 그 기구 등이 객관

료기기 해당성은 「의료기기법」 규정 및 판례의 취지와 같이 해당 제품의 사용목적만으로 판단해서는 안 되며, 다양한 과학기술이 신속하고 복합적인 형태로 융합되어 개발되는 현실을 반영하여 개별 기기들의 특수성을 고려하여야 한다. 또한 그 판단에 있어서 개별 기기들의 특수성에 대한 전문지식과 경험에 기초해야 할 것이다.[72] 예컨대 인공지능 소프트웨어의 경우 의료기기 해당성 판단에 있어서는 인공지능 소프트웨어의 기술적 특성과 함께 사용목적(질병의 진단, 치료, 예방, 예측하기 위한 목적)으로 진료기록, 심전도, 혈압, 혈액검사 등의 의료정보를 분석·진단하는 제품인지에 대한 구체적 분석이 요구된다.[73]

식약처는 2019년 6월 국내 병원에 처음 도입된 인공지능 의료로봇 왓슨 포 온콜로지에 대해 의료기기에 해당하지 않는다고 판단한 바 있다. 왓슨이 내어놓은 결과를 직접 환자에게 적용하는 것이 아니라 의사가 결과를 검토하고 참고하여 의사가 치료법을 결정하므로 의료기기에 해당하지 않는다는 것이다. 식약처가 발표한 「빅데이터 및 인공지능 기술이 적용된 의료기기의 허가·심사 가이드라인」에서는 "환자의 건강상태나 치료와 관련한 의학정보에 쉽게 접근하도록 도와주는 소프트웨어"를 비의료기기의 예시로 들고, 구체적으로 "표준치료법, 임상문헌 등을 검색하고 그 내용을 요약하여 제시하는 소프트웨어, 약물 부작용 예방

적으로 의료기기법 제2조 제1항 각호에서 정한 성능을 가지고 있거나, 객관적으로 그러한 성능을 가지고 있지 않더라도 그 기구 등의 형태, 그에 표시된 사용목적과 효과, 그 판매 대상과 판매할 때의 선전, 설명 등을 종합적으로 고려하여 위 조항에서 정한 목적으로 사용되는 것으로 인정되어야 한다(대법원 2008. 12. 11. 선고 2008두10393 판결)."

72 배현아, "새로운 과학기술도입과 의료기기 해당성 판단,"『과학기술법연구』제21집 제3호, 한남대학교 과학기술법연구원, 2015, 151-152면.

73 인공지능 소프트웨어의 특수성과 의료기기 해당성을 포함한 허가기준 및 미국에서의 논의에 대해서는 김재선, "인공지능 의료기기 위험관리를 위한 규범론적 접근 ―인공지능 소프트웨어 규범화 논의를 중심으로―,"『공법연구』제46집 제2호, 한국공법학회, 2017, 141면 이하 참조.

을 위한 약물 간 상호작용 및 알레르기 반응을 검색하는 소프트웨어"라
고 설명하고 있다.[74] 또한 "학습 데이터를 검색하는 것을 넘어 다양한
학습데이터를 재해석하여 특정 적합한 새로운 진단 또는 치료방법을 제
시한다면 의료기기로 분류할 수 있다"고 부연하고 있기는 하지만, 왓슨
은 데이터 검색 이상으로 데이터를 재해석하거나 새로운 진단 또는 치
료방법을 제시하지는 않기 때문에 의료기기가 아니라는 것이다. 그러나
왓슨이 단계별로 추천해 주는 구체적인 치료법에 의사가 사실상 영향을
받지 않는다고 볼 수 없다는 점에서 여전히 의문의 여지가 있다.

나. 규제기준 설정에 관한 행정입법부작위

(행정)입법부작위로 인해 새로운 기술에 기반한 의료기기가 시장에
진입하는 데 어려움이 존재하기도 한다. 법령의 문언이 일반적으로는
명확성의 원칙에 반하지 않는다고 하더라도 특정 대상에 대해 적용되는
구체적인 규제법규가 마련되어 있지 않아 이로 인해 인허가 절차가 지
연되기도 하는 것이다. 예컨대, 기존의 안전성 유효성 검증 기술에서는
빅데이터 및 인공지능 기술이 적용된 의료기기와 같이 기계 학습을 통
해 소프트웨어의 성능 등이 지속적으로 변경되는 의료기기의 특성이 반
영되어 있지 않다. 이러한 기술적 특성을 반영한 안전성 및 유효성 검증
기술과 변경관리 기준 마련이 필요하다.[75] 신개발 의료기기에 대한 품
목별 등급이 구체적으로 세분화되어 있지 않아 인허가 절차를 밟지 못
하는 경우도 마찬가지이다.

한편, 의료기기 인허가 규제기준 및 신의료기술평가 단계에서의 평가
기준의 불비와 불명확성 문제는 피규제자의 기본권적 관점에서도 접근

---

[74] 식약처는 환자의 진료기록, 유전정보 등의 의료용 빅데이터와 AI 기술이 적용된
     소프트웨어에 대해 의료기기인지 구분하는 기준을 담은 2017년 11월 「빅데이터
     및 AI 기술이 적용된 의료기기의 허가·심사 가이드라인」을 발간하였는바, 이 가
     이드라인에 따라 왓슨의 의료기기 해당성이 부정되었다.

[75] 손승호 외 4인, "빅데이터 및 인공지능 기술 적용 의료기기의 허가심사 방안," 『대
     한전자공학회 학술대회 논문집』, 대한전자공학회, 2018. 6, 1732면 참조.

할 수 있다. 현행 의료기기 규제체계하에서 관련 법규가 마련되지 않아 시장진입이 어려워지면 제조업자 등이 직업의 자유를 침해받는 상황이 발생하는바, 신개발의료기기에 대한 규제 공백은 국내외 개발업체 간 실질적인 경쟁을 제한하는 요소가 되기도 한다.

물론 관련 기준이 마련되지 않은 상황이 단순한 입법의 흠결인지 부작위의 문제인지 논의가 필요하다. 법의 영역에서 부작위란 단순히 사실적으로 아무런 행위를 하지 않은 것이 아니라 '규범적으로 요구되는 일정한 행위를 하지 않은 것'을 의미하기 때문이다.[76] 새롭게 개발되는 수많은 기기들이 의료기기로 평가받는 이상 인허가절차를 거치지 않으면 시장에 출시될 수 없고, 규제기관으로서는 절차에 따라 인허가 신청에 대해 응답하여 허가 또는 불허가(인증 또는 인증거부)의 결정을 해야 할 의무가 있다. 또한 적시에 인허가 절차를 거치지 않으면 시장출시가 사실상 무의미해질 정도로 기술변화에 따른 시장 변화가 빠른 산업 분야에서는 이러한 응답의무가 더욱 적극적으로 도출될 수 있다고 보아야 한다.

최근 식약처가 발표하는 수많은 가이드라인에 대해서는 사실상 법규범을 대체하고 있다는 우려의 목소리가 높고 '행정편의적 행태'라는 비판적 시각도 존재한다. 그러나 규범력 있는 법령의 제·개정을 통해 그 기준을 마련하기 어려운 현실이라면 가이드라인을 통해서라도 이를 규제 여부 및 적용 기준을 밝혀 그에 따른 절차를 거치도록 할 필요가 있다. 의료기기 인허가제도하에서 식약처는 기술발전에 따라 매일 쏟아지는 의료기기 제품에 대해 이를 심사할 의무를 진다. 현행 법규에 따라서는 규제 여부 및 규제 수준이 명확하지 않은 경우라면 법을 집행하는 규제기관으로서는 가이드라인 형식을 통해서라도 규제기준을 제시하고 이에 따라 심사할 일정한 작위의무가 있다고 본다. 이러한 점에서 일련

---

76 홍일선, "입법부작위 헌법소원심판의 적법요건 연구," 『강원법학』 제57권, 강원대학교 비교법학연구소, 2019, 190면.

의 수많은 가이드라인들이 정당성을 가질 수 있으며, 이러한 특수영역에서 제정되는 수많은 행정규칙의 법규성을 인정할 것인지에 대해 근본적인 고민이 필요하다(다만, 이는 후속연구과제로 남기기로 한다). 물론 법규성 있는 행정입법을 통해서 충분히 가능한 부분까지 가이드라인으로 대체하려는 경향은 반드시 지양되어야 하며, 이에 대해서는 규범적 통제가 요구된다.

V. 맺음말

여타 규제분야와 마찬가지로 그동안 의료기기 규제에서도 실제로 많은 개선이 이루어졌으며, 현재에도 진행 중에 있다. 디지털 헬스케어 제품이 대중화되고 예방 및 건강증진 차원의 의료기기 시장이 급격히 성장하고 있을 뿐만 아니라 기존과는 전혀 새로운 원리에 기초하는 융·복합기술 기반 의료기기들이 쏟아져 나오고 있다. 이에 따라 의료기기 규제도 변화를 거듭하고 있다.

그럼에도 불구하고 여전히 의료기기 인허가 및 수가 적용 절차 등이 복잡하고 오랜 시일이 걸리는 등의 문제점이 지속적으로 제기되고 있고, 규제 여부가 불확실한 영역에서는 규제 여부를 사전에 명확히 해 달라는 요구가 강하다. 국민의 건강권과 안전을 보장하면서도 기술 및 산업 발전을 촉진하기 위해서는 진입규제 단계에서부터 공법적 고려하에 규제 방향을 검토해야 할 것이다. 규제 입법과 행정에서 헌법상 일반원칙에 따른 규제개선을 도모하고, 국민의 생명권 보호라는 긴절한 공익적 요청으로 진입규제를 완화함에 있어서도 안전성 확보라는 본래의 규제 목적이 후퇴하지 않도록 해야 한다. 나아가 위험관리 체계를 통해서도 잔존하는 위험에 대해 소비자의 선택의 몫으로 돌리기 위해서는 해당 기기에 대한 충분한 위험성 정보가 제공되고 또한 그 정보는 지속적으로 업데이트되어야 한다. 또한 산업발전과 기술혁신을 위해서는 조속한 시장진입을 지원해 주어야 하는바, 규제기준을 명확히 하고 관련 규제 불비로 인해 시장진입이 불가능한 상황이 발생하지 않도록 해야 한다.

의료기기 진입규제는 국민의 생명과 안전의 보호라는 본래 목적을 달성하되 시장의 효율과 경쟁, 자유를 촉진할 수 있는 방향으로 나아가야 한다. 의료기기 규제의 영역에서는 섣부른 규제완화로 무분별한 기기개발과 저품질의 의료기기 유통으로 결과적으로 환자에게 피해가 발생한다는 우려도 제기된다는 점을 고려해야 한다. 효율성과 자유는 공익과 대립하고 충돌하는 가치가 아니라 공익의 구성요소로서 사회의 합리적 발전을 위해 추구되어야 하는 것이다.[77]

---

[77] 이원우, 앞의 논문, 364면.

의약품 품목허가 단계에서 특허 분쟁 고려

박현정*

I. 들어가며

의약품은 사람이나 동물의 질병을 진단·치료·경감·처치 또는 예방할 목적으로 사용하는 물품 등을 말하며(약사법 제2조 제4호 참고), 인간의 생명과 건강에 직접적인 영향을 미친다는 점에서 다른 제품과 다른 특징을 가진다. 첫째, 의약품 개발은 다양한 고도의 과학 기술에 기반하며, 제약업은 다른 제조업들에 비해 연구개발(R&D)비의 비중이 높은 편이다.[1] 둘째, 의약품은 수많은 후보 물질 중에서 실제 제품으로 연결되는 경우가 드물어 실패의 위험이 높지만,[2] 개발 및 제품화에 성공하기만 하면 고정 수요자가 존재하고 대부분 건강한 생명 유지에 필수적이므로, 높은 수익을 얻을 수 있는 분야이다. 셋째, 의약품 개발·제조

---

* 식품의약품안전처 사무관. 다만 본 내용은 소속기관의 공식적인 견해와 무관함.
1 미국의 경우 제약업계의 2000년~2012년 R&D 투자는 매출액 대비 18.3%로 전체 제조업(3%)보다 6배 이상 많다고 한다[『미국 제약업계의 R&D 투자 증가와 경제적 효과』, 생명공학정책연구센터(2016) 참고].
2 의약품 하나를 개발하기 위해서는 1만여 개의 후보 물질을 살펴야 하며, 의약품이 임상 1상부터 품목 허가까지 받는 경우는 9.6%에 불과하다고 한다[노경철, 『FDA 임상의 단계별 성공 가능성』, SK증권(2016) 참고].

를 위한 기초 설비·전문 인력 등의 구비에 적지 않은 자본과 기술력이 필요한 까닭에 신규 진입이 쉽지 않아 새로운 사업자의 진입 장벽이 상당히 높은 편이다.[3] 넷째, 의약품은 제조 및 허가가 정부의 규제 아래 이루어지며, 특히 우리나라는 대부분의 국민이 의무적으로 가입하는 국민건강보험제도로 인해 의약품 가격도 일정 부분 정부가 결정하는 구조로 이루어져 있다. 또한 의약품의 치료·예방 등의 효과를 발휘토록 하는 주성분에 관한 물질 특허가 존속하고 있는 동안에는 다른 제약사가 그와 동일한 주성분을 가진 의약품을 출시하는 것이 거의 불가능하다는 점에서 특허권에 의한 보호가 다른 분야에 비해 강력하게 작용하는 분야이기도 하다. 이와 같이 정부의 규제 및 특허권이 의약품 판매에 미치는 영향이 크다는 특징 등을 바탕으로 의약품과 관련된 특허 분쟁 가능성에 따라 규제기관의 품목허가 단계에서 해당 의약품의 판매를 저지할 수 있는 의약품 허가-특허연계 제도가 시행되고 있는바, 이에 대해서 살펴본다.

II. 의약품 허가-특허연계 제도

1. 제도의 목적 등

의약품은 인간에게 투여시 약리학적 영향 등 경미하지 않은 효과를 미치는 것으로, 의약적 효과가 명확할 필요가 있고 부적절한 투여 등에 따른 부작용 가능성 등도 적지 않으므로 시중에 판매하려면 제약사로 하여금 의약품별로 정부기관의 품목허가를 받도록 하고 있다(약사법 제31조 제2항 참고). 의약품 품목허가 여부는 해당 의약품이 인간에게 안전

3　김석관, "제약산업 기술혁신 패턴과 발전전략," 과학기술정책연구원(2004), 39-40쪽.

하고 효과가 있는지 등을 중심으로 결정하게 되며, 기존에는 특허권에 따른 분쟁이 있는지를 고려하지 않았다.[4] 따라서 종전에 특허권에 기한 의약품 판매금지는 해당 의약품이 품목허가를 받고 시판된 후에 특허권자의 소송 제기, 가처분 신청 등에 따라 이루어지는 것이 일반적이었다. 2015년 3월 우리나라에서 본격 시행된 의약품 허가-특허연계 제도는 의약품 품목허가 단계에서부터 품목허가를 하는 자가 해당 의약품에 대해 기존 특허권과의 충돌 가능성을 기초로 판매를 저지할 수 있는 제도로서, 특허권 보호를 가장 주된 목적으로 한다고 볼 수 있다. 특히 우리나라는 기존 신약과 동일한 의약품이 출시되면 신약의 가격이 대개 자동으로 떨어지므로,[5] 특허권자 측은 자신의 경제적 이익 등을 위해 자신의 의약품과 동일한 의약품의 출시를 저지할 유인이 적지 않다.

의약품 허가-특허 연계제도는 의약품 품목허가 제도와 특허 제도가 함께 엮여 있는 제도이다. 의약품 품목허가는 해당 의약품이 시중에 판매되어도 될 만큼 안전하고 효과가 있는지를 판단하여 선별적으로 판매를 허용하기 위한 것임에 반해, 특허는 새로운 기술 및 산업 발전을 도모하고자 신규하고 고도한 기술에 대해 일정기간 독점적으로 실시할 수 있는 권리를 주는 것으로 양자의 목적 및 효과가 서로 다르다. 또한 우리나라에서 의약품 품목허가는 정부 기관인 식품의약품안전처(이하, '식약처'라 한다)가 하는 행정 행위이지만, 특허권에 기초한 분쟁은 특허권자와 동일·유사한 기술을 실시한 자 간의 사적 다툼이며 예나 지금이나 법원 등이 사법행위로서 각자 주장의 타당성을 판단해 왔다는 차이가 있다. 이에 품목허가 신청자도 아닌 자가 의약품 안전성·유효성과

---

4 다만, 의약품 제조업자에게 다른 사람의 특허권을 침해하는 것으로 판명된 의약품을 제조할 수 없도록 하고, 이를 위반하는 경우 품목허가를 취소할 수 있다는 규정(의약품 등의 안전에 관한 규칙 제48조 제7호, 별표8 II. 제25호 라목)은 종전부터 존재하였다.

5 동일한 의약품의 약가 신청이 있으면 국민건강보험에 따른 신약의 약가는 일반적으로 인하된다(보건복지부 고시 "약제의 결정 및 조정 기준" 별표1 참고).

는 무관한 특허권을 기초로 이의 제기를 하였다는 사실이 의약품 허가라는 행정 행위 단계에 영향을 미치도록 함은 일견 이해하기 쉽지 않은 측면이 있는 것도 사실이다. 하지만 의약품 품목허가는 궁극적으로 적절한 의약품의 판매를 위한 것이고, 특허권에 따른 분쟁이 있는 경우 아무리 품목허가가 있다고 해도 해당 의약품이 실제 시장에서 판매되기는 어려우므로, 양자는 의약품 판매와 관련된 제도라는 공통점이 있다. 의약품 허가-특허연계 제도는 품목허가 이후 뒤늦게 발발하는 특허권에 따른 분쟁으로 인한 의약품 판매 지연을 예방할 수 있는 등 판매 여부의 불확실성을 제거하여 안전하고 효과적인 의약품의 적절한 시장 공급을 도모할 수 있다는 점에서, 의약품 품목허가의 큰 목적에 부합하는 측면을 부정할 수는 없을 것이다.

2. 미국의 의약품 허가-특허연계 제도

의약품 허가-특허연계 제도는 우리나라뿐만 아니라 미국, 캐나다, 호주, 싱가포르 등이 각국의 상황을 반영하여 시행하고 있다. 그중에서도 1984년 전 세계에서 가장 먼저 동 제도를 도입한 미국의 제도 도입 배경과 구체적 내용을 살펴본다.

(1) 도입 배경

의약품 허가-특허연계 제도를 도입하기 전 미국에서는 의약품 부작용에 따른 여러 사건[6]들을 계기로 의약품의 안전성에 대한 엄격한 평가가 필요하다고 여겨지고 있었고, 실제로 의약품 허가 검토에 많은 시간을 할애하였다. 이에 특허권 존속기간은 20여 년으로 제한적임에도 불구하고 의약품 판매의 전제가 되는 허가에 장시간이 소요됨에 따라 특허권

---

6 탈리도마이드에 의한 기형아 출산 등을 들 수 있다.

을 실질적으로 행사할 수 있는 기간이 단축되면서, 신약 특허권자들은 권리의 실질적 보호를 요구하기 시작하였고, Hatch 의원은 의약품 허가 심사 기간으로 인해 줄어든 특허권의 존속기간을 연장할 수 있는 내용의 법안을 발의하였다.

한편, 당시에는 안전성과 유효성이 허가 심사 및 판매 등에 따라 이미 어느 정도 입증된 기존 신약과 동일한 제네릭 의약품이라 해도 다른 제약사가 허가를 받기 위해서는 신약과 동일한 수준의 자료를 허가 당국 (Food and Drug Administration: FDA)에 제출해야만 했다. 이는 허가 자료 준비와 심사 등에 상당한 시간이 소요됨을 의미하며, 그에 따라 해당 의약품의 출시가 늦어질 수 있고, 소비자들의 의약품 선택권이 줄어드는 측면이 있었다. 이에 Waxman 의원은 기존 신약과 동일한 의약품의 출시를 촉진하고자 해당 의약품의 허가 절차를 신약보다 간소하게 처리할 수 있도록 하는 간이 신약 신청(Abbreviated New Drug Application, 이하 "ANDA"라고 한다) 제도를 도입하는 의약품 가격 경쟁법(Drug Price Competition Act)안을 발의하였다.

이러한 다소 상반된 내용의 두 법안이 발의됨에 따라 신약 제약사들과 제네릭 제약사들 간의 치열한 논쟁과 협상이 있었고, 이후 제네릭사가 특허 존속기간 동안 의약품 허가에 필요한 시험을 하는 것은 특허권 침해가 아니나, 제네릭사가 특허 존속기간 중 FDA에 허가를 신청하는 것은 특허권 침해라고 보아 제네릭사가 특허 존속기간 중에 할 수 있는 행위를 명확히 하고, ANDA 제도를 도입하되, 이러한 간이 허가로 인해 특허권 침해 가능성이 높아진다는 특허권자 측의 우려를 반영하여 제네릭사의 허가 신청 후 특허권자가 침해 소송을 제기하면 제네릭 의약품의 허가가 30개월 동안 연기되는 내용을 담은 의약품 가격경쟁 및 특허권 존속기간 회복법(Drug Price Competition and Patent Term Restoration Act of 1984)[7]이 입법[8]되었다.

(2) 제도 개요

의약품 허가-특허연계 제도 도입에 따라, 특허권을 가진 신약 제약사는 신약에 대한 허가 신청을 하면서 신약에 관한 특허권에 관한 정보를 함께 제출하고, FDA는 의약품에 관한 정보를 공개하면서 그와 관련하여 제출받은 특허 정보를 함께 공개[9]한다. ANDA 신청자는 FDA가 공개한 특허권에 대한 관계로서 다음 paragraph 중 하나를 선택하여 제출해야 한다[10]:

  Ⅰ. 허가신청 대상 의약품에 관한 특허정보가 제출된 적이 없다.
  Ⅱ. 허가신청 대상 의약품에 관한 특허권의 존속기간이 이미 만료되었다.
  Ⅲ. 허가신청 대상 의약품에 관한 특허권의 존속기간 만료일 이후에 제네릭
     의약품을 판매할 것이다.
  Ⅳ. 허가신청 대상 의약품에 관한 특허가 무효이거나, 허가신청 대상 의약
     품의 제조, 사용 및 판매는 특허권 침해가 아니다.

이때 FDA는 paragraph Ⅰ과 Ⅱ의 경우에는 제네릭 의약품 허가 신청에 특허 문제가 발생하지 않을 것이므로, 다른 요건을 만족한다면 바로 허가를 부여하나, paragraph Ⅲ의 경우에는 해당 특허권의 존속기간이 만료된 후에 허가를 부여한다. paragraph Ⅳ의 경우에는 ANDA 신청자로 하여금 특허권자에게 자신의 허가 신청 사실을 통지하도록 하고, 특허권자가 통지받은 날로부터 45일 내에 특허 침해 소송을 제기하면 특

---

7 이 법은 발의한 두 의원의 이름을 딴 "Hatch and Waxman Act"라는 이름으로 더 유명하다.
8 강춘원, "한-미 FTA의 의약품허가-특허연계제도," 『지식과 권리』, 대한변리사회 (2012), 183-186쪽.
9 FDA가 판매 허가를 받은 의약품 정보를 책자로 발간하던 당시 이 책자의 표지색이 오렌지색이었기 때문에 이는 "오렌지북"으로 불리고 있다.
10 21 U.S.C. §355(j)(2)(A) 참고.

허권자가 통지받은 날로부터 30개월 동안 ANDA 허가 신청에 대한 허가를 부여하지 않는다.

이와 더불어 제네릭 의약품의 출시를 촉진하기 위해 paragraph IV를 주장하면서 가장 먼저 ANDA 허가 신청을 한 자에게 그와 동일한 의약품을 신약 제약사와 함께 180일간 과점적으로 판매할 수 있도록 하는 제네릭 독점권(Generic Exclusivity) 제도를 도입하였다.

3. 우리나라의 의약품 허가-특허연계 제도

2012년 3월 발효된 한·미 FTA(Free Trade Agreement)에 의약품 허가-특허연계제도가 규정되어 있으며, 이를 계기로 약사법령 개정을 통해 우리나라에도 동 제도가 도입되었다. 동 제도는 의약품 품목허가의 주요 요소인 안전성·유효성과 무관한 특허권을 고려한다는 점에서 의약품 허가 등을 규율하는 약사법령에 규정되는 것이 일견 기이해 보일 수 있다. 하지만 동 제도는 신약과 관련된 특허권의 효력을 기존 사법 보호 체계를 거치지 않고 의약품 규제기관이 허가 관련 행정 절차에 직접 연동시키는 것이므로, 법 체계, 효율성 등의 측면에서 의약품 허가 절차 등을 규율하는 약사법령에서 정하는 것이 합리적이라고 생각된다. 아울러 약사법이 관할하는 약사(藥事)에 관한 일은 '의약품·의약외품의 제조·조제·감정(鑑定)·보관·수입·판매[수여(授與) 포함]와 그 밖의 약학 기술에 관련된 사항'을 말한다(약사법 제2조 제1호)고 하고 있어, 의약품의 적절한 판매 관련 사항이 약사법령 규율 범위 밖이라고 보기 어렵기도 하다.

동 제도는 크게 ① 의약품에 관한 특허권을 의약품 특허목록에 등재하여 공개하는 특허목록 등재, ② 제네릭 의약품과 같은 후발의약품[11]의

---

11 이하, 신약의 품목허가 자료에 근거한 의약품으로서, 신약과 주성분, 제형 등이 동일한 제네릭 의약품과 신약과 주성분 등은 동일하되 그 제형 등을 변경한 자료

허가를 신청하면서 특허권자에게 그 사실을 통지하는 허가신청사실 통지, ③ 특허권자의 신청에 따라 후발의약품 허가 단계에서 그 시판을 막는 판매금지, ④ 특허권을 무력화시켜 후발의약품의 시판을 앞당긴 자에게 다른 자보다 먼저 판매할 수 있는 혜택을 부여하는 우선판매품목허가 제도로 구분될 수 있다. 이 중 특허목록 등재와 허가신청사실 통지는 2012년 3월 한·미 FTA 발효와 함께 시행되었으며, 판매금지는 FTA 시행이 3년 유예됨에 따라 2015년 3월 약사법 개정에 따라 도입되었다.

(1) 특허목록 등재

특허목록 등재는 통지, 판매금지 등 약사법령에 따른 의약품 허가-특허연계 제도의 대상이 되는 의약품 특허권의 범위를 한정하고 공개하는 단계라고 할 수 있다. 즉, 동 제도 적용 대상은 의약품에 관한 모든 특허권이 아니라 특허목록에 등재된 특허권만이 된다. 절차적으로는 의약품의 품목허가를 받은 자가 품목허가를 받은 의약품에 관한 특허를 의약품 특허목록에 등재해 줄 것을 식약처에 요청하면 식약처는 해당 특허권이 요건을 만족하는지 검토하여 등재[12]한다.

구체적으로, 등재 신청은 품목허가일 또는 특허 등록일로부터 30일 내에 하도록 하여 동 제도에 따른 조치의 조속한 확정을 도모하고 있다(약사법 제50조의2 제2항). 또한 의약품에 관한 특허 중에서도 물질, 조성물, 제형 또는 의약적 용도에 관한 특허만이 등재 대상이 되며, 그중에서도 의약품의 허가 사항과 직접 관련된 특허만이 등재될 수 있다(약사법 제50조의2제4항).[13] 여기에서 의약품 허가 사항과 직접 관련된 특허는

제출의약품을 통칭하여 후발의약품이라 한다.

12 식약처는 인터넷 홈페이지(https://nedrug.mfds.go.kr)를 통해 특허목록을 공개·운영하고 있다.

13 이에 대해 2012년 시행된 약사법령이 해당 의약품의 허가받은 사항 중 주성분 및 그 규격, 원료약품 및 그 분량, 제형, 효능·효과 및 용법·용량과 직접 관련되었으면서도, 해당 의약품의 제조판매·수입 품목허가 시 제출된 자료에 따라 식품

해당 품목허가를 받은 의약품에 구현된 특허라고 해석되며, 특허권의 내용이 해당 의약품의 허가 사항 등에 나타나 있지 않으면 의약품과 직접적인 관련성이 없는 특허라고 판단될 수 있을 것이다. 특히 우리나라는 특허 보호범위가 특허청구항에 따라 결정됨[14]을 고려하여, 하나의 특허번호 내용 전체가 아닌 허가 사항과 직접 관련성이 인정되는 특허청구항별로 등재하고 있다.

미국 역시 특허목록 등재 대상을 물질, 조성물, 제형 및 의약적 용도에 관한 특허로 한정하고 있으나, 신약 허가 신청자의 신청이 있기만 하면 특별한 심사 없이 오렌지북에 등재한다. 아울러 특허청구항이 아니라 의약품 관련 내용이 포함된 특허번호를 등재하고 있다. 하지만 추후 그 특허가 ANDA 허가를 지연시키는 특허 침해 소송의 기초로 사용되는 경우 ANDA 신청자가 등재가 부당하다는 소송을 제기하도록 함으로써 우리나라와는 달리 사후적으로 등재 적합성을 판단하는 절차를 두고 있다.

우리나라에서 채택하고 있는 등재 심사 제도는 판매금지의 남용을 사전에 차단할 수 있다는 점에서 국내 제약사 보호를 위해 도입된 것으로 알려져 있으나, 등재는 신약 품목허가를 받은 자, 특허권자, 후발의약품 품목허가를 신청하거나 할 자 등 여러 이해관계자의 입장, 견해 등이 달라 향후 등재 자체에 대한 분쟁의 여지가 많다는 의견[15]도 있다.

약사법 제50조의2 제2항은 의약품의 품목허가를 받은 자가 특허권자

의약품안전처장이 인정한 안전성 · 유효성 및 품질과 직접 관련된 특허권만이 등재될 수 있도록 규정(의약품 등의 안전에 관한 규칙, 2015.3.15. 개정되기 이전의 것 제18조 제3항)하고 있었던 것에 반해 등재 요건을 좀 더 완화한 것으로 볼 수 있다는 입장이 있다(서울행정법원 2015.5.22 선고 2014구합62425 판결 참고).

14 특허법 제97조(특허발명의 보호범위는 청구범위에 적혀 있는 사항에 의하여 정하여진다.) 참고.

15 정차호, "한국형 허가-특허 연계제도에서의 제네릭 독점권 부여 여부," 충북대학교 법학연구소, 과학기술과법 제3권 제1호(2012), 108-111쪽.

의 동의[16]를 얻어 특허목록 등재를 신청하도록 하고 있다. 판매금지 신청자는 특허권자 등인데, 특허목록 등재는 판매금지조치의 기초가 되는 특허를 선정하는 절차임에도 불구하고 품목허가를 받은 자가 신청하도록 하는 것은 권리 향유자와 그 권리를 위해 신청하는 자가 다르게 되어 기이한 측면이 없지 않으나, 우리나라에는 대부분 특허권자와 의약품의 품목허가를 받은 자가 동일하지 않은 점,[17] 특허는 등록되면 그 내용을 누구나 열람할 수 있도록 공개됨에 반해 의약품의 허가 사항은 외부로 공개되지 않으므로 해당 특허가 등재 요건을 만족하는지 여부에 대해 가장 잘 알 수 있는 자는 품목허가를 받은 자라는 점 등 때문에 품목허가를 받은 자가 등재 신청자로 설정되었다고 생각된다.

약사법 제82조의2에 따르면 특허목록 등재를 유지하기 위해서는 매년 등재료를 납부해야 하는데, 이 역시 품목허가를 받은 자에게 그 의무가 부과되어 있다. 특허목록 등재는 궁극적으로 판매금지 등을 위한 것이고, 그 이익은 대부분 특허권자가 누리게 되지만 그 등재 신청·유지 등에 품목허가를 받은 자가 시간과 비용을 소비해야 한다는 점에서 역시 권리와 의무 주체가 일치하지 않는다는 비판이 가능하나, 의약품 허가와 특허라는 별도의 행정·사법 절차를 연계한 동 제도의 본질적인 특성에서 기인한 것으로 생각되며, 그에 따른 불균형의 해소는 사인 간의 계약에 따름이 타당해 보인다.

---

16 2015년 3월 약사법 개정 전에는 등재 신청에 특허권자의 동의를 법문상 필요하지 않았으며, 다만 실무적으로 품목허가를 받은 자가 해당 특허에 대한 실시권을 받은 자일 것을 요구하였다. 실시권은 해당 특허발명을 실시할 수 있는 권리이며, 특허목록 등재는 특허발명의 실시라고는 보기 어렵고, 약사법상 통지 및 판매금지조치 신청 등을 할 수 있는 기초 특허권을 선정하는 절차라는 점에서 특허권자의 권리 및 지위에 크게 영향을 미치므로 2015년 3월 개정 약사법부터 명시적으로 등재를 하려면 특허권자의 동의를 얻도록 하고 있다.

17 의약품 특허권을 가지려면 세상에 없던 의약품을 처음으로 발명해야 하는데, 아직 우리나라 제약사가 신약을 개발하여 허가받은 건수는 많지 않다('99년~'18년 31건, 2018년 식약처 의약품 허가보고서 참고).

(2) 허가신청사실 통지

동 단계는 특허권자에게 후발의약품 허가 신청 사실을 알리고, 판매금지 신청의 기회를 주기 위함으로, 한·미 FTA에서 "특허 존속기간 동안 시장에 진입하기 위하여 시판허가를 요청하는 … 다른 자의 신원을 특허권자가 통보받도록[18]" 요구하는 것에 대응된다. 특허목록에 등재된 의약품 — 즉, 특허가 있다고 식약처에 통보된 의약품의 안전성·유효성 자료를 근거로 품목허가를 신청하는 자는 다음과 같은 특허관계 중 하나를 선택한 특허관계확인서를 제출하여야 한다(의약품 등의 안전에 관한 규칙 제4조 제1항 제10호):

1. 등재특허권의 존속기간이 만료된 경우
2. 등재특허권의 존속기간이 만료된 후에 의약품을 판매하기 위하여 품목허가 또는 변경허가를 신청한 경우
3. 특허권등재자와 등재특허권자등이 통지하지 아니하는 것에 동의한 경우
4. 의약적 용도에 관한 등재특허권이 품목허가나 변경허가를 신청한 의약품의 효능·효과와 관련된 것이 아닌 경우
5. 등재특허권이 무효이거나 해당 특허권을 침해하지 아니한다고 판단되는 경우

이 중 특허관계 1과 2는 미국의 paragraph II와 III에 대응하는 것이며, 특허관계 3은 신약 제약사로부터 신약의 허가 자료 사용에 대한 권한을 부여받아 후발의약품 허가 신청을 하는 일명 위임형 제네릭(Authorized Generic) 등을 위한 것으로 여겨진다. 특허관계 4는 신약이 가지는 여러 효능·효과 중 특허권에 속하지 않는 효능·효과에 대해서만 허가를 신청하는 경우에 선택할 수 있는 것[19] [20]으로 생각된다.

---

18 한·미 FTA 제18.9조 제5항 가호.
19 미국의 유사한 규정으로서 21 USC §355(j)(2)(A)(viii) 참고.

특허관계 5는 특허가 적법하게 유지되고 있는 동안 그와 저촉 가능성이 있는 의약품을 시장에 진입시키고자 하는 의사를 표명하는 것이므로 특허권자에게 통지 의무가 발생하는, 다시 말해 의약품 허가-특허연계제도가 실질적으로 적용되는 특허관계에 해당한다. 한편, 동 특허관계와 관련하여 특허권이 무효라고 판단된 경우와 침해하지 않는다고 판단되는 경우는 심결(또는 판결)의 효력이 미치는 범위에 차이가 있으므로 별도의 특허관계로 분리하는 것이 바람직하다는 견해[21]가 있다. 물론 특허법상 특허 무효, 비침해(권리범위에 속하지 않음), 특허존속기간 연장등록이 무효라는 심결 등은 서로 그 의미가 다른 것이므로, 별도의 특허관계로 설정함이 타당하다는 견해에 일리가 있으나, 약사법상 판매금지나 우선판매품목허가 등에 특허 심결 종류에 따라 다른 효과를 부여하고 있지 않으므로 그 실익에 의문이 있다. 따라서 이러한 논의는 특허 심결 등의 종류가 판매금지나 우선판매품목허가 등의 효력에 영향을 미치도록 함이 합리적인지와 함께 논의되어야 할 것으로 생각된다.

아울러 특허존속기간 연장등록이 무효라고 판단되는 경우에는 선택할 수 있는 적절한 특허관계가 없고, 특허존속기간연장등록 무효 심판이 우선판매품목허가를 획득하기 위해 청구할 수 있는 심판으로 규정(약사법 제50조의7 제2항 제2호)되어 있음에 반해 그러한 주장은 현행 특허관계 5에 포섭될 수는 없어 보이므로 이에 대한 개선은 필요할 것으로 생각된다.

특허관계 5를 선택하여 품목허가 등을 신청한 자는 품목허가신청일

---

20 종전에는 동 특허관계가 "등재의약품에 관한 특허권이 제조판매·수입 품목허가를 신청한 의약품과 관련이 없는 경우"로 규정되어 있어, 특허권이 무효이거나 해당 특허권을 침해하지 않는다고 판단되는 경우와의 차이가 모호하다는 견해가 있었으며[신혜은, "우리나라 제약산업 실정에 부합하는 한국형 허가-특허연계제도의 시행방안," 안암법학회, 『안암법학』 제43권(2014), 1099쪽 참고], 2015년 3월 개정법에서 지금과 같이 개정됨으로써 비교적 명확해졌다.
21 신혜은, 앞의 논문, 1099쪽.

로부터 20일 내에 품목허가신청 사실 등을 특허권자와 등재의약품의 품목허가를 받은 자에게 통지하여야 한다(약사법 제50조의4 제1항). 약사법은 특허권자뿐만 아니라 등재의약품의 품목허가를 받은 자도 통지받도록 규정(약사법 제50조의4 제1항)하고 있으며, 한 · 미 FTA는 "특허권자"가 후발의약품 허가신청 사실을 통지받도록 규정한다. 등재의약품의 품목허가를 받은 자 역시 후발의약품의 품목허가 신청에 대해 큰 이해관계를 가지는 자[22]이면서, 특허목록 등재에 노력과 비용을 들였으므로 그에 대한 보상을 제공할 필요가 있다는 등의 이유로 품목허가를 받은 자도 통지 대상에 포함됨이 타당하다고 생각된다.

(3) 판매금지

판매금지는 2015년 3월에 시행된 의약품 허가-특허연계 제도의 핵심이라고 할 수 있으며, 한 · 미 FTA는 제18.9조 제5항 나호에서 규정하고 있다. 구체적으로 후발의약품의 품목허가신청 사실을 통지받은 특허권자 또는 해당 특허발명을 독점 실시할 수 있는 전용실시권자는 특허법 제126조에 따른 특허침해의 금지 또는 예방 청구의 소를 제기하거나 특허법 제135조에 따른 권리범위확인심판을 청구하거나 청구받고 통지받은 날로부터 45일 내에 식약처에 통지의약품의 판매를 최장 9개월간 금지해 줄 것을 신청할 수 있다(약사법 제50조의5 및 제50조의6).

또한 약사법 제50조의5 제2항 제1호는 판매금지 신청의 전제 조건으로 '특허침해금지 청구의 소' 제기를 들고 있으나, 미국과 달리 품목허가 신청 행위 자체는 특허법상 침해로 인정하고 있지 않은 국내 현실[23]상 규정의 실효성에 의문이 제기되기도 한다. 다른 한편으로는 약사법의

---

22 정용익, "한국의 법제 특성을 고려한 의약품 허가 특허 연계제도의 도입 방안," 고려대학교 박사학위 논문(2014), 67쪽.

23 특허법은 품목허가를 받기 위한 시험 등에 특허권의 효력이 미치지 않는다고 규정(특허법 제96조 제1항 제1호)하고 있지만, 품목허가신청사실이 특허법상 침해가 아니라고 명확하게 규정하고 있지는 않다.

동 규정으로 인해 법원이 품목허가신청 자체가 특허법상 침해에 해당될 수 있다고 판시할 가능성을 제기할 수도 있으나, 특허권 침해가 되기 위해서는 권한 없이 특허발명을 실시[24]해야 하는데 현행 특허법상 품목허가신청 사실 자체를 특허발명 실시 행위로 보기는 쉽지 않을 것으로 생각된다.[25] 한편, 품목허가신청 행위가 특허침해 예방 청구의 대상이 될 수 있는지에 대해서도 아직 명확한 판결은 없는 것으로 알려져 있다.

판매금지 신청은 특허권자 등이 소극적권리범위확인심판을 청구받은 경우에는 할 수 있으나, 특허 무효 심판만을 청구받은 경우라면 별도의 소송이나 심판을 청구해야 신청할 수 있는 것으로 해석된다(약사법 제50조의5제2항 참고). 이는 단순히 특허 무효 심판이 청구된 것만으로는 후발의약품의 특허 침해 여부를 다투겠다는 특허권자의 의사가 명확하지 않다는 점에서 타당하다 볼 것이다.[26] 이에 대해 특허 무효 심결이 있으면 판매금지조치 등이 이루어지지 않는(약사법 제50조의6 제3항 제3호) 등 무효 심판에 의미를 부여하고 있음에도 불구하고, 판매금지신청을 하기 위해서는 특허권자로 하여금 무효 심판에 대한 대응과는 별도로 특허 침해 소송 등을 반드시 제기하도록 함은 불필요한 소송들이 진행되도록 강제하는 것이라는 비판이 있을 수 있다. 하지만 판매금지조치는 특허법 외에 약사법에서 별도로 특허권을 보호하는 제도라는 점에서 특허권자의 적극적이고 명확한 의사 확인이 선행되어야 하며, 특허 무효 심판

---

24 특허발명의 실시란 물건의 발명인 경우 그 물건을 생산·사용·양도·대여 또는 수입하거나 그 물건의 양도 또는 대여의 청약(양도 또는 대여를 위한 전시를 포함한다)을 하는 행위(특허법 제2조 제3호 참고)를 말한다.

25 다만, 특허법원 판례로서, 특허 존속기간 만료 전 과도하게 빠른 시점에(사례의 경우 특허 만료 2.6~3.6년 전)에 제네릭 품목허가와 약가 등재를 받은 경우 적극적 권리범위확인심판을 청구할 확인의 이익이 있다는 판시가 있다(특허법원 2008.12.30. 선고 2008허4943 판결 참고).

26 한·미 FTA에서도 "특허권자의 동의 또는 묵인 없이" 다른 자가 제품을 시판하는 것을 방지하기 위한 조치를 이행하여야 한다고 하여, 특허권자의 명확한 행위 등이 있는 경우에 판매금지 조치 등을 요구한다.

은 그 본질상 특정 의약품에 대해 특허권을 침해하는 것이라는 주장이라고 볼 수는 없다는 점에서 받아들이기 어려울 것이다. 한편, 법문상 '권리범위확인심판을 청구받은 경우' 판매금지신청을 할 수 있는 것으로 규정되어 있지만, 제도의 취지 및 다른 심판·소송과의 균형상 단순히 청구를 받은 사실만으로는 부족하고, 상대방의 청구에 대응하여 특허권자가 답변서를 제출하는 등 적극적인 행위를 한 경우로 한정 해석함이 타당할 것이다.

우리나라에서 특이하게 요구하고 있는 판매금지 요건 중 하나는 통지의약품으로서 동일의약품이 여러 개인 경우 그 일부에 대해서만 판매금지신청을 하거나, 이미 판매 가능한 상태의 동일의약품이 존재하는 경우 그 의약품에 대해서는 판매금지가 허용되지 않는다는 것이다(약사법 제50조의6 제1항 제5호 및 제6호). 동 규정의 경우 특허권자는 제네릭 의약품 등이 특허권을 침해함을 주장할 수 있는 자일 뿐, 특허를 침해하는 자 중 해당 시장에 진입할 수 있는 자를 선택할 수 있는 권한을 가지는 자는 아님을 반영한 것이라 할 수 있다. 특허권자가 동일한 의약품으로 특허에 도전하며 시장에 진입하고자 하는 자들 중 영업력, 생산력, 시장에서의 경쟁력 등을 고려하여 선별하는 것을 허용하는 경우 특허권 행사를 넘어서 시장 지배자로서의 활동을 방조하는 것이 되어 버릴 수 있다는 측면에서 동 규정은 존재 의의를 가진다. 다만 약사법상 동일의약품은 주성분 및 그 함량, 제형, 용법·용량 및 효능·효과가 서로 같은 의약품을 가리키는 것이므로, 주성분·제형 등 위 조건이 동일하다면 조성물 구성이 서로 다른 의약품도 약사법상으로는 동일의약품이 된다. 이때 약사법상 동일의약품 간에도 특허권 침해 여부가 달라질 수 있는데, 예를 들어 주성분·제형 등은 동일하여 약사법상 동일의약품에 해당하나 조성물 구성이 서로 다른 후발의약품 1과 2가 있고, 관련 등재특허는 조성물 구성에 관한 것인 경우, 후발의약품 1은 조성물 구성상 특허권 침해에 해당하나, 후발의약품 2는 조성물 구성이 특허발명과 달라 침해가 아닐 수 있다. 이때 특허권자는 후발의약품 1에 대해 판매금지를 요청하려면 특허권 침해가 아니라고 판단되는 후발의약품 2에 대해서도 침해 소송 등을 제기하고 판매금지를 신청해야 하므로, 특허권 행사 남용을 부추기는 셈이 되어 버릴 수 있다. 이러한 불합리한 상황을 막기 위해 동일의약품 중 일부는 특허권을 회피했다는 등의 "정당한 이유"가 인정되는 경우 특허권 침해라고 판단되는 의약품에 대해서만 판매금지를 허용하는 것을 고려할 수 있겠다.

(4) 우선판매품목허가

동 내용은 국내 제약기업의 발전 및 국민의 의약 접근성 제고를 위해 도입[27]되었으며, 한·미 FTA에 따른 의무사항은 아니다. 한·미 FTA에 따라 판매금지제도가 도입됨으로 인해 국내 제약사의 대다수에 해당하는 제네릭 제약사의 의약품 출시가 지연될 가능성이 제기되었으며, 우선판매품목허가는 그 대응 방안의 일환으로서 특허를 무력화시켜 제네릭 의약품의 출시를 앞당긴 자에게 최장 9개월간 해당 의약품을 우선적으로 판매할 수 있도록 하여, 특허 도전을 장려하면서 경쟁력 있는 의약품 개발을 촉진하기 위한 것으로 볼 수 있다.

우선판매품목허가[28]를 받기 위해서는 ① 특허권자에게 통지하여야 하는 품목허가 신청자 중 가장 이른 날에 품목허가를 신청하고, ② 품목허가 신청 전에 특허 무효, 권리범위확인 또는 존속기간연장등록 무효 심판을 청구하고, 그 심판 등에서 인용 심결 등을 획득한 자 중에서, ③ 최초 또는 그로부터 14일 내에 특허 심판을 청구하거나 그 자보다 먼저 인

---

27 정용익, "한국의 의약품 허가-특허연계제도에서 제네릭 시장독점제도의 도입 필요성에 관한 연구,"『지식재산연구』제9권 제4호(2014), 114쪽.
28 미국은 유사한 제도에 대해 Generic Exclusivity라는 용어를 사용하고 있으나, 그에 상응하는 독점권이라는 용어가 주는 부정적인 의미를 피하고, 다른 제네릭 의약품보다 우선적으로 판매할 수 있게 한다는 의미에서, '우선판매품목허가'라는 표현을 사용한 것으로 알려져 있다.

용 심결 등을 받은 자이어야 한다(약사법 제50조의8 제1항). 이러한 우선
판매품목허가가 부여되면 식약처장은 그와 동일한 의약품의 판매를 최
장 9개월간 금지시킬 수 있다(약사법 제50조의9 제1항).

 미국은 제네릭 독점권 요건으로 가장 먼저 제네릭 의약품 허가를 신
청할 것만을 요구하고 있으나,[29] 우리나라는 그뿐만 아니라 심판 등에서
이기고, 먼저 심판을 청구해야 하는 등 더 엄격한 요건을 요구하고 있
다. 미국 FDA도 제도 초창기에 최초 허가 신청 요건만 요구하는 경우
특허권자가 소송을 제기하지 않음으로써 소송 비용 등의 소모 없이 의
도치 않게 제네릭 독점권을 획득하는 부당한 사례가 발생할 수 있다는
이유로 특허 소송에서 승소해야 한다는 요건도 실무적으로 부과하였다.
하지만 이후 연방 법원은 법조문에 소송에 관한 요건이 없으며, 소송이
진행되지 않았다는 것은 그만큼 특허를 침해하지 않음이 명확하다는 뜻
이므로 승소 요건을 추가로 부과하는 것은 부당하다고 판시[30]하였고,
FDA 실무도 그에 따라 변경된 바 있다. 우리나라는 제네릭 제약사의 비
중이 높으며, 미국에 비해 비용, 시기 등의 면에서 상대적으로 특허 심
판 청구의 장벽이 낮으므로, 가장 이른 날의 허가 신청자 요건만을 요구
하는 경우 우선판매품목허가를 받은 자가 지나치게 많이 나올 수 있다
는 점에서 엄격한 요건을 부과하는 것이 타당하다고 본다. 우선판매품
목허가를 획득한 자가 일정 기간 우선적으로 판매할 수 있도록 함으로
써 특허 도전의 동기를 부여하려는 제도의 취지를 더욱 잘 살리기 위해
서는, 오히려 '최초 내지 그로부터 14일 내에 특허 심판을 청구한 자'가
아니라 '가장 이른 날의 특허 심판 청구자'로 한정하는 등 보다 엄격한
요건 부과가 필요하다는 의견[31]도 있다.

---

29 이는 날짜를 기준으로 하며, 동일한 날에 여러 명의 허가 신청자가 있는 경우 제
    네릭 독점권을 공유할 수 있다(FDA Guidance for Industry 180-Day Exclusivity
    When Multiple ANDAs Are Submitted on the Same Day, 2003 참고).
30 Inwood Labs., Inc. v. Young, 723 F. Supp. 1523-1526(1989).
31 김의권, "허가특허 연계제도 문제점 및 개선방안," 2015 KFDC 법제학회 춘계학술

한편, 현행 규정은 특허 무효, 권리범위확인, 존속기간연장등록 무효 심판 중 어느 것이라도 먼저 청구하면 최초 심판 청구가 되며, 그로부터 14일 내에 특허 심판을 청구한 자만이 우선판매품목허가를 받기 위한 유리한 고지를 점하게 되는 것으로 해석된다. 특허 존속기간 연장등록 무효 심판을 청구하는 자는 연장되기 전 특허 존속기간 이후, 즉 본래 특허 존속기간은 만료된 후에야 판매하겠다는 의도이며, 특허 존속기간 연장등록 무효 심판은 연장된 기간 중 일부만이 무효라고 판단될 수 있어 일반적인 특허 무효 심판이나 권리범위확인심판의 경우 인용 심결이 있으면 바로 제네릭 의약품 등의 판매가 가능한 것에 비해 제네릭 의약품의 출시를 앞당길 수 있는 기간이 상대적으로 짧음에도 불구하고 다른 심판들과 동일선상에 두는 것이 제도 취지에 부합하지 않는다는 지적이 있다. 이는 특허 심판 종류에 따라 제네릭 의약품의 출시 범위 및 시기가 달라질 수 있으므로,[32] 제네릭 의약품의 출시를 앞당긴 자에게 혜택을 부여하는 제도 취지상 앞당긴 범위에 따라 혜택이 달리 부여하는 것이 합리적일 수 있다는 점에서 타당한 측면이 있다.

우선판매품목허가를 기존 품목허가와 다른 것으로서 별도로 판매할 수 있는 권한이 부여되는 권리라고 본다면, 특허권과 같이 타인에게 판매권을 허여할 수 있다거나 양도할 수 있다고 볼 수도 있겠다. 하지만 현행 법문상 우선판매품목허가는 판매할 수 있는 권한을 주는 것이라기보다는 그 존재로 인해 다른 의약품의 판매가 일정기간 금지되는 간접적인 효과를 가지는 것이며, 그로 인해 우선적으로 판매할 수 있게 되는 효과를 누리게 되는 것이라 봄이 타당할 것이다. 이에 품목허가와 별도로 우선판매품목허가만이 이전, 복제 등은 될 수 없을 것으로 보여진다.

대회 발표자료, 2015.5.

32 특허 무효 심판에서 인용 심결이 있은 경우 해당 특허권 모두가 무력화되므로, 이에 저촉되는 모든 의약품의 출시가 가능해지나, 특허권리범위확인 심판에서 인용 심결 등이 있은 경우에도 심판 대상 의약품만이 출시가 가능해지는 등 후발의약품의 출시 가능 범위가 심판 종류에 따라 달라진다.

Ⅲ. 마치며

　의약품 허가-특허연계 제도는 의약품 허가와 특허라는 별개의 독자적 의미를 지니는 절차가 연동되도록 한데다, 전 세계에서 동 제도를 가장 먼저 도입한 미국은 제약업체 간 이해관계 대립 해결을 위한 합의의 결과로, 우리나라는 한·미 FTA라는 국가 간 합의에 따라 도입되었다는 점에서 그 배경과 내용이 독특하다. 동 제도를 통해 특허권 보호를 강화하는 궁극적인 이유는 더욱 안전하고 효과적인 신규 의약품이 많이 개발되도록 장려하여 국민의 건강권을 보호하기 위한 것임은 분명하다. 특히 우리나라는 제네릭 제약사가 많은 현실 등을 고려하여 동 제도가 우리나라 제약업계의 발전을 도모할 수 있도록 설계된 측면이 있다. 동 제도가 도입된 이상 제도의 목적이 충분히 달성될 수 있도록 운영 및 필요한 개선이 이루어짐이 바람직할 것이다.

유통질서문란 약제의 약가인하처분에 관한 법적 쟁점 연구

최미연*

Ⅰ. 서 론

우리나라의 건강보험제도는 전 국민이 가입되는 의무가입제이고, 국민건강보험공단이 단일 보험자이며, 국민건강보험의 재원 대부분은 국민으로부터 징수하는 보험료로 충당된다는 특징을 가지고 있다.[1] 이러한 국민건강보험제도로 인해 국민들은 평균적으로 본인부담금의 약 30%만 부담하면 안정적으로 의료서비스를 받을 수 있는 반면, 인구 고령화 현상 및 국민건강보험법상 요양급여의 확대 등으로 인해 건강보험 재정의 고갈 속도는 빨라지고 있다.

한정된 건강보험 재정을 효율적으로 관리하기 위해 그리고 약가의 적정성을 유지하기 위해, 정부에서는 국민건강보험법상 요양급여 대상인 전문의약품[2]의 약가를 관리·통제하는 시스템을 운영하고 있다. 어떤

---

* 주식회사 비보존제약 사내변호사.
1 국민건강보험 재정의 85%는 보험료에서, 나머지 15%는 정부지원금으로 충당된다[이은경, "건강보험 재정의 현황과 정책과제," 보건복지포럼 (2018. 2.)].

약제[3]를 요양급여의 대상으로 인정할 것인지, 인정한다면 약가를 얼마로 정할 것인지, 나아가 한번 결정된 약가를 사후에 어떻게 관리할 것인지 여부 즉 약가제도 전반을 정부가 주도하는 방식이다.

어떤 약제를 건강보험 급여대상으로 인정한 후 이를 얼마로 정하느냐는 건강보험의 재정 관리 측면에서 중요하지만, 그만큼 중요한 것이 바로 최초 정해진 약가를 사후에 어떻게 관리하느냐 즉, 약가를 유지할 것인지 아니면 조정을 할 것인지 여부이다. 한 번 정해진 약가가 동일하게 유지된다면, 새로운 약제들이 요양급여의 대상으로 포함되기 어렵게 되는 등 의약품 시장의 수요 변화에 빠르게 대처하기 어렵고, 건강보험의 재정 보호 역시 어려워질 수 있기 때문이다.

따라서 우리나라는 상한금액[4] 조정 제도(약가 사후관리제도)를 시행하여 약가를 지속적으로 관리하고 있는데, 이는 결국 약제가 급여대상으로서 적정한 것인지 또는 약가를 기존과 동일하게 유지하는 것이 타당한 것인지, 만약 약가 유지가 타당하지 않다면 약가를 어떤 기준과 절차를 통해 조정할 것인지에 관한 제도라고 할 수 있다.

상한금액 조정 제도의 근거법령은「국민건강보험법」,「국민건강보험 요양급여의 기준에 관한 규칙(보건복지부령)」(이하 '「요양급여기준」') 및「약제의 결정 및 조정 기준(보건복지부 고시)」(이하 '「약제조정기준」')이며,「요양급여기준」,「약제조정기준」에 규정된 직권조정사유에 해당하는 약제의 경우 그 약가를 조정하는 것인데, 약가 조정을 통해 약가가 인상되는

---

2 전문의약품이란 ETC(Ethical drugs)으로서 의사의 처방이 필요한 의약품을 의미하고, 일반의약품이란 OTC(Over-The-Counter drugs)로서 의사의 처방 없이 약국에서 바로 구입 가능한 의약품을 의미한다.
3 이 글에서는 경우에 따라 '약제'와 '의약품'이라는 용어가 병용되는데, 동일한 의미이다. 국민건강보험법에서는 약제와 의약품 용어를 주로 함께 사용하고, 약사법에서는 의약품이라는 용어를 주로 사용한다.
4 상한금액 또는 급여의 상한금액이란 약가를 의미한다. 국민건강보험법 등 관련 법령에서는 약가라는 용어가 아닌 약제의 상한금액이라는 용어를 사용하지만, 실무적으로는 약가라는 용어를 사용한다.

경우는 거의 발생하지 않으므로 결국 상한금액 조정은 현실적으로 약가 인하처분의 모습으로 나타나게 된다. 약가의 직권조정사유는「요양급 여기준」제정 이후 하나둘씩 증가해서 현행(2020. 12. 기준) 규정상 총 19가지가 존재하고, 어떤 의약품이 이러한 직권조정사유에 해당하게 되면 상한금액 조정 즉 약가인하처분의 대상이 되는 것이다.

이러한 약가인하처분 중 특히 리베이트 사건 발생 시 이루어지는 약 가인하처분(이하 '유통질서문란 약제의 약가인하처분')에 대해서는 취소소송 등 분쟁이 계속되고 있는데, 이는 의료기관에 대한 리베이트 제공 관행이 근절되지 않고 있는 근본적인 문제점 외에도 약가인하처분 근거법 령이나 구체적 방식의 문제점 등도 원인이라고 할 수 있다.

본 연구에서는 이러한 약가 사후관리 제도를 포함한 약가제도 전반에 대해 살펴본 뒤, 여러 약가인하처분 중 유통질서문란 약제의 약가인하처분 취소소송에서 나타난 쟁점들을 통해 유통질서문란 약제의 약가인하처분의 문제점에 대해 살펴보고자 한다.

II. 약가 제도 개관

약가제도는 약제가 국민건강보험법상 요양급여의 대상이 될 자격이 있는가(보험등재)에서 출발하여, 급여의 대상이 될 경우 약가를 어떻게 설정하여야 하는가(약가결정), 그리고 일단 결정된 약가를 다시 조정이 필요한 경우 어떻게 조정하고 관리할 것인가(약가 사후관리)로 구분될 수 있다.

우리나라의 현행 약가제도의 배경을 이해하기 위해서는 가장 크게 제도가 변경된 시기인 2007년 약제비 적정화 방안[5]의 내용을 살펴볼 필요가 있

---

5 보건복지부, 건강보험 약제비 적정화 방안 시행, 보도자료(2006. 12. 28.).

다. 기존 제도하에서는 약품 과다사용 등 전반적인 사용관리가 되지 않고, 저가 약 사용이 저조하였으며, 보험에 등재된 품목수가 과다한 측면이 있었는데 약제비 적정화 방안은 이러한 문제점을 개선하기 위함이었다.

약제비 적정화 방안의 내용을 살펴보면, ① 약제의 보험 등재 방식의 경우 급여제외목록(Negative List) 방식 및 의무신청제에서 선별등재(Positive List) 방식 및 자율신청제로 등재방식을 전환하고, ② 신약의 약가 결정에 있어서 제약사와 국민건강보험공단 사이의 약가협상 절차를 신설하였으며, ③ 약제비 사후관리에 있어서는 기존에 보험 등재 후 3년이 경과된 의약품에 대하여 7개국 조정평균가격을 조사하여 그 가격으로 인하하는 기존 제도에서 사용량-약가 연동 협상제도, 급여범위 확대시 약가인하제도, 특허만료 신약에 대해 복제약(제네릭) 등재신청시 신약 약가인하제도를 추가하였다.[6]

위 내용 중 가장 큰 변화라 할 수 있는 부분은 보험 등재 방식의 변화라고 할 수 있다. 좀 더 구체적으로 보면 보험 등재 방식을 선별등재(Positive List) 방식으로 전환하고, 보험 등재여부를 판단할 때 경제성평가라고 하는 건강보험심사평가원(이하 '심평원')의 평가를 전제로 한다는 점이다. 경제성평가[7]란 대체가능한 약제와의 비용 및 효과 비교를 통한

---

6 〈약제비 적정화 방안 이전과 이후 비교〉

	약제비 적정화 방안 이전	약제비 적정화 방안 이후
보험 등재 방식 및 신청방식	급여제외목록 방식 및 의무신청제	선별등재 방식 및 자율신청제
신약의 경우 보험 등재 방식	x	제약사와 국민건강보험공단 사이의 약가협상 절차를 신설
약가 사후관리 방식	보험등재가 등재 후 3년이 경과된 의약품에 대하여 7개국 조정평균가격으로 인하	급여범위 확대시 약가인하제도, 특허만료 신약에 대해 복제약(제네릭) 등재신청시 신약 약가인하제도를 도입

7 경제성평가의 경우 ▷ 대체가능성, 질병의 위중도, 치료적 이익 등 임상적 유용성 ▷ 투약비용, 임상효과의 개선 정도, 경제성평가 결과 등 비용효과성 ▷ 대상환자 수, 예상사용량, 기존 약제나 치료법의 대체 효과 등 보험재정에 미치는 영향 ▷

평가로서 보험 등재 여부를 선별하기 위한 장치이다. 이러한 경제성평가는 심평원의 약제급여평가위원회(이하 '약평위')에서 담당한다. 다만, 경제성평가의 대상은 모든 의약품은 아니고 평가 예외[8]로 인정되는 경우도 있다.

최근에도 약가 사후관리와 관련해서 관련 규정이 대폭 개정되었는데 (2020. 10. 8.), 복제약의 약가 결정 및 조정에 있어 협상 제도를 전면적으로 적용하는 것이 주된 내용이라고 할 수 있다. 이에 대해서는 이하 1. 약제의 보험 등재 및 약가 결정 제도에서 함께 다루고자 한다.

약제의 국민건강보험 등재 및 약가결정에 대해서는 「국민건강보험법」 제41조 제3, 4항 및 같은 조항의 위임에 따른 「요양급여기준」, 「약제조정기준」에서 규정하고 있고, 보험 급여 대상에 해당하는 약제의 목록과 급여의 상한금액(약가)은 「약제급여 목록 및 급여 상한금액표(보건복지부 고시)」(이하 '「약제급여목록」')에서 정하고 있다.

1. 약제의 보험 등재 및 약가 결정 제도

(1) 약제의 보험 등재 방식

약제비 적정화 방안(2007년) 이전에는 급여제외목록(Negative List) 방식으로서 원칙적으로 모든 약제가 급여대상이 되고, 급여가 적절하지

제외국의 등재여부, 등재가격, 급여기준 등 ▷ 기타 국민건강에 미치는 영향 등을 고려한다(「약제의 요양급여대상여부 등의 평가기준 및 절차 등에 관한 세부사항」 (2018.12.28. 개정 심평원 규정 제365호) 제5조). 이러한 경제성평가에 대해서는 현재 제도 개선 검토 중이며, 심평원의 연구결과가 나온 이후 2020년 개정 예정이다 [홍숙, 경제성평가제도 개선 … 주목해야 할 쟁점들은?, 히트뉴스(2019. 5. 22.)].

8 경제성평가 자료 제출 예외: 희귀질환치료제(대상 환자수가 적은 경우)나 항암제로서 대체가능한 약제나 치료법이 없거나 질병의 위중도가 상당히 심각한 경우로 평가하는 경우 등 환자 진료에 반드시 필요하다고 판단되는 경우에는 예외가 인정될 수 있다(「약제의 요양급여대상여부 등의 평가기준 및 절차 등에 관한 세부사항」 제6조의2).

않은 경우만 급여에서 제외되었다. 그러나 2007년 이후에는 선별등재 (Positive List) 방식이 도입되어 급여 대상으로서 적절한 약제만이 보험에 등재되고 있다. 그리고 신약의 경우와 개량신약, 복제약(제네릭)의 경우는 등재시스템이 다르게 운영되고 있다. 보험 등재 방식의 구체적 방식은 약가 결정 방식과 매우 밀접하게 연관되어 있으므로, 아래의 약가 결정 방식에서 함께 설명하고자 한다.

(2) 약제의 약가 결정 방식

보험 등재 및 약가 결정 절차[9](2020. 10. 8. 이전[10])

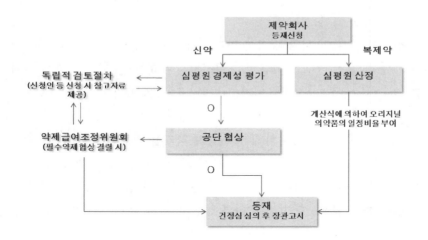

---

9 보건복지부, 약가제도 개선을 위한 시행규칙·고시 개정안 입법예고, 보도자료 (2014. 12. 17.).

10 「요양급여기준」(보건복지부령 제755호, 2020. 10. 8., 일부개정) 개정으로 복제 약 보험 등재시 협상절차가 신설되어 시행된 2020. 10. 8. 이전의 절차 흐름도에 해당한다. 협상절차 신설로 인한 복제약 보험 등재 절차의 흐름도는 후술하는 93 면의 내용과 같다.

가. 신 약

(개) 약제비 적정화 방안 시행 전후 변화

2007년 이전에는 혁신적 신약의 경우 선진국 7개국 약가를 기준으로 산정(A7 조정평균가)하고, 일반 신약의 경우 유사 약제 약가와 비교하여 약가를 결정하였으며, 복제약의 경우 최고가 신약의 약가 대비 80%로 약가를 결정하였다.

그러나 2007년 이후에는 신약에 대해 심평원의 약평위에서 경제성평가 등 급여적정성(급여여부 및 급여의 기준)[11]을 평가한 후, 국민건강보험공단(이하 '공단')과의 협상을 통하여 결정한다. 공단과의 협상절차 이후, 보건복지부 건강보험정책심의위원회(이하 '건정심') 심의를 거쳐 약가가 결정된다.

(내) 신약의 약가 결정 절차

신약의 경우, 우선 심평원의 약평위에서 경제성평가 등 급여 적정성 평가를 한다. 약평위에서 급여로 인정되지 못하는 등 평가 결과에 이의가 있는 경우에는 「요양급여기준」 제13조의3에 따라 독립적 검토절차 (2012년 도입)를 거칠 수 있다. 그리고 약평위에서 급여로 인정될 경우에는 다음 단계로서 공단과의 협상을 통해 약가를 결정한다.

공단의 협상기준은 심평원의 평가자료, 보험재정 영향, 외국 가격, 국내연구개발 비용 등이며, 구체적인 내용 및 절차 등은 공단의 약가협상 지침에 따라 진행된다.[12] 제약사와 공단 사이의 약가 협상이 완료되면,

---

11 신약의 급여적정성 여부의 평가요소는 경제성평가에 의하며, 앞의 각주 7)의 내용과 같다.

12 제약사가 제출하는 예산 사용량을 기초로 신약의 예상사용량을 정하고, 협상 참고사항 및 참고가격을 기초로 최종 신약의 상한금액을 협상하여 결정한다. 공단은 위원회 평가자료, 협상 약제가 보험재정에 미치는 영향, 협상 약제의 제외국 가격, 의약품 공급 능력, 특허현황, 국내 연구개발 투자비용 등과 기타 약가협상에 영향을 줄 수 있는 사항 등을 참고하여 협상한다[유미영, "신약 등의 경제성평가 활용과 약가제도 변화," 병원약사회지 제31권 제6호(2014), 1047면; 건강보험 공단 약가협상지침(2014)].

보건복지부 건정심 심의를 거쳐 약가가 최종적으로 결정되고 약제급여목록에 등재된다. 만약 공단과의 약가협상이 실패한 약제라도 진료에 반드시 필요하다고 인정한 의약품(진료상 필수약제)[13]은 약제급여조정위원회의 심의조정을 거쳐 약가가 결정된다.

평가기간은 심평원에서 약 120일, 공단에서 약 60일, 복지부에서 약 30일 그리고 통보와 보완기간까지 포함하여 약 240일로 규정되어 있으며, 구체적 절차의 흐름은 아래 그림과 같다. 다만, 심평원 약평위 평가결과에 이의가 있어 재평가를 하게 될 경우 일정 기간이 더 소요될 수 있다.

신약 약가 결정 절차 흐름도[14] [15]

---

13 진료상 필수약제는 「약제의 요양급여대상여부 등의 평가기준 및 절차 등에 관한 규정」 제6조에 따라 결정된다. 대체가능한 다른 치료법이 없고, 생존을 위협할 정도로 심각한 질환에 사용되며, 희귀질환 대상이고, 생존기간의 상당 기간 연장 등 임상적으로 의미 있는 개선이 입증된 경우 또는 약제급여조정위원회가 환자 진료에 반드시 필요하다고 평가하는 경우에 진료상 필수약제가 된다. 진료상 필수약제에 해당하는 경우에는 비용효과성 입증 없이(즉 경제성평가 면제) 요양급여 대상으로 선별할 수 있다.

14 보건복지부, 약가제도 개선을 위한 시행규칙 · 고시개정안 입법예고, 보도자료 (2014.12.16.).

15 건정심은 공급자대표(의사협회 등 의료인 직능단체), 가입자대표(근로자 및 사용자 단체, 시민단체 등), 공익대표(정부기관 공무원, 학계 등)로 구성되는데, 공급자와 가입자, 공익대표 각각 8명씩 동수 배정되어 있고 위원장은 보건복지부 차관이다.

나. 복제약

㈎ 원 칙

복제약의 경우 심평원 약평위에서 보험 등재여부 및 약가를 결정하고, 보건복지부 건정심의 심의를 거쳐 최종적으로 약가를 결정하는 비교적 간단한 절차를 거친다.

복제약이 보험에 등재되면, 신약과 복제약 모두 특허만료 전 신약 약가의 53.55%로 약가가 책정되는데 이는 동일 효능 의약품에 동일 약가를 부여하는 제도가 적용되기 때문이다. 다만, 복제약 등재 최초 1년 동안에는 특허만료된 신약은 기존 약가의 70%로, 최초 복제약(1st generic)은 신약 약가의 59.5%로 약가를 인정받는데, 이는 복제약의 개발 및 시장 진입을 촉진하기 위한 우대정책에 해당한다. 그리고 기술개발의 인센티브 부여나 안정적 공급이 필요한 기초 수액제, 희귀의약품, 마약 등 일부 의약품에 대해서는 별도의 산정 및 조정 특례가 적용된다.[16]

보건복지부에서는 2019. 3.경 제네릭 약가제도 개편안[17]을 발표하였는데, 이러한 개편안이 나오게 된 계기는 2018년의 발사르탄 사태[18]라고 할 수 있다. 보건복지부와 식품의약품안전처(이하 '식약처')는 발사르탄 사태가 발생한 것은 동일 성분의 복제약이 난립하기 때문이라고 보았다. 그리고 복제약 난립의 원인으로 복제약 허가시 생물학적 동등성 시험[19]을 여러 제약사가 공동으로 할 수 있다는 점과 복제약의 약가가

---

16 강예림·고소희·이종혁, "우리나라의 건강보험 약가 사후관리제도 고찰 및 발전 방안," 약학회지 제61권 제1호(2017), 58면; 보건복지부, 약가제도 개선을 위한 시행규칙·고시개정안 입법예고, 보도자료(2014.12.16.).

17 보건복지부, 2019년 하반기부터 제네릭 의약품 차등 보상 제도 실시, 보도자료(2019. 3. 27.).

18 고혈압 의약품 중 발사르탄이라는 원료를 사용한 의약품에서 불순물(N-니트로소디메틸아민)이 검출된 사건이다.

19 생물학적 동등성 시험이란 주성분, 함량 및 제형이 동일한 두 의약품을 사람이 복용하여 인체 내에서 동일한 효과(흡수, 대사, 분포, 배설 등)를 나타냄을 입증하는 시험을 의미한다.

높은 점을 지적하였고, 의약품의 원료에 대한 품질관리도 부족하다고 파악하였다. 그 결과 보건복지부는 이러한 문제점을 보완하는 방향으로 복제약 약가 결정제도를 개편한다고 밝혔고,[20] 식약처의 복제약 허가제도 개편이 잠시 보류[21]된 것과 달리 변경된 약가제도는 2020년부터 7월 1일부터 시행되고 있다.[22]

구체적인 내용을 살펴보면, ① 복제약을 제조·판매하려는 제약사가 자체 생물학적 동등성 시험을 실시하고, ② 등록 의약품(DMF[23])을 사용한 경우에는 신약의 53.55%로 약가가 결정되지만, 두 가지 요건 중 하나만 충족되지 않으면 53.55%로 결정된 약가의 85%만 인정[24]되며, 만약 두 개의 요건을 모두 충족하지 못하면 이미 85%로 감액된 약가의 85%만 인정된다. 뿐만 아니라 국민건강보험 등재(보험급여대상) 순서를 따져서 21번째로 등재된 복제약부터는 위 기준 충족과 상관없이 기등재

---

20 보건복지부, 「약제조정기준」(보건복지부고시) 일부개정안 행정예고(2019. 7. 2).

21 2020년 4월 국무총리실 산하 규제개혁위원회는 식약처의 '의약품 품목허가·신고·심사 규정 개정안'에 대해 심의한 후 철회 권고를 표명하였고, 당시 식약처에서는 이러한 권고를 수용하면서 복제약 공동생동 규제를 철회하였다[정새임, 규개위 공동생동 1+3 규제안 '철회' 권고, 청년의사(2020. 4. 25.)]. 그러나 최근 다시 동일 내용의 법령이 국회에서 발의되어 식약처의 공동생동 규제 정책은 재추진 예정이다[김용주, 제네릭 난립 막자 … 식약처 '공동생동 규제' 재추진, 히트뉴스(2020.10.28.)].

22 「약제조정기준」(보건복지부고시 제2020-51호, 2020. 2. 28., 일부개정) [별표 1] 약제 상한금액의 산정, 조정 및 가산 기준(제3조제2항, 제7조 제1항 및 제8조 제2항 제10호 관련) 2. 산정대상 약제 및 산정기준.

23 DMF란 Drug Master File의 약어로서, 원료의약품 등록제도를 의미한다.

24 신약의 약가 100원일 경우, 위 두 요건을 모두 갖춘 복제약은 53.55원이고, 두 요건 중 하나가 미비된 경우에는 45.52원(53.55원의 85%=45.52원)로 약가가 정해지며, 두 요건 모두 미비되면 38.69원(45.52원의 85%=38.69원)만 인정되는 것이다. 또한 이전에 보험에 등재된 동일한 복제약이 이미 20개가 있다면 21번째 복제약은 두 요건을 모두 충족하더라도 20개의 최저가 약가의 85%만 인정되므로, 경우에 따라 20개 복제약 중 두 요건 미비로 38.69원으로 약가가 결정된 약(최저가)이 있다면 21번째 복제약의 약가는 32.88원(38.69원의 85%)이하로 떨어질 수 있다. 따라서 제약사들은 낮은 약가로 인해 복제약을 제조·판매할 유인이 급격히 감소되고, 결국 복제약의 숫자가 줄어들 것으로 전망된다.

된 약가 중 최저가의 85%만 인정된다.

다만 이러한 개편안은 우선 신규로 등재되는 약제에만 적용되고, 이미 국민건강보험에 등재된 복제약(기등재 복제약)의 경우는 유예기간을 부여하여 2022년부터 위 약가 결정 기준이 적용될 예정이다. 그리고 저가의약품, 희귀의약품, 퇴장방지의약품 등은 약제 특성상 약가제도 개편안 적용 대상에서 제외된다.

㈏ 복제약 약가 결정 및 조정시 협상제도 도입

복제약 약가 결정에 있어 계단식 약가 제도가 재도입된 것 외에도 최

복제약 등재 절차 변경[25]

출처: 국민건강보험공단

---

25 신승헌, 산정대상약제 협상 제도(제네릭 의약품 약가협상), 의약뉴스(2020. 10. 29.).

근 복제약 약가 결정 및 조정에 있어 큰 제도 변화가 있었는데, 2020년 10월 8일부터 신약 등재시 적용되던 협상제도가 (산정대상 약제인) 복제약 약가 결정 및 조정에도 도입된 것이다.[26]

보건복지부에서는 「요양급여기준」 개정령안의 입법예고를 하면서 건강보험 재원의 지속가능성을 위해 요양급여의 대상 여부 결정시 건강보험 재정상황을 고려할 수 있다는 명시적 근거를 두었고, 약제의 보험 등재 절차를 일원화하여 복제약 등재절차시 협상절차를 신설하였으며, 복제약 등재절차를 강화하였다고 밝혔다.[27] 그리고 「요양급여기준」 제13조 제4항에 약가의 직권조정 사유도 추가하였으며, 같은 조 제5항에 약가의 직권조정사유 전반에 대해 협상절차를 도입하였다.[28]

최근 위와 같이 대폭 개정을 거친 「요양급여기준」은 건강보험 재정이 악화되고 있는 상황에서 재원을 보호하려는 취지로 개정되거나 신설된 내용이 대부분이라고 할 수 있다. 다만 건강보험 재원의 보호 취지는 공감하지만, 약가 산정이나 조정 과정에서 협상절차를 거치는 경우 제약사에 대해 이행조건 등을 부가하는 방식이 행정처분을 통해서가 아니라, 국민건강보험공단과 제약사 간의 계약을 통해 결정된다는 측면에서 재판청구권 행사가 제약될 가능성이 있다는 것이 우려스러운 부분이다. 또한 향후 약가 인하를 다투기 위한 약가인하처분 취소소송 등 소송 방식 역시 변화가 예상된다.

다. 소 결

앞서 살펴본 바와 같이 우리나라의 보험 등재 및 약가 결정 방식은 신약의 경우 심평원 약평위의 경제성평가라는 큰 관문을 거치고 나서 공

---

26 「요양급여기준」(보건복지부령 제755호, 2020. 10. 8., 일부개정) 제11조의2 제6항 이하에서는 모든 약제의 상한금액 결정 신청시 협상이 적용될 수 있는 근거를 두었다.
27 보건복지부, 「국민건강보험 요양급여의 기준에 관한 규칙」 일부개정령(안) 입법예고(보건복지부공고 제2020-223호), 2020. 3. 23.
28 「요양급여기준」(보건복지부령 제755호, 2020. 10. 8, 일부개정) 제13조 제5항.

단과의 약가협상을 거쳐 약가가 결정되는 방식이고, 복제약의 경우 신약 약가에 대한 일정 비율로 약가가 정해지되 약가 이외 다른 부가조건에 관한 협상절차가 최근 도입되었다. 그리고 희귀의약품, 마약 등에 대한 별도의 산정 및 조정특례가 있고, 개량신약[29]의 경우도 별도의 산정기준이 있는 등 약제의 종류마다 다양한 기준이 적용되고 있어 약가 제도가 매우 복잡한 편이다. 그리고 보험 등재시 정해진 약가는 계속 유지되는 것이 아니라 여러 상한금액 조정 제도에 의해 약가가 지속적으로 인하되는 구조인데, 이하에서는 이러한 제도에 대해 살펴보려고 한다.

2. 약제의 상한금액 조정 제도(약가 사후관리 제도)

(1) 현행 약가 직권조정사유

현행 「요양급여기준」 제13조 제4항에는 「약제급여목록」에 이미 고

---

29 개량신약이란 incrementally modified drug으로서, 기존 약물의 구조나 제제, 용도 등을 약간 변형시켜서 얻어지는 약물을 통칭한다. 개량신약의 경우, 신약보다는 적지만 복제약보다는 많은 임상자료를 제출해야 하므로 우리나라에서는 자료제출의약품이라고도 부르며, 미국에서는 super generic이라고 한다. 신약과 복제약의 중간에 있는 영역이라고 볼 수 있다. 개량신약의 정의는 아래와 같이 「의약품의 품목허가·신고·심사 규정」에 규정되어 있다.
「의약품의 품목허가·신고·심사 규정」(식품의약품안전처 고시 제2019-26호)
 9. "개량신약"이란 제8호에 따른 "자료제출의약품" 중 다음 각 목의 어느 하나에 해당하는 것 중 안전성, 유효성, 유용성(복약순응도·편리성 등)에 있어 이미 허가(신고)된 의약품에 비해 개량되었거나 의약기술에 있어 진보성이 있다고 식품의약품안전처장이 인정한 의약품을 말한다.
  가. 이미 허가된 의약품과 유효성분의 종류 또는 배합비율이 다른 전문의약품
  나. 이미 허가된 의약품과 유효성분은 동일하나 투여경로가 다른 전문의약품
  다. 이미 허가된 의약품과 유효성분 및 투여경로는 동일하나 명백하게 다른 효능·효과를 추가한 전문의약품
  라. 이미 허가된 신약과 동일한 유효성분의 새로운 염 또는 이성체 의약품으로 국내에서 처음 허가된 전문의약품
  마. 유효성분 및 투여경로는 동일하나 제제개선을 통해 제형, 함량 또는 용법·용량이 다른 전문의약품

시된 약가를 직권으로 조정할 수 있는 사유를 규정하고 있다. 이러한 직권조정으로 인한 약가인하처분이 실제로는 주로 행정소송, 행정심판 등 분쟁의 대상이 된다. 현행 직권조정사유는 총 19가지이며, 이러한 직권조정사유는 현실적 필요 등에 따라 수차례 개정을 통해 점차 증가해 온 추세이다.

구체적인 직권조정사유로는 ① 협상 당시의 예상 사용량 초과 사용시 ② 직전년도 보험급여청구량 비교 일정비율 이상 초과시 ③ 약제의 사용범위 확대시 ④ 상한금액의 재평가시 ⑤~⑦ 신약(복합제,[30] 개발목표 제품[31] 포함)에 대해 복제약이 새롭게 결정신청시 ⑧ 경제성이 없으나 진료에 꼭 필요한 약제로 평가된 경우 ⑨ 2년간 판매실적이 없는 경우 ⑩ 최근 3년간 생산실적 또는 수입실적이 없는 약제로서 그 유효기한 또는 사용기한이 도과된 경우 ⑪ 경제성이 없다고 평가된 경우 ⑫ 약제 급여목록에서 삭제를 희망하는 약제 ⑬ 실거래가 조사결과 약제 상한금액 조정 대상이 된 약제 ⑭ 의약품의 품목허가 또는 품목신고를 받은 자가 보건복지부장관이 정하여 고시하는 행정처분(「약사법」 제76조[32]에 따른 행정처분을 말한다)을 받은 경우 ⑮ 품목허가 또는 품목신고를 받

---

30 「의약품의 품목허가·신고·심사 규정(식품의약품안전처 고시)」에서는 "복합제"란 "2종 이상의 주성분을 함유하는 의약품을 말하며, 합성물로서 각각의 성분을 분리, 정제하기 곤란하거나 그 조작이 불필요한 것(예 : 크레졸의 o-, m-, p-체)은 단일제로 본다. 다만, 「한약(생약)제제 등의 품목허가·신고에 관한 규정」(식품의약품안전처 고시)에 따른 한약(생약)제제 복합제는 제외한다."고 규정하고 있다. 복합제의 예로는 '오메가3+고지혈증', '골다공증+비타민D' 등이 있다.

31 「요양급여기준」 제13조 제4항 제6호에서는 "개발목표제품"이란 "해당 약제의 품목허가를 위한 시험에서 비교대상으로 선택된 제품 중 주 약리작용을 나타내는 성분이 해당 약제와 같은 제품으로서 그 제품과 투여경로·성분·제형이 동일한 제제 중 가격산정의 기준이 되었던 품목을 말한다."고 규정하고 있다.

32 약사법 제76조의 처분이란 해당 조항에 따른 업무정지처분을 의미하고, 구체적 처분사유로는 ① 국민보건에 위해를 주었거나 줄 염려가 있는 의약품 등과 그 효능이 없다고 인정되는 의약품등을 제조·수입 또는 판매한 경우 ② 위해의약품을 회수하지 않는 경우 ③ 리베이트를 제공한 경우 ④ 오리지널 의약품 특허가 만료되기 전에 (특허만료 후 판매 전제로 허가된) 제네릭을 판매한 경우 등을 들 수 있다.

은 자가 스스로 그 허가증 또는 신고증을 반납한 경우 ⑯ 약사법령에 따른 일반의약품으로서 건강증진, 건강유지 및 치료를 목적으로 하며, 의사 또는 치과의사의 처방에 의하지 아니하더라도 인체에 미치는 부작용이 적어 안전성 및 유효성을 기대할 수 있는 약제 ⑰ 공단 이사장과 협상한 조건을 이행하지 아니하는 경우나 협상한 조건에서 정한 조정사유에 해당하는 경우 ⑱ 약제의 주성분 등 「약사법」 제31조에 따라 품목허가를 받은 사항이 변경되어 보건복지부장관이 그 상한금액을 조정할 필요가 있다고 인정하는 경우 ⑲ 그 밖에 외국의 의약품 허가사항 및 보험등재 현황, 임상연구 관련 자료 등을 고려하여 보건복지부장관이 요양급여대상 여부 및 상한금액을 조정할 필요가 있다고 인정하는 경우가 있다.[33]

그리고 뒤에서 논의할 유통질서문란 약제에 대한 상한금액 조정(인하)의 경우, 2014년 이전에는 「요양급여기준」상 직권조정사유에 포함[34]되어 있었으나, 2014년 국민건강보험법 및 하위법령에 관련 규정이 신설되어 위 직권조정사유에서는 삭제[35]되었다. 이하에서는 위 직권조정사유 중 자주 분쟁의 대상이 되는 몇 가지 제도를 중심으로 살펴보고자 한다.

---

33 직권조정 사유 19가지로 언급된 사유 중 18번과 19번은 「요양급여기준」(보건복지부령 제755호, 2020. 10. 8, 일부개정)에서 신설된 제13조 제4항 제15호 및 제16호에 해당하는 내용이다.

34 「요양급여기준」에서는 2009년부터 유통질서문란 약제를 직권조정 대상으로 규정하였다. (구 「요양급여기준」(보건복지가족부령 제87호, 2009. 1. 13. 시행).

35 구 「요양급여기준」 제13조 제4항 제12호에 "판매 촉진을 위하여 금품을 제공하는 등 유통질서를 문란하게 한 것이 확인된 약제" 역시 직권조정사유라고 규정하다가, 국민건강보험법에 약가인하의 근거를 두는 것으로 변경되었다. 즉 2014. 7. 2.부터 개정된 국민건강보험법이 시행되어 유통질서문란 약제(약사법 제47조 위반행위에 관련된 약제)는 국민건강보험법에 따라 급여정지처분의 대상이 되었으며, 「요양급여기준」에서는 2014. 9. 1. 위 같은 조항에서 제12호를 삭제하였다.

(2) 실거래가 조사에 의한 약가인하

실거래가 조사에 의한 약가인하 제도는 의약품 공급내역 등의 유통정보를 근거로 정기적으로 의약품 실거래가격을 조사한 다음, 약제급여목록상의 약가와 실거래가의 차이에 대해 해당 약제의 가중평균가격을 산출하여 가중평균가격이 약가보다 낮은 경우 해당 품목의 약가를 인하하는 제도이다. 「약제조정기준」에 구체적인 인하기준[36]이 마련되어 있으며, 제도의 취지는 약가의 적정성 확보와 건강보험 재정의 효율성을 도모하는 것이다.[37]

실거래가 조사는 우리나라 외에도 대만, 일본, 호주가 채택하여 실시[38]하고 있으며, 조사 주기는 각 나라마다 다르다.[39] 우리나라의 경우 2016. 10.경 「약제조정기준」을 개정하여 조사 주기를 1년에서 2년으로 변경하였다.

그리고 실거래가 조사에 의한 약가인하를 실시하는 대만, 일본, 호주는 모두 상한금액과 실거래가의 합리적 이윤폭(Reasonable Zone)을 각각 15%(특허신약), 2%, 10%[40]으로 인정하고, 그 범위 내에서는 실거래가(저가 공급)에 대한 약가인하를 하지 않는다. 이윤폭을 인정함으로써 저가 거래를 유도하는 것이다. 반면 우리나라는 실거래가 조사에 의한 약가인하 주기를 2년으로 늘리고, 혁신형 제약기업의 약가인하율 감면 확대[41]를 실시하여 제도를 완화하고 있지만, 외국에서와 달리 합리적 이윤

---

36 「약제의 결정 및 조정기준」 [별표 6] 약제 실거래가 조사에 따른 약제 상한금액 조정기준(제8조 제2항 제13호 관련) 참조. '가중평균가격'이란 '약제 실거래가 조사를 한 결과를 기준으로 요양기관이 청구한 약제총액(공급가격)의 합을 총 청구량(공급량)으로 나눈 가격'을 의미한다. 예를 들어 상한가격이 100원짜리 약 A가 연간 10개 팔린 경우, 5개는 100원에, 5개는 90원에 거래되었다면 가중평균가는 95원(총 판매가격 950원 ÷ 총 판매량 10)이 된다.

37 보건복지부, 약제 실거래가 조사에 따른 약제 상한금액 조정기준 세부운영 지침(2019. 9).

38 강예림·고소희·이종혁, 앞의 논문, 58면.

39 대만, 일본은 가격인하 주기가 2년이고, 호주는 1년이다.

40 OECD, Value in Pharmaceutical Pricing, Australia (Nov., 2014), 13면.

폭을 인정하고 있지 않다. 결국 우리나라의 경우 제약사가 의약품을 저
가 공급할 경우 실거래가 조사에 따른 약가인하처분으로 연결되기 때문
에 현실적으로 저가 공급을 꺼리는 요인이 되기도 한다.

호주의 경우 단독 등재된 의약품의 경우 실거래가 조사 대상에서 제
외하고, 복수 등재된 의약품에 대해서만 실거래가 조사로 약가를 인하
하여 신약에 대해서는 실거래가 조사에 의한 약가인하를 실시하지 않는
데, 이 부분이 역시 우리나라와 다르다. 다만, 합리적 이윤폭을 인정하
는 일본과 호주는 실거래가 조사로 인한 약가 인하율에 제한이 없지만,
우리나라의 경우 인하율이 최대 10%로 제한되어 있어서 인하율이 과도
해지지 않도록 한다.

일부 국가들과 같이 우리나라에서 합리적 이윤폭을 인정할 경우 공식
적으로 일정 부분 제약사의 이윤을 인정하게 되는 것이지만, 요양기관[42]
에서 건강보험공단에 청구하는 요양급여액이 그만큼 감소되어 보험 재
정 절감 효과가 있을 것으로 기대되는 측면이 있으므로 향후 이러한 합
리적 이윤폭 도입 역시 논의될 필요성이 있다는 견해가 있다.[43]

(3) 재평가 약제에 대한 약가인하

2002년 당시 당시 증가하는 약제비와 건강보험재정 파탄 문제를 해

---

41 「약제조정기준」[별표 6] 약제 실거래가 조사에 따른 약제 상한금액 조정기준(제8
조 제2항 제11호 관련)
  6.상한금액의 조정기준
  나. 1) 약제 실거래가 조사 대상기간의 종료일 당시 「제약산업 육성 및 지원에 관
    한 특별법」 제7조에 따라 혁신형 제약기업으로 인증받아 그 인증의 유효기간
    이 만료되지 않은 제약기업의 의약품에 대하여는 상한금액 인하율의 30%. 다
    만, 조사기준일이 속한 해당 연도의 R&D 투자액이 500억원 이상 또는 매출액
    3,000억원 이상이면서 R&D 투자비율 10% 이상인 혁신형 제약기업의 의약품
    에 대해서는 상한금액 인하율의 50%.
42 요양기관이란 국민건강보험법에서 사용하는 용어로서, 국민건강보험법에 따르는
  요양급여(건강보험급여)를 청구할 수 있는 병·의원, 약국 등을 의미한다.
43 강예림·고소희·이종혁, 앞의 논문, 59면.

결하기 위해, 최초 약가 결정 이후에 발생한 약가 변동 사항을 약가에 반영하는 내용의 재평가 약제에 대한 약가인하 제도가 시행되었다. 재평가 대상이 되는 약제는 보험에 등재된 지 3년이 지난 약제였기 때문에, 3년 주기 재평가 제도로 불리었다. 구체적인 약가인하 방식은 선진국 중 A7로 규정된 국가들[44]의 표시약가와 비교(A7 조정평균가)해 약가를 인하하는 것이었다.

이러한 재평가 제도는 2002년부터 8년에 걸쳐 약 4200억원의 건강보험 재정절감 효과가 있었지만,[45] 2007년 도입된 선별등재제도(Positive List) 도입의 영향으로 약가 인하의 효과가 미미하고, 타 제도와 중복 적용된다는 제약업계의 반발에 따라 2010년 시행이 유보되었다가 2012년부터 폐지되었다.

그리고 2012년 이전에는 약가가 계단식[46]으로 결정되었으나, 2012년부터 '동일성분 동일약가'를 골자로 하는 약가 제도가 시행되면서 특허만료된 최초등재제품 및 후속 동일제제의 약가를 특허만료 전 최초등재제품 약가의 53.55% 수준으로 조정 및 산정[47]하게 되었는데, 이러한 변화와 맞물려 2012년 이전 등재된 약제와 이후 새롭게 등재되는 약제 사이에 약가를 조정하는 내용의 새로운 재평가 제도가 도입되어 현행 제

44　A7이란 미국, 영국, 독일, 프랑스, 이탈리아, 스위스, 일본을 의미한다. 구 「약제조정기준」(보건복지부고시 제2010-79호)[별표2].

45　이상구, 약가재평가 8년간 평균 9.9% 인하하고 역사속으로, 메디파나뉴스(2011. 11. 1).

46　계단식 약가제도는 2007년 약제비 적정화 방안과 함께 시행되었다가 2012년부터 폐지되었는데, 그 내용은 최초 복제약이 「약제급여목록」에 등재되면, 신약의 약가를 80% 수준으로 인하하고, 최초 복제약은 신약 약가의 68%로 산정하는 것이다. 이후 출시되는 복제약들도 단계적으로 약가를 낮춘다. 구 「약제조정기준」(보건복지부고시 제2010-79호)[별표1] 약제 상한금액의 산정 및 조정기준(제7조 제1항 및 제8조 제2항 제6호 관련)에 근거를 두었다. 이러한 계단식 약가는 복제약 약가 개편안으로 인해 2020년부터 다시 시행된다(앞 92면 참조).

47　구 「약제조정기준」(보건복지부 고시 제2011-176호)[별표1] 약제 상한금액의 산정, 조정 및 가산 기준.

도에 이르렀다.

현재 재평가 약제에 대한 약가 인하 제도는 「요양급여기준」 제13조 제4항 제4호 및 「약제조정기준」 제8조 제2항 제9호에 근거를 두고 있고,[48] 구체적으로는 「약제조정기준」 [별표4] 재평가 대상 약제 상한금액 조정기준에서 재평가의 시기, 대상 및 기준에 대해 규정하고 있다.

약제 재평가의 근거법령인 「요양급여기준」의 개정 연혁을 구체적으로 살펴보면, 초기에는 구 「요양급여기준」(보건복지부령 제377호) 제13조 제4항 제4호(2006. 12. 29. 신설)에 '보건복지부장관이 상한금액을 재평가하는 경우'에 약가를 인하할 수 있도록 규정되어 있을 뿐이어서 재평가 대상 및 시기 등 그 기준에 대해 명시되어 있지 않았다. 결국 재평가 대상, 시기를 보건복지부의 재량에 맡기고 있어서 재평가에 대한 예측가능성이 떨어졌고, 재량의 일탈·남용 논란이 생겨났다.

이러한 문제점을 개선하고자 보건복지부에서는 구 「요양급여기준」을 개정하여 2012. 1. 1.부터 시행하였고, '약제조정기준이 변경됨에 따라 보건복지부장관이 약가를 재평가할 필요가 있다고 인정하는 경우' 약가를 인하하도록 규정하여 어느 정도 재평가 기준을 구체화하였다. 이는 현행 재평가 근거규정의 내용과 유사한데, 재평가 대상의 결정은 여

---

48 「요양급여기준」 제13조(직권결정 및 조정) ③ 보건복지부장관은 이미 고시된 행위 및 치료재료에 대한 상대가치점수·상한금액, 요양급여대상·비급여대상에 대해서는 직권으로 제11조(행위의 경우에는 제11조 제3항부터 제6항까지, 인체조직의 경우에는 제11조 제6항은 제외한다)의 절차를 준용하여 조정하여 고시할 수 있다.
　4. 제14조에 따라 보건복지부장관이 정하여 고시하는 약제 상한금액의 결정·조정 기준이 변경됨에 따라 보건복지부장관이 상한금액을 재평가할 필요가 있다고 인정하는 경우
「약제조정기준」 제8조(직권에 의한 결정 및 조정) ② 요양급여기준 제13조 제4항에 따른 상한 금액의 조정기준은 다음 각 호와 같다. 이때, 약제의 요양급여대상 여부를 직권으로 조정 하는 경우 6개월 이내의 기간을 정하여 그 적용을 유예할 수 있다.
　9. 요양급여기준 제13조 제4항 제4호에 따른 재평가대상 약제는 별표 4에서 정한 기준에 따라 조정한다.

전히 보건복지부장관의 광범위한 재량에 맡겨져 있는 것이어서 이로 인한 분쟁의 가능성은 항상 존재한다고 볼 수 있다.

이러한 약제 재평가와 관련된 소송으로는 약 30개 이상의 제약사들이 공동으로 참여한 일회용 점안제 소송이 있다. 이는 제약사들이 일회용 점안제 재평가 결과 이루어진 약가인하처분의 취소를 구하는 소송으로 보건복지부를 피고로 하여 제기한 사건이다. 사건의 배경을 살펴보면, 일회용 점안제사용 방식과 관련해서 식약처가 품목허가사항을 변경한 후 보건복지부에서 고용량 및 저용량 일회용 점안제의 약가를 재평가하여 약가를 최대 50%이상 인하한 처분 때문이었다. 이 소송에서는 위임입법의 한계 일탈 및 과도한 인하율과 관련하여 재량의 일탈·남용이 주요 쟁점이 되었으나, 최근 대법원에서 제약사들의 패소로 확정된 바 있다.[49]

그리고 임상 재평가 대상이었지만 최근 약가 조정과도 관련된 콜린 알포세레이트 성분 이슈가 있다. 보건복지부에서는 2019년부터 본격적으로 임상 재평가 논의가 있었던 치매치료제인 콜린 알포세레이트 성분 약제에 대한 재평가를 2020년 6월경까지 완료할 예정이라고 발표[50]하였고, 실제로 이러한 추진계획의 일환으로 지난 9월 콜린 알포세레이트 성분 약제의 급여기준을 변경하는 고시를 발령하였다. 그러나 급여기준 고시[51]에 대한 제약사들의 집행정지 신청 및 취소소송 제기로 인해, 해당 고시에 대한 집행정지가 인용되었고 현재 취소소송이 진행 중이며,[52]

---

49 강승지, 일회용 점안제 약가인하 소송, 제약업계 '완패'로 종결, 히트뉴스(2020. 11. 12).

50 이현주, 콜린알포세레이트 제제 유효성 재평가 착수, 메디칼업저버(2019. 11. 5.); 김경애, 콜린알포세레이트 제제 등 재평가 내년 6월까지 완료, 히트뉴스(2019. 10. 21).

51 「요양급여의 적용기준 및 방법에 관한 세부사항」 일부개정고시(보건복지부고시 제2020-183호, 2020. 8. 26).

52 김찬혁, '콜린 제제' 급여축소 집행정지에 한숨 돌린 제약사들, 청년의사(2020. 9. 16).

콜린 알포세레이트 성분 약제가 약제급여목록에서 삭제될 가능성도 제기되고 있는 관계로 향후 제약사들과 보건복지부의 또 다른 분쟁이 예상된다.

(4) 사용범위 확대로 인한 약가인하

사용범위 확대로 인한 약가인하 제도가 최초로 도입된 시기는 약제비 적정화 방안이 시행된 2007년인데, 당시 구 「요양급여기준」에 제13조 제4항 제2호로 근거 규정이 신설(2006. 12. 29)되었다. 도입 당시에는 사용량-약가 연동 협상제의 한 유형으로서 제도(사용범위가 확대된 후 6개월 경과시점에 사용범위 확대 전보다 사용량이 30% 이상 증가된 경우 건강보험공단과 제약사 간의 협상을 통해 약가 인하)가 시행되었으나, 2014년 제도를 변경하여 사용범위 확대시 청구액 증가분을 예상하여 사전에 일정 비율로 약가를 인하한다.

현행 제도는 사용범위 확대에 따라 예상되는 동일 제품군의 예상청구액(15억 이상)과 청구액 증가율을 기준으로 사전에 상한금액을 인하하는 제도(Price-volume Agreement)로서 건강보험 재정의 효율적 운영을 위해 2014년부터 시행되었다. 근거법령은 「요양급여기준」 제13조(직권결정 및 조정) 제4항 제3호,[53] 「약제조정기준」 제8조(직권에 의한 결정 및 조정) 제2항 제2호[별표3] 사용범위 확대 약제의 상한금액 조정기준이다.[54]

이 제도는 예를 들어 위궤양 약이 위염에까지 사용가능하도록 범위가 확대되어 사용량이 증가되면 약가를 인하하는 것이기 때문에 건강보험

---

53 「요양급여기준」 제13조(직권결정 및 조정) ④ 보건복지부장관은 다음 각 호의 어느 하나에 해당하면 이미 고시된 약제의 요양급여대상여부 및 상한금액을 직권으로 조정하여 고시할 수 있다.
     3. 제5조 제2항 및 제4항에 따른 요양급여의 적용기준 및 방법에 관한 세부사항의 개정 등으로 약제의 사용범위의 확대가 예상되는 경우
54 건강보험심사평가원, 사용범위 확대 약제 약가 사전인하 제도(2014. 4), 4면; 약제의 결정 및 조정기준」 제8조(직권에 의한 결정 및 조정) 제2항 제2호, [별표3] 사용범위 확대 약제의 상한금액 조정기준(제8조 제2항 제2호 관련).

재정절감에 효과적이라는 평가를 받고 있다. 그러나 신약의 경우 급여 범위가 확대될 것으로 예상되는 경우 사전 약가인하가 되고,[55] 보험급여 목록 등재시 공단과의 협상을 통해 사용량-약가 연동제의 적용을 받으며, 특허가 만료되면 다시 약가가 인하되기 때문에 신약에 대한 약가인하 요인이 지나치게 많다는 평가를 받고 있다.

위와 같은 중복 인하 가능성에 대한 비판적 평가 외에도 적응증[56] 추가로 인해 사용범위가 확대되는 것을 보험재정이 증가한다는 관점으로만 바라보는 것이 문제라는 견해도 있다. 사용범위의 확대는 해당 의약품의 가치를 상승시키는 요소이고 환자의 의약품에 대한 접근성을 향상시키기 때문에 의약품 정책상 장려할 대상이기 때문이다. 또한 예상증가청구액을 정확하게 예측할 수 없어서 가격인하의 예측성이 떨어지고, 그러한 오차로 인한 손실이 제약사 또는 건강보험 재정에 발생할 수 있다는 우려도 존재한다.[57]

(5) 복제약 출시에 의한 신약의 약가인하

특허 만료된 신약의 경우, 복제약이 출시되면 약가가 종전(만약 특허기간 중 사용량-약가 연동 협상제에 따라 상한금액이 인하되었다면 그 인하된 금액이 기준)의 70%이하로 감액되고, 이후 1년 지나면 그 종전 약가의 53.55%로 내려간다.[58]

---

55 신약의 경우 처음 보험급여 등재 당시 적용되는 주요 적응증 이외 적응증이 점차 추가되어 사용범위가 확대되는 것이 보통의 경향이다[한국제약협회, 세계최초 국내허가 신약의 약가제도 개선방안(건강보험심사평가원 규제개혁 대토론회 자료), 15-18면].

56 적응증이란 병명 또는 질환명을 의미한다.

57 강예림·고소희·이종혁, 앞의 논문, 59면.

58 「약제조정기준」(보건복지부고시 제2020-51호, 2020. 2. 28., 일부개정) 제8조 제2항 제10호 [별표 1] 약제 상한금액의 산정, 조정 및 가산 기준(제3조 제2항, 제7조 제1항 및 제8조 제2항 제10호 관련) 2. 산정대상 약제 및 산정기준 및 4. 가산대상 약제 및 가산기준.

  종전에는 복제약 출시로 인한 신약의 약가인하처분과 관련해서는 취소소송이 제기되는 경우가 드물었다. 그러나 최근에는 국내 제약사들이 제기한 특허무효소송에서 신약을 보유한 글로벌 제약사들이 패소한 뒤, 국내 제약사의 복제약이 출시된 지 1년이 경과되어 종전 약가의 53.55%로 감액하는 내용의 약가인하처분을 받은 후 해당 처분에 대한 취소소송을 제기하고 집행정지 인용결정을 받는 사례가 증가하고 있다. 따라서 이러한 행정소송으로 인해 신약의 약가가 바로 인하되지 않게 되어 건강보험 재정절감이 늦춰지고 있다는 우려도 제기되고 있다.[59]

(6) 사용량 약가 연동 협상제

  신약, 복제약 등 모든 급여등재 의약품을 대상으로 하여 예상보다 많이 판매될 경우 제약사와 공단 사이 협상을 통하여 약가를 인하하는 제도이다. 신약은 보험급여 등재 시 합의된 예상사용량을 일정 비율 초과한 경우, 복제약의 경우 사용량이 전년 대비 일정 비율 증가한 경우 협상을 통하여 약가를 조정한다.[60][61]

  신약의 경우에는 보험급여 등재시 공단과 합의한 동일제품군[62] 청구액의 합계가 예상청구량보다 30% 이상 증가한 경우 공단과의 협상을 통해 상한금액을 인하하고(1회에 한정), 이와 같이 조정된 제품이 매 1년마다 동일제품군의 전년도 청구액보다 청구량이 60% 이상 증가하거나 10% 이상 증가하였으며 그 증가액이 50억원 이상인 경우 공단과의 협상을 통해 상한금액을 조정한다.

  그리고 복제약의 경우에는 사용량이 전년 대비 일정 비율(60%) 증가

---

59 정슬기, 오리지널 특허 끝나도 약값 안떨어져 논란, 매일경제(2019. 11. 4).

60 강예림 · 고소희 · 이종혁, 앞의 논문, 57면.

61 「약제조정기준」제8조 제2항 제1호 및 제3호, 「사용량-약가 연동 협상 세부운영지침」(국민건강보험공단 공고).

62 동일제품군은 「약제급여목록」상의 업체명 · 투여경로 · 성분 및 제형이 모두 동일한 약제들을 의미한다[사용량-약가 연동 협상 세부지침(2014)].

한 경우 협상을 통하여 약가를 조정한다.

3. 유통질서문란 약제의 약가인하처분 제도

의사, 약사 등에게 의약품 처방·판매를 목적으로 경제적 이익을 제공한 경우(약사법 제47조 제2항 위반행위) 즉, 리베이트 제공행위의 경우 약사법, 의료법, 국민건강보험법 및 그 하위법령에서는 이에 대한 제재로서 행정처분과 형사처벌을 규정하고 있다. 그리고 그중에서 리베이트 제공자인 제약사에 대한 제재로서 유통질서문란 약제의 상한금액 조정 제도(약가인하처분 제도)가 있는데, 이러한 약가인하처분 제도는 2009년 처음 시행된 이래 두 차례 개정을 거치면서 그 내용이 계속 변경되어 왔다. 이하에서는 이러한 약가인하처분의 문제점에 앞서 약가인하처분 제도의 변화 및 약사법위반행위와 관련된 타 제도에 대해 살펴보고자 한다.

III. 유통질서문란 약제에 대한 약가인하처분 제도

1. 약가인하처분 제도 연혁 및 관련 제도

(1) 유통질서문란 약제의 의의

유통질서문란 행위는 리베이트-약가인하 연동제를 적용함에 있어서 구「국민건강보험법」제41조 제2항의 위임을 받아 제정된 구「요양급여기준」제13조 제12호 및 구「약제조정기준」제8조 제12호에서 규정하고 있는 용어이며, 약사법 제47조 제2항을 위반한 행위를 의미한다. 즉 약제의 처방·판매를 유도·촉진하기 위한 목적으로 경제적 이익을 제공하는 행위로서 약사법상 허용된 경제적 이익의 범위를 벗어나 금전 기타 부당한 이익을 제공하는 경우이다.

이러한 유통질서문란 행위와 관련된 약제는 리베이트-약가인하 연동제가 적용된 경우 약가인하처분의 대상이 되는 약제를 의미하는 용어로 사용되고 있고, 이후 제도가 변경되어 리베이트 투아웃제 하의 법령에서는 유통질서문란 약제라는 용어 대신 약사법 제47조 제2항 위반과 관련된 약제라는 표현을 사용하고 있다.[63]

(2) 약가인하처분 제도 연혁

가. 리베이트-약가인하 연동제(2009. 8. 1.~2014. 7. 1. 시행)

리베이트-약가인하 연동제는 구「국민건강보험법」제41조 제2항, 구「요양급여기준」제13조 제12호 및 구「약제조정기준」제8조 제12호를 근거로 하여 유통질서문란 약제의 약가를 인하하는 제도[64]이다. 2018년경까지 보건복지부에서 한 약가인하처분의 대부분은 이 제도가 시행될 당시에 발생했던 리베이트 제공과 관련된 약제에 대한 것이며, 따라서 지금까지 대부분의 약가인하처분 취소소송에서 논의되는 쟁점은 바로 이 당시 법령과 관련된 쟁점이라고 할 수 있다.

약가인하처분의 구체적 기준과 방법은 구「약제조정기준」의 [별표7] 유통질서 문란 약제의 상한금액 조정기준에서 규정하고 있다.[65] 이러한 리베이트-약가인하 연동제는 유통질서문란 약제의 상한금액 조정 제도라고 불린 최초의 약가인하 제도이며, 리베이트 비율대로 약가를 인하

---

63 구 국민건강보험법(법률 제12176호) 제41조의2(약제의 요양급여 제외 등) ① 보건복지부장관은 「약사법」 제47조 제2항의 위반과 관련된 제41조 제1항 제2호의 약제에 대하여는 1년의 범위에서 기간을 정하여 요양급여의 적용을 정지할 수 있다.

64 구 국민건강보험법(법률 제12176호로 개정되기 전의 것) 제41조 제2항, 구「요양급여기준」 제13조 제12호(보건복지부령 제259호로 개정되기 전의 것) 및 구「약제조정기준」 제8조 제12호(보건복지부고시 제2014-145호로 개정되기 전의 것)을 의미한다.

65 약가인하처분시 인하율 산정방식은 (해당 의약품 관련 리베이트 제공 금액/해당 약품 처방총액)×100이며, 인하율 정도는 1차 위반은 인하율 20%, 2차 위반은 인하율 40%가 상한으로 규정되어 있다.

하므로 리베이트-약가인하 연동제로 불린다. 이후 2014년 7월 국민건강
보험법에 직접 근거가 신설된 급여정지처분 제도부터는 이 제도와 법령
상 근거 및 성격이 다소 상이한 점이 있다고 할 수 있다.

나. 리베이트 투아웃제(2014. 7. 2.~2018. 9. 27. 시행)

2014. 1. 1. 신설된 구 「국민건강보험법」 제41조의2에 따라 약사법
위반행위와 관련된 약제에 대해 1년 범위 내에서 요양급여를 정지하는
제도가 2014. 7. 2. 시행[66]되었다. 리베이트 총액이 500만원 미만이면서
1회차 위반의 경우에는 경고에 그치지만, 500만원 이상일 경우 바로 급
여가 정지되며, 리베이트 총액이 1억원 이상이면 2회차 위반부터 아예

---

[66] 구 「국민건강보험법」(법률 제15535호로 개정되기 전의 것) 제41조의2(약제의 요
양급여 제외 등) ① 보건복지부장관은 「약사법」 제47조 제2항의 위반과 관련된
제41조 제1항 제2호의 약제에 대하여는 1년의 범위에서 기간을 정하여 요양급여
의 적용을 정지할 수 있다.
구 「국민건강보험법 시행령」 제18조의2(약제의 요양급여 적용 정지 및 제외 기준
등)
① 보건복지부장관은 법 제41조의2 제1항 또는 제2항에 따라 약제에 대한 요양급
여의 적용을 정지하거나 제외한 경우에는 그 사실을 공단과 심사평가원에 통보하
여 약제별 적용 정지 및 제외 내역을 기록 · 관리하도록 하여야 한다. 〈개정 2016.
8. 2.〉
② 법 제41조의2 제3항에 따른 약제의 요양급여 적용 정지 및 제외 기준은 별표 4
의2와 같다.
[별표 4의2] 약제의 요양급여 적용 정지 · 제외 및 과징금 부과 기준
(제18조의2 제2항 및 제70조의2 제2항 관련)

2. 약제의 요양급여 적용 정지 및 제외 기준

부당액	1차 위반	2차 위반	3차 위반
500만원 미만	경고	2개월	적용 제외
500만원 이상 2,000만원 미만	1개월	3개월	적용 제외
2,000만원 이상 3,500만원 미만	2개월	4개월	적용 제외
3,500만원 이상 5,500만원 미만	4개월	6개월	적용 제외
5,500만원 이상 7,500만원 미만	6개월	8개월	적용 제외
7,500만원 이상 1억원 미만	9개월	11개월	적용 제외
1억원 이상	12개월	적용 제외	x

급여에서 퇴출되므로 리베이트 투아웃제라고 불린다.

이에 따라 리베이트 제공 제약사의 약제에 대해 국민건강보험법상 요양급여를 정지할 경우, 환자들이 비급여로 의약품을 처방받을 수밖에 없기 때문에 급여가 정지되는 기간 동안 의사들은 해당 의약품 처방을 할 수 없게 된다. 그리고 의약품 처방 및 복용의 특성 때문에 몇 개월간 처방이 이루어지지 않은 의약품은 급여정지처분 기간이 종료된 이후에도 처방률을 다시 회복하기 어려워 사실상 시장퇴출의 결과로 이어진다.

이 제도하에서는 급여정지 및 제외가 원칙이나, 희귀약품이거나 대체약물이 없는 경우 등 특별한 사유가 있는 경우에는 과징금으로 대체가능[67]하다. 급여정지제도 시행이 된 2014년 이후 처음으로 2017년에 급

---

67 구 「국민건강보험법」(법률 제15535호로 개정되기 전의 것) 제99조(과징금)
   ② 보건복지부장관은 제41조의2 제1항 또는 제2항에 따라 약제를 요양급여에서 적용 정지 또는 제외하는 경우 국민 건강에 심각한 위험을 초래할 것이 예상되는 등 특별한 사유가 있다고 인정되는 때에는 요양급여의 적용 정지 또는 제외에 갈음하여 대통령령으로 정하는 바에 따라 해당 약제에 대한 요양급여비용 총액의 100분의 40을 넘지 아니하는 범위에서 과징금을 부과·징수할 수 있다. 이 경우 보건복지부장관은 12개월의 범위에서 분할납부를 하게 할 수 있다.
   구 「국민건강보험법 시행령」 제70조의2(과징금의 부과기준)
   ① 보건복지부장관은 법 제99조 제2항에 따라 법 제41조의2 제1항 및 제2항에 따른 요양급여의 적용 정지 또는 제외의 대상인 약제가 다음 각 호의 어느 하나에 해당하는 경우에는 요양급여의 적용 정지 또는 제외에 갈음하여 과징금을 부과할 수 있다.
   1. 환자의 진료에 반드시 필요하나 경제성이 없어 제조업자·위탁제조판매업자·수입자가 생산 또는 수입을 기피하는 약제로서 보건복지부장관이 지정·고시하는 퇴장방지의약품
   2. 적용 대상이 드물고 대체의약품이 없어 긴급하게 도입할 필요가 있는 의약품으로서 식품의약품안전처장이 정하는 희귀의약품
   3. 법 제41조 제3항에 따라 요양급여의 대상으로 고시한 약제가 단일 품목으로서 동일제제(투여경로·성분·함량 및 제형이 동일한 제품을 말한다)가 없는 의약품
   4. 그 밖에 보건복지부장관이 특별한 사유가 있다고 인정한 약제
   ② 제1항에 따른 과징금의 부과기준은 별표 4의2와 같다.

여정지처분 적용 사례[68]가 발생하였는데, 급여정지처분이 과징금처분
으로 대체되게 되면서 제재의 실효성 논란이 있었다. 이러한 논란 등을
고려해 2018년 다시 약가인하처분 제도로 전환되었다.

다. 약가인하처분 및 급여정지처분 혼합형 제도(2018. 9. 28.부터 시행)

급여정지처분이 과징금처분으로 대체된 사례(각주 68)를 계기로 기존
의 급여정지처분만으로는 실효적 제재를 가할 수 없으므로 제도를 개선
해야 하며, 한편으로는 환자가 입게 될 불측의 손해를 방지해야 한다는
논의가 활발해졌다. 그 결과, 다시 제도의 주요 내용이 약가인하로 변화
하게 되었다. 주요 내용은 약사법 1차 위반시 약가의 20% 범위 내 약가
인하, 5년 이내 2차 위반시 약가의 40% 범위 내 약가인하, 5년 이내 3차

〈그 밖에 특별한 사유가 있다고 인정하는 약제의 판단기준*〉
1. 급여정지 대상 약제의 효능 일부만을 대체하는 등 임상적으로 동일한 대체
   약제가 없다고 판단되는 경우
2. 대체약제의 처방 및 공급, 유통에 어려움이 예상되는 경우
   - 대체약제의 생산·유통 가능량이 급여정지 약제의 예측 사용량에 미치지
     못할 경우
3. 요양급여 정지 대상 약제의 환자군이 약물변화에 민감하게 반응하여 건강
   에 심각한 영향을 미칠 우려가 있는 경우
   - 해당 약제의 주된 적응증이 생명/건강에 중대한 영향을 미칠 것
   - 약제 변경으로 인해 발생할 수 있는(발생이 우려되는) 부작용이 환자의
     생명과 건강에 심각한 영향을 미칠 것
4. 사실상 요양급여 정지 효과를 기대할 수 없는 경우
   * 이 기준은 아래 각주 58)의 글리벡 사례에서 보건복지부가 과징금 대체여
     부를 검토하면서 마련한 구체적 기준이다.

68 외국계 제약사의 백혈병 치료제 '글리벡'이 리베이트로 인한 첫 급여정지 적용사
    례였으나, 급여정지가 아닌 과징금 처분을 한 사례이다. 글리벡의 경우, 대체약물
    이 있었음에도 불구하고 과징금으로 대체가 된 것인데, 항암제의 경우 환자들이
    수년간 장기 복용해야 하고, 약제 변경 시 적응 과정에서 부작용이 발생할 우려가
    있으며, 질환 악화시 생명과 직결된다는 전문가들의 의견 및 환자단체의 요구 등
    을 고려한 결정이었다. 당시 해당 제약사에 부과된 총 과징금은 33개 품목에 대한
    전체 요양급여비용의 30%인 551억원에 해당하였다[보건복지부, 리베이트 약제 9
    개 품목에 첫 급여정지 처분 실시, 보도자료(2017. 4. 27.)].

위반 이후부터는 1년 범위 내 급여정지(급여정지는 과징금으로 대체 가능함)를 한다는 것이다.[69] 약가인하를 기본으로 하면서 급여정지를 추가한

---

69 현행 국민건강보험법 제41조의2(약제에 대한 요양급여비용 상한금액의 감액 등)

① 보건복지부장관은「약사법」제47조 제2항의 위반과 관련된 제41조 제1항 제2호의 약제에 대하여는 요양급여비용 상한금액(제41조 제3항에 따라 약제별 요양급여비용의 상한으로 정한 금액을 말한다. 이하 같다)의 100분의 20을 넘지 아니하는 범위에서 그 금액의 일부를 감액할 수 있다. 〈신설 2018. 3. 27.〉

② 보건복지부장관은 제1항에 따라 요양급여비용의 상한금액이 감액된 약제가 감액된 날부터 5년의 범위에서 대통령령으로 정하는 기간 내에 다시 제1항에 따른 감액의 대상이 된 경우에는 요양급여비용 상한금액의 100분의 40을 넘지 아니하는 범위에서 요양급여비용 상한금액의 일부를 감액할 수 있다. 〈신설 2018. 3. 27.〉

③ 보건복지부장관은 제2항에 따라 요양급여비용의 상한금액이 감액된 약제가 감액된 날부터 5년의 범위에서 대통령령으로 정하는 기간 내에 다시「약사법」제47조 제2항의 위반과 관련된 경우에는 해당 약제에 대하여 1년의 범위에서 기간을 정하여 요양급여의 적용을 정지할 수 있다. 〈개정 2018. 3. 27.〉

④ 제1항부터 제3항까지의 규정에 따른 요양급여비용 상한금액의 감액 및 요양급여 적용 정지의 기준, 절차, 그 밖에 필요한 사항은 대통령령으로 정한다.

같은 법 시행령 제18조의2(약제에 대한 요양급여비용 상한금액의 감액 및 요양급여의 적용 정지 기준 등)

② 제41조의2 제2항 및 제3항에서 "대통령령으로 정하는 기간"이란 각각 5년을 말한다.

③ 보건복지부장관은 법 제41조의2 제1항 또는 제2항에 따른 상한금액 감액의 대상이 되는 약제 중 다음 각 호의 어느 하나에 해당하는 약제에 대해서는 상한금액을 감액하지 아니할 수 있다.

1. 퇴장방지의약품(환자의 진료에 반드시 필요하나 경제성이 없어「약사법」에 따른 제조업자 · 위탁제조판매업자 · 수입자가 생산 또는 수입을 기피하는 약제로서 보건복지부장관이 지정 · 고시하는 의약품을 말한다. 이하 같다)

2. 희귀의약품(적절한 대체의약품이 없어 긴급히 생산 또는 수입하여야 하는 약제로서 식품의약품안전처장이 정하는 의약품을 말한다. 이하 같다)

3. 저가의약품(상한금액이 보건복지부장관이 정하여 고시하는 기준금액 이하인 약제로서 보건복지부장관이 정하여 고시하는 의약품을 말한다)

④ 법 제41조의2 제1항부터 제3항까지의 규정에 따른 약제에 대한 상한금액의 감액 및 요양급여의 적용 정지 기준은 별표 4의2와 같다.

형태의 제도라 할 수 있다.

(3) 관련 제도

제약사와 같은 의약품 공급자가 의료인, 약사 등에게 의약품 처방·판매를 목적으로 경제적 이익을 제공한 경우(약사법 제47조 제2항 위반) 리베이트 제공자 및 수령자에 대한 제재들은 다음과 같다.

가. 리베이트 제공자에 대한 행정처분과 형사처벌

㈎ 행정처분

리베이트 제공자에 대한 행정처분은 식약처의 처분과 보건복지부의 처분으로 나뉜다. 식약처의 처분은「의약품 등의 안전에 관한 규칙」(총리령) 제95조[별표8] II. 개별기준 제35호 다목에 따라 해당 품목의 판매업무정지 처분 3개월(2회차 적발 건부터 가중처분)이고, 보건복지부의 처분은 본 연구에서 언급되는 약가인하처분이다.

2. 약제의 상한금액의 감액 및 요양급여의 적용 정지 기준

부당금액	상한금액의 감액(%)		요양급여의 적용 정지	
	1차 위반	2차 위반	3차 위반	4차 위반 이상
500만원 미만	경고	2	15일	1개월
500만원 이상 1,000만원 미만	1			2개월
1,000만원 이상 2,000만원 미만	2	4	1개월	3개월
2,000만원 이상 3,000만원 미만	4	8	2개월	4개월
3,000만원 이상 4,000만원 미만	6	12	3개월	5개월
4,000만원 이상 5,000만원 미만	8	16	4개월	6개월
5,000만원 이상 6,000만원 미만	10	20	5개월	7개월
6,000만원 이상 7,000만원 미만	12	24	6개월	8개월
7,000만원 이상 8,000만원 미만	14	28	7개월	9개월
8,000만원 이상 9,000만원 미만	16	32	8개월	10개월
9,000만원 이상 1억원 미만	18	36	9개월	11개월
1억원 이상	20	40	10개월	12개월

⑷ 형사처벌

리베이트 제공자인 회사 대표, 임직원은 3년 이하의 징역 또는 3천만원 이하의 벌금(약사법 제94조 제1항 제5호의2, 제47조 제2항)으로 처벌될 수 있다.

나. 리베이트 수령자에 대한 행정처분과 형사처벌

⑺ 행정처분

리베이트 수령자가 의사 등인 경우 의료법에 따라 1년 이하의 자격정지에 처해질 수 있고(의료법 제66조 제1항 제9호, 제23조의3), 리베이트 수령자가 약사, 한약사인 경우는 약사법에 따라 1년 이내의 자격정지에 처해질 수 있다(약사법 제79조 제2항 제1호 및 같은 법 시행규칙 제50조 [별표3] Ⅱ. 개별기준 제20호 파목)

⑻ 형사처벌

리베이트 수령자가 의사 등인 경우, 해당 의료인은 의료법에 따라 3년 이하의 징역 또는 3천만원 이하의 벌금으로 처벌될 수 있으며, 취득한 경제적 이익은 몰수 또는 추징한다(의료법 제88조 제2호, 제23조의3). 또한 리베이트 수령자가 약사일 경우는 약사법에 따라 3년 이하의 징역 또는 3천만원 이하의 벌금에 처하고(약사법 제94조 제1항 제5호의2, 제47조 제3항), 취득한 경제적 이익은 역시 몰수 또는 추징한다.

(4) 소 결

위에서 언급된 약가인하처분과 급여정지처분 중 어느 것이 더 강력한 제재인지 여부에 대해서는 일률적으로 판단하기는 어렵다. 급여정지처분의 경우, 1개월 이상 해당 약제의 보험 급여가 중단되면 환자들은 해당 약제를 비급여로 처방받아 사용할 수밖에 없어서 결국 동일 성분, 효능을 가진 다른 약제로 대체 가능한 약제(복제약)의 경우는 시장에서 퇴출되기 쉽기 때문에 강력한 제재 효과가 발생할 수 있다. 그러나 항암제, 신약과 같이 실제로 다른 약제로 변경하기 어려운 경우에 해당하면 필요에 따라 급여정지처분이 과징금처분으로 대체될 수 있기 때문에 급여정지처분은 제재처분으로서 실효성이 약해지는 단점이 있다.

약가인하처분의 경우에는 급여정지처분과 달리 시장에서의 퇴출가능성은 낮지만, 일단 약가인하가 되면 그 효과가 영구적으로 계속되기 때문에 오히려 경제적 손실의 측면에서는 제약사에게는 강력한 제재가 될 수 있다.

결국 유통질서문란 약제가 신약, 항암제와 같이 환자의 지속적 사용이 필요한 약제인지 아니면 쉽게 대체가능한 복제약인지 등 구체적 사정에 따라 약가인하처분과 급여정지처분 사이에 어느 것이 더 제재적 효과가 강한 것인지, 더 실효적인 것인지 판단이 가능해 보인다.

2. 약가인하처분의 요건과 절차

유통질서문란 약제에 대한 약가인하처분을 할 경우 적용되는 법령은 실무적으로 처분시 법령이 아니라 리베이트 제공행위가 발생한 시점 즉 위반행위시 법령이다.[70] 구체적으로 보면 약가인하처분을 할 때에는 리베이트 제공행위가 종료된 시점에 시행되었던 법령을 적용하는데, 이는 형사법적으로 리베이트 제공행위의 죄수를 평가할 때 범의, 제공방식이 동일한 경우 포괄일죄로 보는 것과 관련이 있다.

일반적으로 행정처분의 근거법령이 처분시 법령인 것과 달리, 위와 같이 위반행위시 법령을 적용하는 이유는 약가인하처분이 제재처분임을 전제로 하여 약사법 위반행위와 관련된 약제에 대한 행정처분의 근거법령이 피처분자에게 불리한 방향으로 개정되었다는 판단 때문이다.

따라서 2014년 7월 이전에 발생한 리베이트 사건에 관련된 약제에 대해서는 리베이트-약가 연동제에 따른 약가인하처분을 하게 되는데, 처

---

70 서울행정법원 2012. 5. 25. 선고 2011구합30519 판결(확정), 서울고등법원 2017. 4. 5. 선고 2016누61497 판결 등.

분의 요건 및 절차를 살펴보면 다음과 같다. 구「약제조정기준」에 따르면, 약가인하처분은 적극적 요건으로서 '유통질서를 문란하게 한 것으로 확인된 약제'에 해당해야 하고, 소극적 요건으로 '저가의약품, 희귀의약품, 퇴장방지의약품'에 해당하지 않아야 한다.

우선 위 적극적 요건과 관련하여, 어떤 약제가 유통질서문란 약제에 해당하는 것인지 여부 즉, 약가인하처분의 대상이 되는지를 정한다. 구「약제조정기준」의 정의규정 및 이를 구체화하는 내용을 담고 있는「유통질서문란 약제에 대한 상한금액 조정 세부운영지침」(이하 '세부운영지침')[71]상으로는 유통질서문란 약제란 리베이트와 관련하여 처방된 약제를 의미한다.

이렇게 처분 대상이 되는 약제의 범위가 정해지면 그중 저가의약품 등 소극적 요건에 해당하는지를 확인하여 처분에서 제외한다. 그리고 이때 저가의약품 등에 해당하는지 여부는 처분시 법령에서 정한 기준에 따라 판단하는데, 특히 저가의약품의 경우는 약가(상한금액)가 일정 금액 이하이면 해당되기 때문에 처분시「약제급여목록」에 등재된 약가(상한금액)를 기준으로 저가의약품 해당 여부를 판단한다. 이 단계가 최종적으로 처분 대상을 확정하는 단계라 할 수 있다.

다만, 저가의약품 해당 여부 판단 기준이 변경되어 약가인하처분에서 제외되는 범위가 축소되는 등 불리한 개정이 있을 경우 위반행위시 법령의 적용 문제가 발생할 수 있는데, 이에 대해서는 이하 저가의약품 제

---

71 유통질서 문란 약제에 대한 상한금액 조정 세부운영지침(2012년)
  5. 상한금액 산출
  가. 상한금액 조정 대상 의약품
  - 부당금액과 관련하여 처방(판매)한 해당 의약품
  · 랜딩비와 같이 의약품을 특정하여 유통질서 문란 행위가 이루어진 경우 특정 의약품
  · 의약품을 특정하지 않고 관련 제약사의 전체 취급 품목에 대하여 일괄하여 유통질서 문란행위가 이루어진 경우 해당 요양기관에서 처방(판매)한 관련 제약사의 전체 의약품

외 쟁점과 법령불소급 원칙의 논점에서 논의하고자 한다.

위와 같이 약가인하처분의 요건을 검토한 다음 단계는 처분 대상으로 특정된 약제의 약가를 얼마로 인하할 것인지 확정하는 단계이다. 인하율은 구「약제조정기준」상 약가인하율 산정방식에 따라 각 약제마다 달리 정해진다. 각 약제마다 인하율이 산정되면 처분시「약제급여목록」상 약가(상한금액)에 인하율을 곱하여 인하금액이 결정된다. 예를 들면, A라는 약제가 약가인하처분의 대상으로 확정되고, 처분시「약제급여목록」상 A의 약가가 200원일 경우, 구「약제조정기준」의 산정방식에 따라 도출된 인하율이 10%라면 약가인하처분에 따라 A는 20원이 인하되어 약가는 180원이 되는 것이다.

IV. 유통질서문란 약제에 대한 약가인하처분의 법적 쟁점

1. 저가의약품 제외 쟁점과 법령불소급 원칙 위배 여부

(1) 저가의약품 제외의 근거법령과 법령의 개정

리베이트-약가인하 연동제에 따른 약가인하처분의 경우, 구「약제조정기준」(보건복지부 고시 제2014-145호로 개정되기 전의 것) 제8조 제2항 제12호 [별표7] 2의 가항에 따르면 일정 금액 이하인 의약품은 저가의약품으로 인정되어 약가인하처분에서 제외된다.[72] 또한 2016. 1. 1. 이전

---

72 구「약제조정기준」(보건복지부 고시 제2014-145호로 개정되기 전의 것) 제8조 제2항 제12호 [별표7] 유통질서 문란 약제의 상한금액 조정기준
　　2. 조정 제외 제품
　　가. 내복제 · 외용제의 경우 70원(단, 액상제는 20원) 이하, 주사제의 경우 700원(바이알, 앰플 등 단위제형별로 등재되어 있지 않은 경우에는 최소 1회 소요비용기준) 이하인 저가의약품
　　나. 퇴장방지의약품

까지는 약제들이 구「약제급여목록」에 등재될 때 계량단위(ml, mg 등)로 등재된 약제와 포장단위(생산규격 단위)로 등재된 약제가 혼재되어 있었고, 저가의약품인지 여부는 단순히 구「약제급여목록」에 등재된 약가가 얼마인지에 따라 판단하였다.

그리고 저가의약품은 리베이트 사건만이 아니라 다른 약가인하 제도인 사용범위 확대로 인한 약가인하, 실거래가 조사로 인한 약가인하, 재평가에 따른 약가인하 등 약가인하처분의 대상이 되더라도 처분에서 제외된다.[73]

그런데 약제급여목록 정비 차원에서 구「약제급여목록」이 2016. 1. 1. 개정 및 시행[74]된 결과, 보험 등재 단위가 포장단위로 통일되었다. 따라서 1mg, 1ml 등 계량단위로 약가가 등재되어 있던 일부 약제들이 실제 포장단위로 약가가 변경되어 등재되었다. 예를 들어, 5g짜리 연고의 경우 기존에 1g 단위로 약가가 등재되어 있다가 2016. 1. 1. 이후 5g 단위로 등재되어 약가가 5배가 되는 방식이다.

이러한 「약제급여목록」 개정으로 인해, 2016년 이전에 계량단위(1mg, 1ml 등) 또는 포장단위(병, 바이알, 포 등)로 등재되는지와 상관없이 일정 금액 이하이면 저가의약품에 해당했던 약제들은 2016. 1. 1. 이후 포장단위로 등재되어 약가가 상승함으로써 저가의약품에서 제외되었다. 따라서 2016년 이전에 발생한 리베이트 사건으로 인해 2016년 이후 리베이트-약가인하 연동제에 따라 약가인하처분을 받게 된 약제 중 과거 저가의약품이었으나 처분 당시 저가의약품이 아니게 된 약제가 처분 대상에 포함됨으로써 소송상 쟁점이 된 사례들이 생겨났다.

리베이트 사건에 적용되는 약가인하처분의 근거법령은 리베이트 행

다. 대체제가 없는 희귀의약품

73 구「약제조정기준」(보건복지부 고시 제2014-145호로 개정되기 전의 것) [별표3], [별표4], [별표6].

74 「약제급여목록」 개정고시(보건복지부 고시 제2015-213호).

위 종료시점 즉 위반행위시 법령이므로 2014년 7월 이전에 발생한 리베이트에 대해서는 리베이트-약가 연동제가 적용되고, 이러한 약가인하처분을 할 때 저가의약품에 해당한다면 처분에서 제외되어야 한다. 그런데 위와 같이 약제급여목록의 개정으로 저가의약품 해당여부를 판단하는 기준이 불리하게 변경된 경우, 위반행위시 법령과 처분시 법령 중 어느 시점의 법령을 적용해야 하는지 문제되는 것이다.

(2) 판례의 입장과 이에 대한 비판적 검토

이 문제에 대해 하급심 법원에서는 저가의약품 해당여부의 판단시기를 처분시점으로 보아 처분시 기준으로 해서 개정된 「약제급여목록」을 적용하는 것이 타당하다고 보았다. 그리고 저가의약품 판단을 위반행위시의 「약제급여목록」을 기준으로 할 경우, 약가를 인하할 때 처분시의 「약제급여목록」상 약가를 기준으로 약가를 인하하는 실무관행과 판단시점의 불일치가 생긴다는 점, 저가의약품 해당여부 판단을 위반행위시로 할 경우 위반행위 당시 저가의약품이었다가 처분 당시 저가의약품에 해당하지 않을 경우 약가인하를 못하게 되고 반대로 위반행위 당시 저가의약품이 아니었다가 처분 당시 저가의약품이 된 경우는 약가인하의 대상이 되므로 저가의약품으로서 보호할 수 없게 되어 불합리하는 점을 근거로 들었다.[75]

위 하급심 판례에서 처분시점의 약가를 기준으로 인하한다는 실무관행을 언급한 것과 관련하여, 다음과 같은 점에서 판단에 오류가 존재한다고 볼 수 있다.

약가인하처분을 할 때 인하 대상을 처분시의 「약제급여목록」에 등재된 약가로 보는 것이 실무관행인 것은 맞지만, 저가의약품 해당여부의

---

[75] 서울고등법원 2019. 10. 23. 선고 2018누72590 판결, 서울고등법원 2019. 7. 19. 선고 2018누54493 판결. 현재 이 두 사건에 대한 상고심이 심리불속행기간을 도과한 상태로 진행 중이다.

판단은 이러한 실무관행이 적법·타당하게 인정받아온 것과는 별개의 문제이다. 약가인하처분에서 처분시의 약가를 기준으로 인하한다는 의미는 처분시의 「약제급여목록」상의 약가를 처분의 '대상'으로 한다는 의미인 반면, 저가의약품 해당여부의 판단은 약가인하처분의 제외 요건(소극적 요건)에 해당하므로 두 가지 판단은 전혀 다른 차원의 문제에 해당하기 때문이다. 따라서 하급심 판례가 실무관행이 처분시의 약가를 인하하고 있기 때문에 저가의약품 해당여부 판단도 처분시점을 기준으로 해야 판단시점이 일치하게 된다는 판단을 한 것은 약가인하처분의 '대상'과 '요건'을 혼동한 결과라고 할 수 있다.

또한 저가의약품 해당여부의 판단을 무조건 위반행위시의 「약제급여목록」을 기준으로 할 경우 불합리한 결과가 발생한다는 하급심의 판단 역시 타당하지 않은데, 그 이유 역시 약가인하처분의 요건과 절차를 고려하면 쉽게 이해될 수 있다. 저가의약품 해당여부를 판단하는 문제는 처분 제외 '요건'과 관련된 것으로서, 「약제급여목록」의 개정으로 인해 처분에서 제외될 저가의약품의 범위가 축소되었다면 결국 처분의 요건이 불리하게 개정된 경우에 해당한다.

따라서 원칙상 저가의약품 해당여부의 판단은 처분시의 「약제급여목록」상 약가에 따라야 하지만, 제재처분의 경우 행위시보다 처분시의 근거법령이 불리하게 개정되었다면 행위시 법령에 따라야 한다(대법원 1983. 12. 13. 선고 83누383 판결, 대법원 2002. 12. 10. 선고 2001두3228 판결 등)는 대법원의 입장에 비추어, 저가의약품 해당여부를 판단할 때 그 판단 기준이 되는 「약제급여목록」이 종전보다 불리하게 변경된 경우에는 처분시가 아닌 위반행위시의 「약제급여목록」에 따르는 것이 법령불소급 원칙에 부합하게 될 것이다.

(3) 소 결

이와 같이 저가의약품 제외 쟁점은 처분의 근거법령이 불리하게 개정된 경우 어느 시점의 법령에 따를 것인가의 문제라 할 수 있다. 따라서 처분의 소극적 요건인 저가의약품 해당여부와 관련해서 저가의약품의 인정범위가 축소되어 불리하게 변경된 경우에는 법령불소급 원칙에 따라 위반행위시의 법령에 따라야 한다.

리베이트 관련 사건의 경우 형사사건이 종결된 후에 약가인하처분이 이루어지는 것이 일반적이기 때문에 위반행위시와 처분시 사이에 시간적 간격이 생긴다는 점에서, 만약 일률적으로 처분시의 약제급여목록에 따라 저가의약품 해당여부를 판단한다면 처분 지연이라는 우연한 사정 때문에 처분 상대방에게 예측불가능한 손해가 발생하게 된다.

보건복지부에서는 2014. 7. 국민건강보험법 개정 이전에 발생한 리베이트 사건에 대해 약가인하처분을 할 때, 법령이 불리하게 개정된 것이라는 판단을 전제로 위반행위시의 법령인 리베이트-약가인하 연동제하의 법령을 적용하여 약가인하처분을 하고 있다. 그런데 저가의약품 해당여부의 판단만은 처분시를 기준으로 한다면 적용법령상 모순이 발생하는 것이다.

결국 이러한 약가인하처분은 법령불소급 원칙에 위배될 뿐만 아니라 적용법령상 모순에 해당한다는 점에서 향후 처분실무가 변경되어야 하는 부분이다.

2. 약가인하처분 대상과 유추해석금지 원칙 위배 여부

(1) 약가인하처분 대상에 대한 근거법령의 내용

구 「요양급여기준」(보건복지부령 제244호로 개정되기 전의 것) 제13조 제4항 제12호에서는 '판매촉진을 위하여 금품을 제공하는 등 유통질서를 문란하게 한 것이 확인된 약제'를 직권조정의 대상으로 규정하고, 구 「약제조정기준」(보건복지부고시 제2014-145호로 개정되기 전의 것) 제8조 제12호에서도 판매촉진을 위하여 금품을 제공하는 등 유통질서를 문란하게 한 것이 확인된 약제(유통·질서문란 약제)는 [별표7]의 기준에 따라 약가를 조정한다고 규정하고 있으며, [별표7]에서는 유통·질서문란 행위가 무엇인지 정의하고 있다.[76]

그런데 위와 같이 구 「요양급여기준」과 구 「약제조정기준」에서 '유통·질서문란 약제'를 약가인하처분의 대상으로 규정하고 있지만, 실제 약가인하처분을 할 때 구체적으로 처분 대상이 되는 약제의 범위가 어디까지인지에 대해서는 명확히 규정하고 있지 않다. 다만, 「유통·질서문란 약제에 대한 상한금액 조정 세부운영지침」(2012년, 이하 '세부운영지침')에 따르면, 약가인하처분의 대상은 제약사가 의약품을 특정해서 리베이트를 제공한 경우는 그 특정 의약품,[77] 제약사가 의약품을 특정하지 않고 전체 의약품에 대해 일괄하여 리베이트를 제공한 경우는 해당 요양기관에서 처방한 해당 제약사의 전체 의약품이 된다고 규정하고 있다.

즉, 리베이트-약가인하 연동제하에서 유통·질서문란 약제로서 약가인하처분의 대상이 되는 약제의 범위에 대해서는 보건복지부의 내부 지침에서 구체적으로 정할 뿐 보건복지부령이나 보건복지부 고시에서 직접 규정하거나 보건복지부 내부 지침 등으로 정하도록 위임하고 있지 않다.

물론 유통질서를 문란하게 한 것으로 '확인'된 약제의 의미를 구체화

76　[별표 7] 유통질서 문란 약제의 상한금액 조정기준(제8조 제2항 제12호 관련)
　　1. 정의
　　가. "유통질서 문란 행위"라 함은 의약품 채택·처방유도 등 판매촉진을 목적으로 의약품 제조(수입)업자·위탁제조판매업자가 직접 또는 도매업소를 통해 약사·한약사(해당 약국 종사자를 포함한다)·의료인·의료기관 개설자(법인의 대표자나 이사, 그 밖에 이에 종사하는 자를 포함한다) 또는 의료기관 종사자에게 금전, 물품, 편익, 노무, 향응, 그 밖의 경제적 이익(이하 "경제적 이익 등"이라 한다)을 제공하는 행위를 말한다. 다만, 「약사법」 제47조 제2항 단서 규정에 해당되는 경제적 이익 등인 경우에는 제외한다.

77　실무적으로 리베이트 제공이 특정 약제에 관한 것일 경우 약가인하처분의 대상이 그 특정 약제로 한정되므로, 형사사건 단계에서 제약사들은 리베이트 제공과 관련된 약제의 범위를 좁히거나 특정하여 약가인하처분의 대상 범위를 한정하려는 경향이 있다.

하여 보면, ㉠ 약제를 특정해서 리베이트를 제공한 것으로 확인된 경우는 그 특정 약제만 처분의 대상이 되고, ㉡ 약제를 특정하지 않고 전체 약제와 관련해서 리베이트를 제공한 것으로 확인된 경우는 해당 요양기관에서 처방된 전체 약제를 처분 대상으로 한다고 해석할 수 있다. 따라서 위 세부운영지침의 내용 자체로 상위법령의 범위를 벗어난 것으로서 법률유보원칙에 위배되었다고 볼 수는 없을 것이다.

다만, 실제 처분을 할 때 리베이트가 해당 제약사의 모든 약제의 처방을 위해 제공되었는지가 명확히 확인되지 않은 경우에까지 모든 약제의 약가를 인하하는 처분 관행이 있다면 충분히 문제될 수 있다.

(2) 실무상 처분례와 유추해석금지원칙 위배 여부

유통질서문란 약제의 범위 규정과 관련해서 보건복지부의 처분 실무는 리베이트 제공이 특정 약제에 관한 것이었다는 사실이 약가인하처분 이전 형사 사건에서 명확히 드러나지 않은 경우[78] 또는 리베이트가 포괄적으로 제공된 것인지 명확히 확인되지 않은 경우 모두 리베이트가 포괄적으로 제공된 것으로 '간주'하여 해당 요양기관에서 처방된 리베이트 제공 제약사의 전체 약제를 처분 대상으로 삼고 있다.

이러한 실무관행에 따른 처분은 세부운영지침 규정에 위반되는 경우라 할 수 있다. 물론 처분청이 내부 지침을 위반하여 처분을 한 것만으로 그 처분이 바로 위법해진다고 할 수는 없으나(대법원 2009. 12. 24. 선고 2009두7967 판결 등), 리베이트 제공이 포괄적인 것이라는 점이 확인되지 않은 경우까지 해당 요양기관에서 처방한 전체 약제를 처분 대상에 포함한다면 유추해석금지원칙에 반할 소지가 있다.

이러한 문제제기에 대한 반론으로서, '유통질서를 문란하게 한 것으로 확인된 약제'라는 문언을 엄격하게 해석할 경우 위법행위를 한 제약

---

78 형사사건에서 인정된 사실관계에는 A약제, B약제 등 리베이트 제공의 목적이 되는 약제의 명칭이 모두 기재되어 있지 않은 경우가 대부분이다.

사가 처분을 회피할 가능성이 높다거나 아니면 제재의 실효성을 달성하기 어렵다는 우려 때문에 이러한 실무관행을 불가피한 것으로서 처분이 적법·타당하다는 주장도 제기될 수 있다.

그러나 세부운영지침에서 구체적으로 처분의 대상을 구분하여 정하고 있는데다가, '침익적 행정처분의 근거가 되는 행정법규는 엄격하게 해석·적용하여야 하고, 행정처분의 상대방에게 불리한 방향으로 지나치게 확장해석하거나 유추해석하여서는 아니 된다. 또한 그 입법 취지와 목적 등을 고려한 목적론적 해석이 전적으로 배제되는 것은 아니라 하더라도 그 해석이 문언의 통상적인 의미를 벗어나서는 아니 된다(대법원 2008. 2. 28. 선고 2007두13791 판결 등)'는 대법원 판결 취지에 비추어 볼 때, 전체 약제에 대해 포괄적으로 리베이트가 제공된 사실이 입증되지 않은 경우까지 리베이트가 포괄적으로 제공된 것으로 간주한 다음 해당 요양기관에서 처방된 전체 약제를 대상으로 처분을 하는 것은 문언의 해석 범위를 넘어 제재처분의 근거법규를 처분의 상대방에게 불리한 방향으로 지나치게 확장해석 또는 유추해석하는 것에 해당할 수 있다.

(3) 소 결

이 논의와 관련하여 흥미로운 부분은 2018. 9. 28. 개정 및 시행된 국민건강보험법 시행령의 개정안[79]의 내용이다. 당시 국민건강보험법 시행령 개정안에는 "유통질서문란 약제가 특정되지 않은 경우 유통질서문란 행위가 이루어진 요양기관에서 처방한 관련 제약사의 전체 의약품을 대상으로 약가를 인하한다."는 규정을 새로이 추가하였다. 이는 세부운영지침에 존재했던 내용과 유사한 규정을 국민건강보험법 시행령 수준으로 끌어올려 규정하고, 약제가 특정되지 않은 경우에 전체 약제를 처분 대상으로 삼을 수 있도록 근거를 명확히 하려는 시도라고 볼 수 있다.

---

79 보건복지부, 국민건강보험 시행령 일부개정령안 재입법예고(2018. 7. 10).

그러나 어떤 연유에서인지 개정 시행령은 최종적으로는 위 규정이 포함되지 않은 채로 시행되고 있다. 생각건대, 개정안의 당초 내용이 기존 세부운영지침의 내용(의약품을 특정하지 않고 전체 의약품을 대상으로 일괄하여 유통질서문란 행위가 있었던 경우 전체 의약품)에서 더 나아가 간주 규정처럼 되어 있다 보니 비례의 원칙 위배 가능성 등을 우려한 결과로 추정된다.

실무상으로 약가인하처분의 대상이 되는 약제의 범위를 정할 때 리베이트 제공이 어떤 약제의 처방을 위해 제공이 된 것인지 형사사건에서 명확히 밝혀진 경우가 드물고, 약가인하처분을 하는 처분청 입장에서 유통질서문란 약제의 종류를 별도로 조사하여 특정하기 어려운 것도 사실이다.

그러나 포괄적인 리베이트 제공인지 여부가 확인되지 않은 경우 또는 문제된 제약사가 의약품 허가만 보유할 뿐 실제로 해당 의약품을 타 제약사가 판매하는 사례와 같이 리베이트 제공과 처방유도 목적 사이에 인과관계가 없는 경우까지도 해당 제약사의 의약품 모두를 처분의 대상으로 삼는 실무관행은 '간주'규정이 존재하지 않는 근거법령을 부당하게 확대해석하여 적용한 것이라 할 수 있다. 따라서 내부지침의 개정 및 실무관행의 변경 등 제도적 개선이 필요하다고 본다.

3. 표본성 쟁점과 재량권의 일탈 · 남용 여부

(1) 리베이트-약가인하 연동제 취지와 표본성의 충족

리베이트-약가인하 연동제하에서 유통질서문란 약제에 대해 약가를 인하하는 이유는 크게 두 가지로 요약할 수 있다. 첫째, 약가인하처분이 리베이트를 근절할 수 있는 효과적인 수단이 될 것이라고 보았기 때문이다. 그리고 둘째, 약가가 높기 때문에 리베이트를 제공할 자금을 조달할 수 있다는 것을 전제로 하여 제약사가 요양기관에 제공하는 리베이트 금액이 약가에 존재하는 거품이라고 보았기 때문이다. 따라서 이러한 약가의 거품을 제거하는 방법으로써 약가를 인하하게 된 것이다.

이와 같이 리베이트 금액만큼 약가에 거품이 존재한다고 본다면, 이러한 약가에 존재하는 거품을 어떻게 측정하여 제거해야 하는지의 기술적 문제가 발생한다. 구 「약제조정기준」(보건복지부고시 제2014-145호로 개정되기 전의 것) 제8조 제12호 [별표7] 유통질서 문란 약제의 상한금액 조정기준에서는 유통질서 문란 약제의 상한금액 인하율은 조사대상 요양기관의 결정금액 총액 대비 부당금액 총액 비율로 하고,[80] 보다 구체적인 방법은 세부운영지침에서 정하고 있다.

여기에서 '요양기관의 결정금액 총액'이란 리베이트 수수 요양기관들에서 처방된 유통질서문란 약제의 처방총액을 의미하고, '요양기관의 부당금액 총액'은 해당 요양기관들이 수수한 리베이트 금액을 의미한다. 그리고 인하율을 산정할 때 '결정금액 총액'은 분모가 되고 '부당금액 총액'이 분자가 되기 때문에, 분모가 되는 '요양기관의 결정금액 총액' 즉 처방총액의 액수가 적으면 적을수록 약가인하율은 높아진다.

그런데 이러한 인하율 산정방식은 (전체 요양기관의 일부에 불과한) 조사대상 요양기관에서 처방되는 약제의 처방총액에 대비한 리베이트 비율을 전체 요양기관의 처방총액에 대비한 리베이트 비율로 의제하기 때문에, 그러한 의제를 정당화할 만한 최소한의 표본성 내지 대표성을 가져야 한다.

즉 조사대상 요양기관에서의 결정금액 대비 부당금액 비율을 전체 의약품 시장에 존재하는 약가의 거품으로 의제하는 결과를 정당화하기 위해서는 최소한 표본성을 갖춘 요양기관들에 대한 조사가 이루어져야 하는 것이다. 결국 소수의 요양기관만을 대상으로 하여서는 표본성을 갖

---

80   인하율= $\dfrac{\text{요양기관의 부당금액}}{\text{요양기관의 결정금액 총액}}$

추었다고 볼 수 없기 때문에, 약가인하처분시 인하율 산정 근거가 되는 결정금액과 부당금액을 조사할 수 있는 조사대상 요양기관의 숫자가 어느 정도인지가 중요해진다.

(2) 처분청의 실무관행과 그에 대한 판례의 입장

표본성 쟁점이 부각된 시기는 약가인하 소송이 활발히 증가하기 시작한 2011년경이었다. 2011년 보건복지부에서 특정 제약사의 유통질서문란 약제에 대해 약가인하처분을 하였고 그에 대한 취소소송이 제기되었는데, 문제는 인하율 산정 근거가 된 조사대상 요양기관이 단 1개였다는 점이었다. 이에 대해 하급심 법원에서는 최소한의 표본성을 갖추지 못하여 재량권의 일탈 · 남용에 해당하여 약가인하처분이 위법하다는 판시를 하였다(서울행정법원 2012. 5. 31. 선고 2011구합29861 판결(확정) 등). 이후 보건복지부에서는 최소한의 표본성을 갖추기 위해 '요양기관의 결정금액 총액'을 산정할 때 일반적으로 10~20개 이상의 요양기관을 조사하여 결정금액을 산정하고, 리베이트를 수수한 요양기관뿐만 아니라 리베이트와 상관없는 요양기관도 조사대상으로 삼아 해당 약제의 결정금액 총액에 반영하고 있다.[81]

그러나 3천 개가 넘는 의료기관이 존재하고 있는 현실에서 불과 10~20개 요양기관의 결정금액 대비 부당금액을 조사해서 전체 의약품 시장에 존재하는 약가의 거품으로 의제하는 것은 정당화될 수 없다는 주장이 여전히 존재한다. 다만, 리베이트를 제공한 제약사가 큰 규모여서 거래하는 리베이트를 수수한 병원이 수백 개에 이르는 경우는 자연스럽게 최소한의 표본성을 인정받을 수 있다.

최근에도 법원은 유통질서문란 약제의 약가인하처분의 위법성 여부를 판단하면서, "리베이트-약가인하 연동제는 의약품의 상한금액을 인

---

81 구 「약제조정기준」과 세부운영지침(2012)에서 규정하고 있다.

하함에 있어서 비례의 원칙, 평등의 원칙 등 일반 법원칙을 준수하여야
함은 물론, 그 실제 운용에 있어서도 조사대상 요양기관에 대한 처방총
액 대비 리베이트 제공 비율을 해당 의약품시장 전체의 처방총액 대비
리베이트 비율(거품)이라고 의제하는 결과를 정당화할만한 최소한의 표
본성 내지 대표성을 갖춘 대상에 대한 조사가 전제되어야 한다."고 보고
있다. 그리고 부당금액이 적발되지 않은 요양기관의 관련 의약품 처방
총액을 결정금액 총액에 포함하는 것과 관련해서는, "리베이트와 무관
한 요양기관의 처방총액을 결정금액에 포함할지 여부가 임의적인 것이
라고 하더라도 그러한 요양기관의 수와 처방총액은 표본성 내지 대표성
을 판단하는 데 참작할 만한 자료가 된다"는 입장을 취하고 있다(서울고
등법원 2017. 4. 5. 선고 2016누61497 판결[82] 등).

---

[82] 서울고등법원 2017. 4. 5. 선고 2016누61497 판결문 4면.
　　"리베이트-약가인하 연동 제도는 의약품 제조업자가 요양기관에 리베이트를 제
공한 경우 이와 관련된 의약품의 처방총액 대비 리베이트 비율은 원래 실거래가에
는 포함되지 아니하는 비용이므로, 위 비율 상당의 금원은 약가의 거품에 해당하여
이를 제거하여야 하는 것으로 보아, 이를 피고의 약제 상한금액 직권 조정사유로
삼고 있는 것으로 보인다.
　　또한 리베이트-약가인하 연동 제도는 일부 요양기관에 대한 리베이트 제공행위
가 적발될 경우 직권으로 이와 관련되는 약제 자체의 요양급여비용 상한금액을 인
하함으로써, 사실상 조사대상 요양기관의 해당 의약품 처방총액 대비 리베이트 비
율을 전체 의료기관의 의약품 처방총액 대비 리베이트 비율로 의제하는 효과를 부
여하고, 이러한 규정방식으로 해당 의약품에 대한 매출액 자체를 상한금액 인하율
만큼 감소시키는 결과를 가져와 리베이트 근절이라는 정책적 목표 달성을 위한 실
효적이고 강력한 수단이 된다.
　　따라서 리베이트-약가인하 연동 제도는 제약업체의 의약품에 대한 가격결정권의
범위를 사실상 제약하여 국민건강보험법령상 보호되는 제약업체의 이익을 제한하
는 것이기도 하므로, 피고가 리베이트-약가인하 연동 제도에 기하여 의약품의 상한
금액을 인하함에 있어서는 비례의 원칙, 평등의 원칙 등 일반 법원칙을 준수하여야
함은 물론, 그 실제 운용에 있어서도 조사대상 요양기관에 대한 처방총액 대비 리
베이트 제공 비율을 해당 의약품시장 전체의 처방총액 대비 리베이트 비율(거품)
이라고 의제하는 결과를 정당화할 만한 최소한의 표본성 내지 대표성을 갖춘 대상
에 대한 조사가 전제되어야 한다. 그리고 부당금액이 적발되지 않은 요양기관의 관
련 의약품 처방총액을 결정금액에 포함시키는 것이 임의적인 것이라고 하더라도,
그러한 요양기관의 수와 처방총액은 표본성 내지 대표성을 판단하는 데 참작할 만
한 자료가 될 수 있을 것이다."

(3) 소 결

리베이트-약가인하 연동제는 조사대상 요양기관의 결정금액 대비 부당금액 비율을 전체 의약품시장에 존재하는 약가의 거품으로 의제하여 약가를 인하하는 방식이기 때문에, 조사대상 요양기관이 전체 의약품시장을 대표할 수 있는 표본성을 갖추어야 한다. 다만, 이러한 표본성 또는 대표성을 갖추기 위해 조사대상을 어떻게 선정하고, 몇 군데를 조사대상으로 삼아야 하는지에 대해서는 근거법령이나 지침에서 정하고 있지 않으며 처분청에서는 기본적으로 10~20개 이상의 요양기관을 대상으로 하고 있다는 점은 앞서 살펴본 바와 같다.

그리고 "리베이트와 무관한 요양기관의 처방총액도 조사하여 결정금액에 포함하여 인하율을 정할 수 있다"라는 규정이 임의적이라는 점[83]에서, 리베이트와 무관한 요양기관의 처방총액을 포함하지 않는 경우 그 자체로 위법한 처분이라고 판단하기는 어려워 보인다, 다만, 앞서 언급된 것처럼 리베이트-약가인하 연동제가 일부 요양기관의 리베이트 비율을 전체 약가의 거품으로 의제하는 방식을 취하고 있다는 점을 고려하면 리베이트와 무관한 요양기관의 처방총액을 포함하지 않고 처분할 경우 표본성을 갖추었다고 평가하기는 어려운 측면이 있다.

보건복지부의 약가인하처분 실무상 조사대상 요양기관으로 삼는 곳은 리베이트 관련 형사사건에서 혐의가 인정된 요양기관이고, 리베이트와 무관한 요양기관을 따로 조사하여 포함하는 경우는 사실상 드물다. 그러다 보니 보건복지부에서 국민건강보험법 제97조 제2항에 따른 조사 및 검사 권한을 행사할 수 있음에도 이를 행사하지 않고 형사사건에서 확인된 일부 요양기관만을 조사대상으로 하여 약가인하처분을 하는 것은 결국 표본성 부족에 해당된다는 주장이 소송상 제기되기도 한다. 약가의 거품 제거라는 제도 취지에 비추어 볼 때 이러한 주장은 경청할

---

83 구「약제조정기준」(보건복지부고시 제2011-176호) 제8조 제2항 제12호[별표7] 3 의 가항.

만한 비판이라 생각된다.

또한 리베이트와 무관한 요양기관의 처방총액을 결정금액 총액에 포함하면 인하율이 지나치게 높아지는 현행 산정방식의 문제점을 완화하는 효과도 생길 것으로 기대되는데, 과도한 인하율 문제는 다음 쟁점에서 살펴보고자 한다.

4. 인하율 산정방식 쟁점과 재량권의 일탈·남용 여부

(1) 인하율 산정방식과 과도한 인하율의 문제

약가 인하율은 조사대상 요양기관의 총 부당금액/총 결정금액×100으로 산정되는데, 이러한 약가 인하율은 유통질서문란 약제 전체에 대해 일률적으로 동일하게 정해지는 것이 아니라 약제마다 다르게 산출된다.

구체적인 산정방식을 살펴보면, 다음과 같다. A가 유통질서문란 약제일 경우 특정 요양기관에서의 A라는 약제의 부당금액은 해당 요양기관의 총 부당금액(리베이트 수수액)[84]을 해당 요양기관에서 처방된 총 약제의 수로 나누어 산정되는데, 이러한 방식을 '산술평균 방식'이라고 한다.[85] 리베이트 수수 요양기관이 다수일 경우, 각 요양기관마다 A약제의 부당금액을 개별적으로 산출하고, 이렇게 요양기관별로 산출된 약제별 부당금액을 모두 더하여 조사대상 요양기관의 총 부당금액을 정한다. 그리고 이러한 총 부당금액을 다시 약제별 총 결정금액(이는 각 요양기관별 처방총액을 모두 합한 금액이 된다)으로 나누어 해당 품목의 인하율을 정한다.[86]

---

84 이러한 부당금액에 대해서 수사권이 없는 보건복지부가 직접 확인할 수 있는 것은 아니기 때문에, 형사사건에서 인정된 리베이트 수수액을 그대로 부당금액으로 본다.

85 ㉠의원에서 총 수수한 부당금액이 100만원이고, 처방된 약제가 A를 포함해 4개인 경우, ㉠의원에서의 4개 약제의 각 부당금액은 동일하게 25만원(100÷4)이 된다.

86 예를 들어 A약제의 약가 인하율을 산정하는 경우, ㉮의원에서 리베이트 수수액

그런데 이러한 산술평균 방식은 약제별 부당금액을 산출할 때 해당 요양기관의 총 부당금액을 단순히 해당 요양기관에서 처방한 약제의 개수로 나누기 때문에 약제별 처방규모 즉 요양기관의 처방총액 대비 비중이나 약제의 종류와 상관없이 각 요양기관별 부당금액이 약제마다 모두 동일한 것으로 간주된다. 약제의 처방총액 대비 부당금액 비율이 약가의 거품으로 의제되는 것이므로 각 약제마다 부당금액을 동일하게 볼 경우 이러한 연동제의 취지에 맞지 않기 때문에, 약가인하처분 취소소송에서 산술평균 방식이 약가의 거품을 제거하는 데 적절한 방식이 아니라는 주장이 꾸준히 제기되어 왔다.

위와 같이 산술평균 방식에 따르면, 조사대상 요양기관에서의 각 약제별 부당금액을 모두 동일하게 간주하므로 각 약제별로 약가에 존재하는 거품을 정확히 측정하기 어렵게 된다. 그리고 처방총액이 큰 약제 즉 리베이트 금액 대비 처방이 훨씬 많은 약제들은 오히려 약가 인하율이 낮아지고, 처방총액이 낮은 약제는 약가 인하율이 커지는 불합리한 결과도 발생할 수 있다.

따라서 이러한 문제의식과 관련해서, 유통질서문란 약제의 처방총액 비중을 고려하는 가중평균 방식[87]이 약가의 거품을 제거하는 데 더 적합

(㉮의원의 부당금액)이 1000만원이고, 리베이트를 제공한 제약사의 품목 중 ㉮의원에서 처방된 품목이 20개라고 하면 품목별 부당금액은 50만원(1000만원÷20품목)이 된다. 그리고 ㉯의원에서 리베이트 수수액이 500만원이고, 리베이트를 제공한 제약사의 품목 중 처방된 품목이 5개라면, ㉯의원의 품목별 부당금액은 100만원(500만원÷5품목)이 되며, 이러한 ㉮, ㉯의원에서의 품목별 부당금액을 모두 더한 150만원이 품목별 총 부당금액이 된다. 그리고 ㉮의원에서 A약제의 결정금액(처방액)이 500만원, ㉯의원에서 A약제 결정금액이 300만원으로서 총 결정금액(총 처방액)이 800만원인 경우에는 18.75%(150만원÷800만원×100)가 A약제의 약가 인하율이 된다.

[87] 가중평균방식: 품목별 부당금액 = 요양기관의 총 부당금액 × $\dfrac{\text{해당품목의 결정금액}}{\text{해당 요양기관의 총 결정금액}}$

하고 합리적인 방식이라는 주장이 제기되어 왔다. 가중평균 방식은 특정 요양기관에서 발생하는 총 처방총액 중 유통질서문란 약제의 처방총액이 차지하는 비율을 고려하기 때문에, 유통질서문란 약제의 부당금액을 보다 정확하게 산출하는 방법이라고 할 수 있다.

게다가 산술평균 방식에 따라 인하율을 산출하는 경우, 부당금액의 액수에 비해 인하율이 지나치게 높아져 인하율 상한인 20%를 넘는 경우가 종종 발생한다. 실제로 인하율이 100%를 넘어 200~300%에 이르는 경우가 있는데, 부당금액에 비해 결정금액(처방총액)이 특히 적은 금액일 경우이다. 예를 들어 산술평균 방식에 따르면 어떤 약제에 대한 총 부당금액(리베이트 수수액)이 100만원이고 해당 약제의 처방총액이 50만원인 경우 인하율은 200%가 되는데, 이 경우 과연 200%라는 수치가 약가에 존재하는 거품이라고 볼 수 있는지 여부 즉, 산정방식의 타당성에 대한 의문이 제기될 수밖에 없다. 그리고 실제 약가인하처분이 인하율 상한인 20% 이하로 이루어진다고 해도, 여전히 부당금액과 처방총액과 대비해 인하율이 과도하다고 평가될 여지가 있어서 비례의 원칙 위배 여부가 문제된다.

반면 해당 약제가 다른 약제를 포함한 총 결정금액 중 어느 정도로 비중(처방규모)를 차지하는지를 고려하는 가중평균 방식에 따른다면, 위와 같이 200~300%로 인하율이 산정되는 경우는 거의 발생하지 않게 된다.

(2) 판례의 입장

법원은 산술평균 방식에 의할 때 다소 불합리한 결과가 나오더라도 리베이트-약가인하 연동제와 리베이트의 특성을 고려하여 개별 약제에 해당하는 부당금액을 산정하는 적정한 방법을 선택할 수밖에 없는 점, 처방액은 다양한 상황에 따라 영향을 받을 수 있어서 리베이트 액수와 정확히 상응할 수 없다는 점 등에 비추어 사회통념상 현저하게 타당성을 잃었다고 볼 경우가 아닌 한 위법한 재량권 행사가 아니라고 보고 있다.[88] 즉, 인하율 산정방식에 있어 매우 광범위한 재량 행사가 가능함을 인정하고 있다.

(3) 소 결

리베이트-약가인하 연동제 취지 자체가 리베이트 비율을 약가의 거품으로 의제하고 있다는 점에서, 보다 정확한 방식으로 약가의 거품을 측정하고 제거할 수 있다면 그러한 방식을 택하는 것이 적법한 재량의 행사가 될 것이다. 그리고 가중평균방식은 구체적 계산방식은 다르지만, 실거래가 조사에 의한 약가인하제도에서도 사용하고 있는 방식이라는 점에서 산정방식의 변경이 실무상 그리고 정책상 불가능한 것이 아니라고 할 수 있다.

법원은 약가인하처분에 있어 처분청의 광범위한 재량을 인정하는 기본적 입장을 고수하고 있어서 인하율 산정방식 문제에 소극적 판단을 내리고 있다. 그러나 현실적으로 현행 인하율 산정방식으로 인해 약가인하처분에 현저히 불합리한 결과가 발생하는 경우가 많고, 이 부분을 다투는 소송도 계속되고 있다. 따라서 인하율 산정방식의 재량의 일탈·남용 여부에 대해 법원의 보다 적극적 판단이 필요하다고 본다.

V. 결 론

우리나라의 약제 상한금액 조정 제도(약가인하 제도)를 정책적인 측면에서 살펴보면, 외국의 여러 제도를 필요에 따라 도입하다 보니 하나의 의약품에 대해 여러 약가인하 사유가 적용되어 결국 중복적으로 약가가 인하되는 결과를 초래했다는 평가를 받기도 한다. 특히 신약의 경우, 특

---

88   서울고등법원 2019. 7. 19. 선고 2018누54493 판결 등.

허 만료 후 약가인하뿐만 아니라 사용범위 확대, 사용량-약가 연동 협상제, 실거래가 조사로 인한 약가인하 등 여러 제도가 모두 적용되기 때문에 국내 신약 개발 또는 외국의 신약을 도입하는 데 있어서 사실상의 장애요소로 작용하고 있다고 볼 수 있다.[89]

신약 개발에 소요되는 비용이 막대하다는 점을 고려할 때 약가의 결정 단계도 물론 중요하지만, 약가 결정 이후의 단계 즉 약가 사후관리제도 역시 중요하다. 건강보험재정 문제 등 약가인하의 필요성을 인정하더라도, 약가인하 제도가 중복적으로 적용되면 어느 시점에 어떤 제도가 적용되어 약가가 인하될 것인지, 얼마나 약가가 인하될 것인지 예측하기가 어려워져 신약 개발의 유인이 그만큼 약화될 수 있다. 더구나 각 약가인하처분 근거법령의 모호성, 광범위한 재량 행사의 가능성, 약가인하 방법의 복잡성 등의 요소들이 이러한 예측가능성을 감소시키기도 한다.

그동안 약가 사후관리의 제도의 여러 문제점들을 개선하기 위해 제도가 꾸준히 변경되어 온 것은 사실이지만, 여전히 관련 제도의 중복 적용으로 인해 약가인하 횟수나 비율이 과도하다는 평가 또는 약가인하의 시기와 정도를 예측하기 어렵다는 평가는 여전히 존재한다.[90]

우리나라의 건강보험은 의무가입제를 통한 사회보험이라는 특성과 한정적인 보험 재정으로 운영된다는 한계를 가지고 있기 때문에, 유사한 약가 사후관리 제도를 가진 외국과 비교해 보면 상대적으로 약가의 통제 즉 인하에 초점이 맞춰져 있다고 할 수 있다. 지속가능한 보험 제도를 운영해야 한다는 점에서 건강보험 재정의 보호는 매우 중요한 과제이지만, 약가인하라는 수단만이 건강보험 재정을 보호하는 방법이 된다고 볼 수는 없을 것이다.

---

89 강예림·고소희·이종혁, 앞의 논문, 57면 이하.
90 강예림·고소희·이종혁, 앞의 논문, 61면; 박실비아, 유럽국가의 건강보험 약가 사후관리 동향, 보건복지포럼, 2015. 5. 100면.

그리고 건강보험 재정의 고갈 문제는 비단 최근의 문제가 아니라 예전부터 논의되어 온 문제이다. 그 원인으로 어느 한 가지만 특정할 수는 없으며, 리베이트 문제뿐만 아니라 일반 병원의 요양급여 부당청구 문제, 비의료인이 병원을 개설한 후 과잉진료를 통해 부당청구를 하는 이른바 사무장병원 문제 같은 위법행위의 문제와 비급여 대상 진료, 약제의 급여화 확대와 같은 정책도 그 원인으로 지적되어 왔다.

따라서 이러한 문제가 함께 해결되지 않는다면 단지 약가를 인하하는 것만으로는 건강보험 재정을 보호할 수 없을 것이다. 또한 건강보험 재정 보호라는 정책적 목표 달성을 위해 약가인하를 정당화하는 부분 역시 정책적 정당성이 약화될 수 있다. 따라서 단지 유통질서문란 약제에 대한 제재처분을 강화하는 것만으로 건강보험의 문제나 리베이트 문제를 해결하기는 어렵다고 할 수 있다. 본 연구에서 건강보험 재정과 관련된 모든 문제를 논의할 수는 없지만, 유통질서문란 약제의 약가인하처분에 대한 쟁점 연구가 주된 주제인 만큼, 이하에서는 유통질서문란 행위의 억제를 위해 관련 제도 및 법령이 어떤 방향으로 개선되어야 하는지에 대해 검토하고자 한다.

정책적 측면에서 리베이트 근절을 위한 방안을 생각해 보면, 약가인하처분시 약가인하율을 높이거나 반복되는 위법행위에 대해 가중 처분을 하는 등 제재 수준을 강화하는 것도 하나의 방법이 될 수 있다. 그러나 이미 2009년 이후 약가인하처분이라는 제재를 가해 왔음에도 리베이트 사건이 끊이지 않고 있다는 사실에 비추어 보면, 단순히 이전보다 더 강화된 내용의 약가인하처분을 한다고 해서 정책적 목적이 달성될 것이라고 기대하기 어렵다.

리베이트 사건이 근절되지 않고 있는 현 상황은 전문의약품 중 비급여 의약품과 일반의약품을 제외하고는 병원이나 약국 등 요양기관의 이윤추구를 적법하게 인정하지 않는 현행 제도 때문이기도 하고, 동시에 복제약 시장의 경쟁이 심화된 상황 때문이기도 하다.

특히 2002년 의약분업으로 인해 병원이 처방권을 독점하고 약국은 조제권만 가지게 되어 처방권과 조제권이 분리됨으로써, 기존에 의약품을 추가 공급하여 요양기관에 혜택을 주었던 제약사의 영업방식으로는 더 이상 경쟁이 어려워진 탓에 리베이트 문제가 더욱 심각해졌다고 볼 수 있다. 즉, 동일 성분의 복제약이 많은 상황에서 병원이 처방권을 독점함으로써 제약사와 같은 의약품 공급자에 대해 더 큰 영향력을 가질 수 있게 되었고, 제약사는 매출을 늘리고 병원은 이윤을 추구하고자 리베이트와 같은 음성적 불법행위가 더욱 확대되었다고 볼 수 있다.

따라서 실거래가로 인한 약가인하 제도를 운영하는 외국의 사례에서 알 수 있듯이, 요양기관이 일정 부분 이윤을 추구할 수 있도록 제도 개선을 할 필요성이 있다. 일정 부분 적법한 범위 내 이윤추구를 인정하고, 그 외의 불법적 이익 추구에 대한 제재를 강화한다면 음성적 불법행위를 감소시키는 데 도움이 될 것으로 보인다.

그리고 법적 측면에서 약가인하처분의 문제점으로는 처분의 근거 법령이 체계적이지 못하고, 이로 인해 처분의 적법성이 약화된다는 점을 들 수 있다. 그 원인으로는 행정적 필요성에 신속하게 대처하는 과정에서 제재처분의 구체적 근거가 되는 규정이 시행령이나 시행규칙 형식이 아니라 대부분 행정규칙(고시, 지침 등) 형식으로 정해져 있다는 점을 들 수 있다. 이러한 행정규칙들은 법제처의 사전 법령심사 대상이 아니어서 충분한 심사를 거치지 않다 보니, 상위법령과의 위임관계가 분명하지 않거나 명확성 원칙 위배여부 등이 문제되는 경우가 발생하는 것이다. 또한 저가의약품 쟁점에서 살펴본 바와 같이, 행정법 일반원칙이나 헌법상 원칙 등 기본적 법원리를 고려하지 않고 기계적으로 처분을 하는 실무관행 역시 문제된다고 할 수 있다.

빠른 변화에 대처해야 하는 보건행정 영역의 특성상 상위법령에 구체적 내용을 모두 담기 어려운 측면이 존재하기 때문에, 현실적으로 약가인하처분에 대해 포괄위임입법금지의 원칙 또는 명확성 원칙을 예외 없이 엄격하게 적용할 수는 없을 것이다. 다만, 제재처분의 구체적 요건이나 기준이 되는 규정들을 고시에서 규정하더라도 상위 법령에 어느 정도 구체화된 규정을 두고 위임을 하는 방식으로 개선될 필요가 있다. 위와 같은 법령 정비의 필요성 측면에서 환영할 만한 부분은, 리베이트 투아웃제가 시행된 2014년부터 국민건강보험법에 약사법위반행위와 관련된 약가에 대한 제재처분의 직접적 근거 규정이 신설되었다는 점이다.

물론 법령 체계나 처분의 근거규정과 관련해 개선할 점이 여전히 남아 있고, 과거 개정 전 발생했던 리베이트 사건에는 여전히 리베이트-약가인하 연동제하의 보건복지부 고시나 지침에 규정된 처분 기준이 적용될 수밖에 없는 한계를 가지고 있기 때문에 현재까지 소송상 문제되었던 부분과 유사한 문제제기가 당분간 계속될 가능성이 존재한다.

그리고 법령 정비의 측면에서 또 다른 개선점을 언급하자면, 리베이트 제공자의 상대방인 리베이트 수령자에 대한 보다 엄격한 제재가 필요하다는 것이다. 요양기관과 제약사는 일종의 갑을 관계에 있다는 점에서 리베이트 제공자에 대한 엄격한 제재만으로는 리베이트 사건을 근절하기 어렵다. 그럼에도 지금까지 리베이트 사건과 관련해서, 리베이트 제공자인 제약사의 약제에 대한 약가인하처분의 경우 그 근거규정이 2009년 신설된 이후 두 차례 변경되면서 점차 강화된 온 반면, 수령자인 의사 등에 대한 자격정지처분(의료법상 최대 1년 이하) 규정은 2010년 이후 거의 동일하게 유지되고 있는 등 리베이트 수령자에 대한 제재처분 제도는 거의 변화가 없었다.

이와 같은 리베이트 제공자와 수령자에 대한 제재처분 사이의 불균형 문제는 정부가 리베이트 수령자의 우월적 지위를 간과하고 정책을 추진해 온 결과이자 리베이트 사건의 근절이 어렵게 된 하나의 원인이라고 할 수 있다. 따라서 이 부분에 대한 법령의 개정이 필요하다.

덧붙여, 약가인하처분과 관련해 크고 작은 여러 법적 문제들이 발생하는 이유는 처분청에게 광범위한 재량권 행사가 인정되고 있는 반면 재량권 행사의 구체적 기준이 부재하거나 모호한 관계로 근거법령의 적용에 있어 실무적인 어려움이 있기 때문이라 생각된다. 또한 보건행정 분야의 소송이 조세소송과 같은 타 행정소송들에 비해 케이스가 충분히 축적되지 않다 보니 법령 해석에 있어 참고할 만한 기준이 별로 없는 탓도 있을 것이다. 따라서 단지 처분 규정 자체의 명확성을 확보하려는 입법적 노력만이 아니라, 처분청에서 단순히 처분 규정을 기계적으로 적용하지 않고 구체적 타당성을 확보할 수 있도록 향후 재량권 행사의 구체적 기준을 정립할 필요성이 크다.

의약품 유통과정에서의 경쟁법 이슈에 대한 검토
―의약품 도매거래를 중심으로―

이하원*

Ⅰ. 들어가며

일반적으로 보건의료산업(Health Medical Industry)이란 국민건강에 영향을 미치는 상품과 서비스를 생산, 유통, 판매하여 국민 의료비에 직·간접적으로 영향을 주는 산업을 말하며,[1] 제약산업, 의료기기산업, 의료서비스업, 의료정보업 등으로 구분된다.[2] 여기서 제약산업이란 의약품[3]을 연구개발·제조·가공·보관·유통하는 것과 관련된 산업을 의미하

---

* 변호사, HK inno.N(*본 원고는 저자 개인의 의견이며, 회사의 입장과는 아무런 관계가 없습니다.)
1 김주영, 알기 쉬운 보건의료 산업정책, 제1권 제약·의료기기산업, 메디컬사이언스, 2019, 29면.
2 김주영, 앞의 책, 42면.
3 의약품이란 ① 대한민국약전에 실린 물품 중 의약외품이 아닌 것 또는 ② 사람이나 동물의 질병을 진단·치료·경감·처치 또는 예방할 목적으로 사용하는 물품 중 기구·기계 또는 장치가 아닌 것 또는 ③ 사람이나 동물의 구조와 기능에 약리학적 영향을 줄 목적으로 사용하는 물품 중 기구·기계 또는 장치가 아닌 것을 의미한다(약사법 제2조 제4호).

는데(제약산업 육성 및 지원에 관한 특별법 제2조 제1호), 이러한 행위 유형 중 의약품의 유통과정에서는 다음과 같은 특징이 나타난다.

첫째, 제약회사와 요양기관이 의약품을 직접 거래하는 이른바 '직거래'보다는 제약회사가 제조한 의약품을 도매상을 거쳐 요양기관으로 공급하는 '간접 거래', 즉 '도매거래'가 약 88% 정도를 차지하고 있어, 그 비중이 직거래 대비 상당히 크다.[4] 따라서 제약산업에서 의약품 유통을 이해하고 경쟁법 이슈를 파악하기 위해서는 의약품 도매상의 현황과 도매거래에서 나타나는 특징을 파악하는 것이 중요하다.

둘째, 전문의약품[5] 거래의 약 91%[6]에 이를 정도로 일반의약품[7] 대비 그 비중이 월등하게 크다. 전문의약품은 그 최종선택권이 비용 지급자인 소비자(환자) 및 국민건강보험공단에 있는 것이 아니라 처방 의사에게 귀속되는 것이 의료 현실이다. 이러한 제품의 비용 부담 주체와 최종선택권자가 분리되는 특징으로 인하여 의약품의 마케팅은 일반소비자

---

4 특히 2000년 7월부터 시행된 의약분업을 기점으로 제약사의 도매거래가 많이 늘어났는데, 의약분업 직후인 2001년 도매거래 비중이 45.1%이던 것이 2009년 78.6%, 2019년 88.2%로 늘어났다. 이상원 외, 의약품 공급 및 구매체계 개선연구, 성균관대학교 산학협력단, 2019, 278면.

5 전문의약품이란 일반의약품이 아닌 모든 의약품을 의미하는데(약사법 제2조 제10호), 이는 의약품 중에 약리작용 또는 적응증으로 볼 때 의사 또는 치과의사의 전문적인 진단과 지시·감독에 따라 사용되어야 하거나, 투여경로의 특성상 의사 또는 치과의사의 지시·감독에 따라 사용되어야 하거나, 용법·용량을 준수하는데 전문성이 필요하거나, 혹은 환자에 따라 적절한 용법·용량의 설정이 필요하여 의사 또는 치과의사의 전문적인 지시·감독에 따라 사용되어야 하는 의약품이 포함된다고 볼 수 있다(김주영, 앞의 책, 81면).

6 2016년 급여 의약품 청구기준 전문의약품 비율은 91.3%, 일반의약품 비율은 8.7%이다. 국민권익위원회 2018. 2. 26. 의결(의안 번호 제2018-53호) 제9면 참고.

7 일반의약품이란 ① 오용·남용될 우려가 적고, 의사나 치과의사의 처방 없이 사용하더라도 안전성 및 유효성을 기대할 수 있는 의약품 또는 ② 질병 치료를 위하여 의사나 치과의사의 전문지식이 없어도 사용할 수 있는 의약품 또는 ③ 의약품의 제형(劑型)과 약리 작용상 인체에 미치는 부작용이 비교적 적은 의약품으로서 보건복지부 장관과 협의하여 식품의약품안전처장이 정하여 고시하는 기준에 해당하는 의약품을 의미한다(약사법 제2조 제9호).

가 아닌 의사 또는 의료기관을 대상으로 실시되고, 이는 이른바 음성적인 리베이트 수수로 연결되는 원인이라는 평가를 받고 있기도 하다.[8]

셋째, 인간의 생명과 직결되는 의약품을 취급한다는 산업 자체에 내재된 공공성으로 인하여 국가가 제품의 제조, 임상시험, 인·허가는 물론 유통·판매 등 전 과정을 엄격히 규제하고 있다. 따라서 건강보험의 적용을 받는 급여 의약품의 경우 약가도 정부의 심사를 통해서 결정되고, 산업 전반의 규제를 위한 기본법인 약사법 및 하위 법령·고시 등을 통한 규율이 이뤄지고 있으며,[9][10] 이는 의약품 도매거래 시 재판매가격에 대한 규제 문제로 연결된다.

이 글에서는 의약품 유통거래에서의 이러한 특성을 기반으로, 전문의약품의 도매 유통가격 책정과정에서 발생 되는 「독점규제 및 공정거래에 관한 법률」(이하 "공정거래법"이라 함)상의 이슈에 대해 살펴보고자 한다. 다만, 앞서 본 바와 같이 의약품 유통거래에서 도매상이 차지하는 비중을 고려하여 우선 의약품 도매 유통구조에 내재된 특징을 살펴본 후, 부당한 공동행위(담합)(동법 제19조), 불공정한 거래행위(동법 제23조), 재판매가격 유지행위(동법 제29조)와 연계된 구체적 검토를 진행하고자 한다.

8　공정거래위원회, 제약산업 경쟁정책 보고서, 2009, 10~11면.

9　홍미영, 신약 개발 분야 정부 민간 R&D 역할 분담에 관한 연구, 한국과학기술평가원, 2016, 18면.

10　참고로 판례는 약사법에서 말하는 의약품은 반드시 약리 작용상 어떠한 효능의 유무와 관계없이 그 성분, 형상(용기, 포장, 의장 등), 명칭, 거기에 표시된 사용 목적, 효능, 효과, 용법, 용량, 판매할 때의 선전 또는 설명 등을 종합적으로 판단하여 사회일반인이 볼 때 위 목적에 사용되는 것으로 인식되거나 약효가 있다고 표방된 경우에는 이를 모두 의약품으로 보아 약사법의 규제대상이 된다고 해석하여야 한다고 판시하고 있다(대법원 2010. 10. 14. 선고 2009도4785 판결 등).

II. 의약품 도매 유통구조에 내재된 특징

1. 도매업체의 영세성 및 치열한 경쟁구조

국내 의약품 도매업체의 수는 2010년부터 2016년까지 연평균 약 3.4%씩 증가하여 2016년 기준 2,093개였는데, 2016년 당시 80.3%의 도매상의 연매출은 100억 원 이하였고, 연매출 1,000억 원 이상인 도매상은 단지 2.8%에 불과했다. 한편, 2017년 기준 미국의 매출액 상위 3개 도매상의 시장 점유율 합계는 무려 92%였으나, 그 당시 국내 상위 3개 도매상의 시장 점유율 합계는 26.6%에 그쳤는바,[11] 우리나라의 도매상은 비교적 영세한 규모의 업체들이 난립하고 있는 상황으로 보인다.[12] 이러한 시장 상황으로 인해 국내 도매업체 간의 경쟁구조는 더욱 치열하게 형성되어 있다.

2. 도매업체를 통한 리베이트 자금 조성 우려 및 컴플라이언스 강화 추세

국민권익위원회는 일부 제약사가 도매상에 공급하는 의약품 가격을 적정 마진(약5%)에 판매한 것으로 건강보험심사평가원에 의약품 공급 내역을 보고한 다음, 매출실적의 약 40%를 사후매출할인(판매장려금, 단가할인) 등의 명목으로 도매상에 지급해 리베이트 자금을 조성하여 의사에게 리베이트를 제공한 사실을 지적하고, 제도 개선을 권고하였다.[13]

---

11 다만, 2017년 기준 국내 상위 10개 도매상의 시장점유율이 46.4%에서 2018년 47.7%로 증가한 것으로 보아, 우리나라도 매출액이 큰 상위 도매상이 전체 시장을 주도할 것이라는 예상도 존재한다. 이상원 외, 앞의 글 280면.

12 이상원 외, 앞의 글, 7면.

13 국민권익위원회 2018.2.26. 의결 (의안번호 제2018-53호) 18면 참고.

최근 제약회사들은 자체적으로 CP(Compliance Program)를 강화하고, ISO 370001과 같은 반부패경영시스템을 도입하는 등 적극적으로 리베이트 리스크를 제거하기 위한 노력을 강화하고 있다. 그러나 일부 제약사들과 도매상들은 의약품 유통의 상당 부분을 차지하는 도매거래를 활용한 음성적인 리베이트 제공행위를 근절하지 못하고 있는바, 이는 국내 제약업계가 풀어야 할 오래된 과제라고 할 수 있다.

3. 전납도매업체의 상당한 영향력

도매업체는 주로 약국을 대상으로 거래하는 일반(혹은 종합) 도매, 병원을 대상으로 하는 간납(間納) 도매업체로 나눌 수 있고, 간납 도매업체는 전납(全納) 도매, 총판, 품목 도매, 입찰 도매 및 CSO(contract sales organization) 등을 총칭하는 의미로 사용되며, 이 중 전납도매업체란 병원의 일부 의약품 또는 전체 의약품에 대한 선택권을 가지며 특정 병원과의 거래를 위해서 반드시 거쳐야 하는 도매업체로서 상당한 구매력을 행사할 수 있는 업체를 지칭한다.[14][15]

---

14 유수연 외, 의약품 도매상 유통 현황 및 비용구조 등 실태조사, 건강보험심사평가원, 2015, 116면.

15 참고로 총판이란 영업력이 취약한 제약회사의 제품에 대해 유통과 함께 영업을 대행하면서 영업수수료를 받는 업체를, 품목 도매란 취급하는 품목의 수가 제한적이면서 전납 도매의 특징을 가진 업체를, 입찰 도매란 병원에 의약품을 판매함에 있어 입찰을 통해 판매권을 확보한 업체를 말하며(이상원 외, 앞의 글, 400~401면), CSO란 제약사와 계약을 통해 마케팅 및 판매 활동에 관한 일련의 서비스와 솔루션을 제공하는 기업으로 제약사에게 일정 수수료를 받고 영업활동을 대행하는 업체를 의미한다(이상원 외, 앞의 글, 282면). CSO는 동일 효능의 제네릭(복제약)이 수십 가지인 과다경쟁 구조에서 제약사 영업사원의 위험부담(리베이트 벌칙강화 등)을 회피하는 수단으로 악용될 수 있으나, 약사법 제47조(의약품 등의 판매 질서) 및 제94조(벌칙)가 규율하고 있는 의약품 공급자(제조사, 수입사, 도매상)에는 해당하지 않아 의약품 유통질서 위반에 대한 통제장치가 미흡하다는 지적이 있었다. 그러나 보건복지부는 CSO 등 제3자를 통한 불법 리베이트 제공시에도 해당 품목 제조 등의 책임 범위에 포함된다고 해석(보건복지부 약무

전납도매업체는 높은 구매력을 기반으로 이전 단계 사업자로부터 큰
폭의 할인율을 제공받을 수 있게 된다. 또한 특수관계인 지분율이 높거
나 요양기관이 실질적으로 지배하는 형태의 전납도매업체의 경우는 대
개 회사의 규모가 크지 않고 영업이익 대비 순이익이 작다는 특징을 보
인다. 따라서 해당 차액은 리베이트 형태로 요양기관으로 제공될 가능
성이 높은 경우도 있다고 추정되기도 한다.[16] [17]

III. 의약품 입찰과정에의 부당한 공동행위

1. 공정거래법상 부당한 공동행위에 대한 규제

공동행위(Kartell, cartel)란 사업자가 계약, 협정, 결의 등의 방법으로

정책과-3129,14.8.4.)하고 있고, 약사법 제47조 제2항의 규율 대상에 CSO와 같이
판매·영업을 위탁받은 자를 포함시키자는 개선안이 논의되기도 하였으며[국민
권익위원회 2018.2.26. 의결 (의안번호 제2018-53호) 14~17면 참조], 현재 해당
개정 법률안이 발의된 상태이기도 하다. 다만, 도매 거래와 관련된 이슈에 논의를
집중하고자 이하에서는 CSO와 관련된 구체적인 검토는 생략하고자 한다.

16 유수연 외, 앞의 글, 121~122면; 김동숙·유수연, 의약품 도매상 유통 구조의 문
제점과 개선방안, HIRA 정책동향 제13권, 건강보험심사평가원, 2019, 51면 등

17 만약 甲 종합병원에 의약품을 공급하기 위해서는 a라는 전납도매상을 거쳐야 한
다면, a는 甲이 제약업계에 미치는 영향력을 활용하여 이전 단계 도매상 내지는
제약회사와 우월적 지위에서 협상할 수 있는 위치를 확보하게 된다. 즉, 甲이 a를
통한 해당 의약품 유통을 결정하면 그 자체로 甲병원 소속 의사의 처방에 따라 해
당 의약품에 대한 상당한 규모의 거래가 개시될 수 있으며, 더 나아가 甲병원이
해당 의약품에 대한 처방을 실시한다는 사실은 중소 규모의 병/의원으로 해당 의
약품 처방이 지속적으로 확대되는 기회로도 연결되기 때문에, a는 상당한 정도의
구매력을 확보하게 되는 것이다. 또한 요양기관은 의약품을 판매한 후, 고시된 보
험약가를 상한으로 하여 본인의 해당 의약품 구입 금액 전액을 요양급여비용으로
상환받을 수 있으므로(국민건강보험법 제46조, 동법 시행령 제22조 제1항), 의약
품 구매가격에 대해서는 별다른 이해관계가 없게 되는바, 전납도매상을 포함한
요양기관 직전 단계의 사업자는 본인의 구매가격을 낮출수록 구매원가를 줄이게
되고, 이를 통해 판매마진을 증가시킬 수 있게 된다.

다른 사업자와 공동으로 상품 또는 용역의 가격, 거래조건, 지급조건, 거래량, 거래상대방 또는 거래지역 등을 제한하는 행위를 말하며, 공정거래법은 이러한 공동행위 중에서 부당하게 경쟁을 제한하는 행위를 부당한 공동행위로 금지하고 있다(동법 제19조).

시장에서 사업자들이 계약, 협정, 결의 기타 어떠한 방법이든지 가격, 거래조건 등 주요 경쟁요소에 대한 합의를 이룬다면 이들 사이의 경쟁이 소멸 내지 제한되는 상태가 초래되고, 이로 인해 정상적인 시장경쟁이 불가능하게 되기 때문에 공정거래법은 이를 엄격하게 규제하고 있다.

2. 입찰절차에서 부당한 공동행위 사례

의약품 도매상인 A 주식회사가, 2006년 甲대학교병원의 의약품 입찰 실시 다음 날인 2006. 6. 13. B 주식회사, C 주식회사, D 주식회사, E 주식회사, F 주식회사, G 주식회사 등(이하 'A 회사 등'이라고 한다)과 사이에 낙찰받은 도매상은 기존 제약사와 거래를 해 오던 다른 도매상으로부터 낙찰단가대로 의약품을 구매하고 병원으로부터 대금을 수령하면 그 도매상에게 낙찰단가대로 금액을 송금하기로 합의(이하 이러한 거래방식을 '도도매 거래'라고 하고, 위 합의를 '이 사건 합의'라고 한다)하고 그 무렵부터 약 1년간 이를 실행하였고, 이러한 납품방식은 위 병원의 2007년도 및 2008년도 의약품 구매입찰(이하 '이 사건 입찰'이라고 한다)에서도 큰 변동 없이 그대로 이어진 사안에서, 대법원은 위 합의로 낙찰받지 못한 도매상도 낙찰도매상과 낙찰가대로 도도매 거래를 함으로써 의약품을 납품할 수 있게 되므로 이 사건 합의에 가담한 A 회사 등 사업자들은 모두 사실상 낙찰자로서의 지위를 가지고 입찰에 참가한다고 볼 수 있어 가격경쟁으로 결정되는 낙찰자 선정의 의미를 무색하게 할 우려가 있는 점 등을 들어 입찰시장에서의 경쟁제한적 효과를 인정하는 한편, A 회사 등이 마진 없는 도도매 거래를 해야만 했던 불가피성을 인정하기 어려운 점, 이 사건 합의가 없었다면 입찰의 예정인하율보다 더 높은 낙찰인하율이 성립할 수 있었을 것으로 보이는 점 등을 들어 합의로 인한 경쟁제한적 효과보다 경쟁촉진적 요소가 더 크다고 볼 수 없으므로 이 사건 합의가 입찰 시장에서의 경쟁을 부당하게 제한하였다고 판시한 바 있다.[18]

3. 검 토

이 사건 도매상들간의 합의는 공정거래법상 부당한 공동행위 중 자주 발생 되는 형태인 '입찰담합'유형(동법 제19조 제1항 제8호)에 해당되는 사안은 아니다.[19] 즉, A 회사 등은 이 사건 입찰에 있어서 낙찰자, 투찰

---

18 대법원 2015.6.11. 선고 2013두1676 판결.
19 공정거래법 제19조(부당한 공동행위의 금지) ① 사업자는 계약·협정·결의 기타 어떠한 방법으로도 다른 사업자와 공동으로 부당하게 경쟁을 제한하는 다음 각 호의 어느 하나에 해당하는 행위를 할 것을 합의(이하 "부당한 공동행위"라 한다)하거나 다른 사업자로 하여금 이를 행하도록 하여서는 아니 된다.
  1. 가격을 결정·유지 또는 변경하는 행위
  2. 상품 또는 용역의 거래조건이나, 그 대금 또는 대가의 지급조건을 정하는 행위
  3. 상품의 생산·출고·수송 또는 거래의 제한이나 용역의 거래를 제한하는 행위
  4. 거래지역 또는 거래상대방을 제한하는 행위
  5. 생산 또는 용역의 거래를 위한 설비의 신설 또는 증설이나 장비의 도입을 방해하거나 제한하는 행위
  6. 상품 또는 용역의 생산·거래 시에 그 상품 또는 용역의 종류·규격을 제한하는 행위
  7. 영업의 주요부문을 공동으로 수행·관리하거나 수행·관리하기 위한 회사 등을 설립하는 행위
  8. 입찰 또는 경매에 있어 낙찰자, 경락자(競落者), 투찰(投札)가격, 낙찰가격 또는 경락가격, 그 밖에 대통령령으로 정하는 사항을 결정하는 행위
  9. 제1호부터 제8호까지 외의 행위로서 다른 사업자(그 행위를 한 사업자를 포함한다)의 사업활동 또는 사업내용을 방해하거나 제한함으로써 일정한 거래분야에서 경쟁을 실질적으로 제한하는 행위

가격, 낙찰가격 등을 미리 합의한 것은 아니고, 이 사건 합의가 가격, 거래조건, 시장분할 협정 등 공정거래법 제19조 제1항 제1호 내지 제7호의 구성요건에 해당되는 전형적인 부당공동행위 유형으로 보기도 어렵다. 이 사건 합의는 A 회사 등이 이 사건 입찰에 각자 응하되, 낙찰자가 甲 병원에 대한 의약품 공급권을 확보하더라도 A 회사 등이 각자 기존에 구비하고 있는 의약품 도매 유통망을 훼손하지 않는 방식으로 출혈 경쟁을 피하고 도매상으로서의 기득의 지위를 유지하고자 하는 것으로, 이는 다른 사업자의 사업 활동이나 사업내용을 방해하거나 제한하기 위한 공동행위(같은 항 제9호)[20]라고 할 것이며, 결국 부당한 공동행위 금지 규정 중 일종의 포괄규정[21]을 위반하여 해당 거래 분야에서 경쟁을 실질

---

20 구성요건 관련 동 판례(2013두1676)도 같은 입장이다. "공정거래법 제19조 제1항은 다른 사업자와 공동으로 부당하게 경쟁을 제한하는 행위를 할 것을 합의하는 '부당한 공동행위'를 금지하면서, 그 합의대상인 행위로 제9호에서 '제1호부터 제8호까지 외의 행위로서 다른 사업자(그 행위를 한 사업자를 포함한다)의 사업활동 또는 사업내용을 방해하거나 제한함으로써 일정한 거래분야에서 경쟁을 실질적으로 제한하는 행위'를 들고 있다. 나아가 어떤 공동행위가 경쟁제한성을 가지는지는 당해 상품의 특성, 소비자의 제품선택 기준, 당해 행위가 시장 및 사업자들의 경쟁에 미치는 영향 등 여러 사정을 고려하고, 당해 공동행위로 인하여 일정한 거래분야에서의 경쟁이 감소하여 가격 · 수량 · 품질 기타 거래조건 등의 결정에 영향을 미치거나 미칠 우려가 있는지를 살펴서 개별적으로 판단하여야 한다(대법원 2013. 11. 14. 선고 2012두19298 판결, 대법원 2014. 2. 27. 선고 2012두24498 판결 등 참조). 한편 당해 공동행위가 경쟁제한적 효과 외에 경쟁촉진적 효과도 함께 가져오는 경우에는 양자를 비교 · 형량하여 경쟁제한성 여부를 판단하여야 한다. 여기에서 경쟁제한적 효과는 공동행위의 내용, 공동행위에 가담한 사업자들의 시장점유율, 공동행위 가담 사업자들 사이의 경쟁제한의 정도 등을 고려하고, 경쟁촉진적 효과는 당해 공동행위로 인한 제반 비용감소 등 효율성 증대 효과 및 소비자 후생 증가 등을 포괄적으로 감안하되 합리적인 관점에서 그러한 경쟁 촉진적 효과를 발생시키는 데 당해 공동행위가 필요한지 여부 등을 종합적으로 고려하여야 한다(대법원 2013. 11. 14. 선고 2012두19298 판결 참조)."

21 공정거래법 제19조 제1항 각 호의 문언상 이는 예시규정으로 보기는 어렵고 열거규정으로 보는 것이 타당한데, 동항 제9호의 내용이 매우 포괄적이므로 새로운 유형의 공동행위를 어느 정도까지는 포섭할 수 있을 것이나, 입법론상으로는 점차 다양화 · 복잡화하고 있는 공동행위를 효과적으로 규제할 수 있도록 공동행위의

적으로 제한하는 행위로 규제된 경우라고 할 것이다.

우리나라 제약 유통 분야는 영세한 도매상들이 난립하고 있으나, 품목들은 대체로 제네릭(복제약) 중심으로 품질 경쟁력은 미흡하여 도매 유통시장에서의 경쟁은 치열한 상황인바, 도매상들이 대학병원 입찰에서 출혈경쟁을 피하자는 일치된 이해관계가 형성되면서 이런 유형의 담합까지 이뤄진 것으로 볼 수 있다. 제약 유통시장에서의 경쟁의 본질을 훼손하는 이러한 부당한 공동행위에 대해서는 규제를 더욱 강화하는 것이 중요하다고 할 것이며, 근본적으로는 도매상 설립 및 운영기준을 강화하고 업체들간의 M&A 기타 구조조정을 촉진하여 우량 도매상들의 실질적인 경쟁을 활성화하고 투명성을 강화하는 방안에 대한 진지한 검토도 필요한 시점으로 판단된다.

IV. 의약품 도매상을 통한 부당한 고객유인행위

1. 공정거래법상 부당한 고객유인행위에 대한 규제

공정거래법 제23조 제1항은 ① 다음 각호의 어느 하나에 해당하는 행위로서 ② 공정한 거래를 저해할 우려가 있는 행위를 금지하고 있는바,[22] ① 동조 각 호의 어느 유형에 해당되고, ② 이른바 '공정거래저해

유형을 법률에 한정적으로 열거하는 태도를 버리고 이를 포괄적으로 금지하는 일반규정을 도입하자는 견해로는 권오승·서정, 독점규제법, 법문사, 2018, 267~268면 참조.

22 공정거래법 제23조(불공정거래행위의 금지) ① 사업자는 다음 각 호의 어느 하나에 해당하는 행위로서 공정한 거래를 저해할 우려가 있는 행위(이하 "不公正去來行爲"라 한다)를 하거나, 계열회사 또는 다른 사업자로 하여금 이를 행하도록 하여서는 아니 된다.
3. 부당하게 경쟁자의 고객을 자기와 거래하도록 유인하거나 강제하는 행위
8. 제1호 내지 제7호 이외의 행위로서 공정한 거래를 저해할 우려가 있는 행위

성'23이 인정된다면 동조에 따른 불공정거래행위가 성립하게 된다.

불공정 거래행위 구성요건 중 부당한 고객유인행위란 부당하게 경쟁자의 고객을 자기와 거래하도록 유인하는 행위를 말하고(동법 제23조 제1항 제3호 전단), 세부적으로는 (i) 부당한 이익에 의한 고객유인, (ii) 위계에 의한 고객유인, (iii) 기타의 고객유인으로 구분되며, 부당한 이익에 의한 고객유인행위란, '① 정상적인 거래관행에 비추어 부당하거나 과다한 이익을 제공 또는 제공할 제의를 하여 경쟁사업자의 고객을 자기와 거래하도록 유인하는 행위로서 ② 공정한 거래를 저해할 우려가 있는 행위'를 의미한다. 제약업계에서 제약사 내지 도매상 등이 자기 의약품의 판매를 증대시킬 목적으로 의료인에게 허용되지 않는 방식으로 골

---

③ 불공정거래행위의 유형 또는 기준은 대통령령으로 정한다.
동법 시행령 제36조(불공정거래행위의 지정) ① 법 제23조(불공정거래행위의 금지) 제3항에 따른 불공정거래행위의 유형 또는 기준은 별표 1의2와 같다.
동법 시행령 [별표 1의2] 불공정거래행위의 유형 및 기준 (제36조 제1항 관련)
4. 부당한 고객유인
법 제23조(불공정거래행위의 금지) 제1항 제3호 전단에서 "부당하게 경쟁자의 고객을 자기와 거래하도록 유인하는 행위"라 함은 다음 각목의 1에 해당하는 행위를 말한다.
가. 부당한 이익에 의한 고객유인
　　정상적인 거래관행에 비추어 부당하거나 과대한 이익을 제공 또는 제공할 제의를 하여 경쟁사업자의 고객을 자기와 거래하도록 유인하는 행위
나. 위계에 의한 고객유인 (내용 생략)
다. 기타의 부당한 고객유인 (내용 생략)
23 불공정 거래행위의 구성요건인 "공정거래저해성"이란, (1) 경쟁제한성과 (2) 불공정성(unfairness)을 포함하는 개념이며, (1) 경쟁제한성이란 당해 행위로 인한 시장 경쟁의 정도 또는 경쟁사업자(잠재적 경쟁 사업자 포함)의 수가 유의미한 수준으로 줄어들거나 줄어들 우려가 있음을 의미하고, (2) 불공정성(unfairness)이란 ① 경쟁수단 또는 ② 거래내용이 정당하지 않음을 의미한다. 이때 ① 경쟁수단의 불공정성은 상품 또는 용역의 가격과 질 이외에 바람직하지 않은 경쟁수단을 사용함으로써 정당한 경쟁을 저해하거나 저해할 우려가 있음을 의미하며, ② 거래내용의 불공정성이라 함은 거래상대방의 자유로운 의사결정을 저해하거나 불이익을 강요함으로써 공정거래의 기반이 침해되거나 침해될 우려가 있음을 의미한다[공정거래위원회, 불공정거래행위 심사지침, III(2)].

프접대, 식사접대, 학회지원, 경제적 이익 등을 제공하는 행위는 부당한 이익에 의한 고객유인행위의 대표적인 사례 중 하나로 볼 수 있다.[24]

2. 의료인에 대한 부당한 고객유인행위 관련 보건의료법규에 따른 규제 일반론

의약품 거래 과정에서 의료인에 대한 경제적 이익 제공행위를 규제하는 대표적인 법은 약사법이다. 즉, 약사법 제47조 제2항은 의약품 공급자에게 의약품의 채택·처방유도·거래유지 등 판매촉진을 목적으로 의료인 등에게 금전, 편익 기타 경제적 이익 등을 제공하거나, 의료인 등으로 하여금 요양기관이 경제적 이익 등을 취득하게 하는 행위를 원칙적으로 금지하고 있으며, 다만, 예외적으로 견본품 제공 등의 행위로 보건복지부령의 정하는 범위 안의 경제적 이익 등을 제공하는 경우만 허용하고 있다.[25]

---

24 공정거래위원회의 불공정거래행위 심사지침도 제약업계를 리베이트를 부당한 이익에 의한 고객유인행위의 대표사례로 언급하고 있다(동 지침 V.4.가.(3)〈구체적 예시〉③ : 제약회사가 자사의 약품채택이나 처방증대를 위하여 병원이나 의사에게 리베이트 제공, 과다접대 등을 하는 행위).

25 약사법 제47조(의약품 등의 판매 질서)
  ② 의약품공급자(법인의 대표자나 이사, 그 밖에 이에 종사하는 자를 포함하고, 법인이 아닌 경우 그 종사자를 포함한다. 이하 이 조에서 같다)는 의약품 채택·처방유도·거래유지 등 판매촉진을 목적으로 약사·한약사(해당 약국 종사자를 포함한다. 이하 이 조에서 같다)·의료인·의료기관 개설자(법인의 대표자나 이사, 그 밖에 이에 종사하는 자를 포함한다. 이하 이 조에서 같다) 또는 의료기관 종사자에게 금전, 물품, 편익, 노무, 향응, 그 밖의 경제적 이익(이하 "경제적 이익 등"이라 한다)을 제공하거나 약사·한약사·의료인·의료기관 개설자 또는 의료기관 종사자로 하여금 약국 또는 의료기관이 경제적 이익 등을 취득하게 하여서는 아니 된다. 다만, 견본품 제공, 학술대회 지원, 임상시험 지원, 제품설명회, 대금결제조건에 따른 비용할인, 시판 후 조사 등의 행위(이하 "견본품 제공 등의 행위"라 한다)로서 식품의약품안전처장과 협의하여 보건복지부령으로 정하는 범위 안의 경제적 이익 등인 경우에는 그러하지 아니하다. 〈신설 2010. 5. 27, 2013. 3. 23, 2015. 12. 22, 2015. 12. 29〉

그리고 의료법 제23조의5 제1항은 의료인 등에게 약사법 제47조의 제2항에 따른 의약품 공급자로부터 허용되지 않은 경제적 이익 등을 취득하는 행위를 금지하고 있고,[26] 약사법 제47조 제3항은 약사 등에게도 같은 의무를 부여하고 있다.

공정거래위원회 등 규제 당국은 이러한 법규에 근거하여 제약회사가 의료인에게 부당한 경제적 이익 등을 제공하는 행위를 지속적으로 규제하고 있으며, 이에 따라 관련 실무 사례도 축적되고 있다.[27]

한편, 최근에는 도매거래를 통한 리베이트 제공행위에 대해 업무상 횡령죄와 같은 형사책임까지 적용하면서 중형이 선고된 사안이 있었는바, 해당 판례를 통해 도매거래를 활용한 음성적인 리베이트 제공행위

---

③ **약사 또는 한약사는** 의약품공급자로부터 의약품 채택·처방유도·거래유지 등 판매촉진을 목적으로 제공되는 경제적 이익 등을 제공받거나 약국이 경제적 이익 등을 취득하게 하여서는 아니 된다. 다만, 견본품 제공 등의 행위로서 식품의약품안전처장과 협의하여 보건복지부령으로 정하는 범위 안의 경제적 이익 등인 경우에는 그러하지 아니하다.

및 동법 시행규칙 제44조 제4항, [별표2] 허용되는 경제적 이익등의 범위(제44조 제4항 관련) 참조.

26 의료법 제23조의5(부당한 경제적 이익 등의 취득 금지) ① 의료인, 의료기관 개설자(법인의 대표자, 이사, 그 밖에 이에 종사하는 자를 포함한다. 이하 이 조에서 같다) 및 의료기관 종사자는 「약사법」 제47조제2항에 따른 의약품공급자로부터 의약품 채택·처방유도·거래유지 등 판매촉진을 목적으로 제공되는 금전, 물품, 편익, 노무, 향응, 그 밖의 경제적 이익(이하 "경제적 이익 등"이라 한다)을 받거나 의료기관으로 하여금 받게 하여서는 아니 된다. 다만, 견본품 제공, 학술대회 지원, 임상시험 지원, 제품설명회, 대금결제조건에 따른 비용할인, 시판 후 조사 등의 행위(이하 "견본품 제공 등의 행위"라 한다)로서 보건복지부령으로 정하는 범위 안의 경제적 이익 등인 경우에는 그러하지 아니하다.

및 동법 시행규칙 제16조의5(경제적 이익 등의 범위), [별표2의3] 허용되는 경제적 이익 등의 범위(제16조5 관련) 참조.

27 대법원 2016.12.1. 선고 2014도17823 판결, 서울고법 2008.11.5. 선고 2008누2462 판결, 서울고법 2009.5.14. 선고 2008누2530 판결, 서울고법 2011.4.8. 선고 2010누37775 판결, 서울고법 2011.6.2. 선고 2009누15557 판결, 서울고등법원 2012.2.3. 선고 2010누43466 판결, 공정거래위원회 2014.3.3. 의결 제2014-042호 등 외 다수

의 문제점에 대해서 살펴보고자 한다.

3. 의약품 도매거래를 활용한 부당한 고객유인행위 사례

A제약회사 소속 직원들과 A제약회사와 거래하는 B도매상이 사전 약정에 따라 (i) 동 직원들은 B도매상에게 판매장려금으로 지급한 것으로 회계처리만 하고 B도매상으로부터 위 돈을 돌려받아 의료인 등에 대한 리베이트 제공에 사용하거나, (ii) B도매상에 추가 마진을 제공했다가 이를 돌려받아 리베이트 제공에 사용하거나, (iii) B도매상이 요양기관에게 향후 A제약회사로부터 지급받을 매출액에 따른 사후 할인액의 범위 내에서 리베이트를 먼저 제공하고 나중에 B도매상이 A제약회사에게 지급해야 하는 의약품 구매대금에서 리베이트 제공액 등을 할인받은 행위 등이 문제 된 사안에서, 법원은 해당 제약회사 관련자들에게 약사법 위반죄의 성립을 인정하였음은 물론, 이러한 방식으로 조성된 리베이트 자금은 피해자인 A제약회사 소유의 금전이고, A제약회사 직원들과 도매상은 A제약회사의 재물을 보관하는 자에 해당한다고 하면서 업무상 횡령죄의 공범 성립도 인정한 바 있다.[28][29]

---

28 부산고법 2018.12.27.선고 2018노423 판결. 이 판결은 대법원 2019.7.4. 선고 2019도1071 판결로 그대로 확정되었다.

29 참고로 위 (iii) 유형의 경우에도 피해자인 A제약회사 직원들 내지 도매상에게 업무상 횡령죄의 보관자의 지위가 인정될 것인지가 쟁점이 되었으나, 법원은 "설령 도매상들이 피해회사들과의 관계에서 위탁매매인 내지 이에 준하는 지위에 있지 않더라도, 피해회사의 직원들이 병·의원 측과 리베이트 제공 액수 및 방법에 관하여 협의하고, 도매상들과는 리베이트로 제공하는 금액을 사후 할인 방식으로 지원해 주기로 사전에 약정한 이상, 실제로 리베이트를 전달한 도매상들은 리베이트 제공 주체인 피해회사 직원들의 수족과 같은 역할을 한 것에 불과하다고 보아야 한다. 따라서 도매상들이 리베이트 전달 역할을 수행하는 과정에서 일시적으로 자신들의 자금을 융통하였다고 하여 그 사정만으로 피해회사 직원들의 보관자 지위가 부정될 수 없다 … (중략) … 일단 피해회사에게 약품대금 전액의 소유권이 귀속되고, 곧바로 사전약정에 따라 도매상들이 위 직원들로부터 사후할인액

4. 검 토

아직까지는 국내 제약업계의 경쟁 현황은 대체로 성분과 효능이 동일한 제네릭(복제약)을 중심으로 이뤄지고 있고, 건강보험 급여 대상 의약품 중 의사의 처방이 필요한 전문의약품 비중이 90%를 초과하고 있으므로, 의료인의 처방이 제약회사의 매출에 미치는 영향력은 매우 크다. 그래서 제약회사의 의료인에 대한 리베이트 제공은 과거부터 제약업계의 오래된 문제로 지적되었고, 공정거래법, 약사법, 의료법 위반 사례 등이 지속적으로 발견되었으며 제재 수위를 강화하는 관련 법령의 개정 작업도 이뤄지고 있다. 그런데 최근에는 리베이트에 대한 제재를 피하기 위하여 제약회사가 직접 의료인에게 경제적 이익 등을 제공하는 전통적인 방식에서 벗어나 도매상을 통해 우회적으로 리베이트를 제공하는 사례도 발생되자 업무상 횡령과 같은 상당히 높은 수준의 처벌까지 이뤄졌는바, 동 판례 이후 제약업계의 자정 노력은 강화되고 있으며, 주요 제약사들을 중심으로 진일보한 CP 정책이 실행되고 있는 점은 다행이다. 다만, 전문의약품의 경우 도매거래의 비중이 절대적이므로 도매거래를 활용한 리베이트 제공 관행이 근절될 때까지 감독 당국은 이를 예의주시할 필요가 있다고 사료되며, 유관기관 간의 공조를 통한 관리감독 역시 계속 강화될 것으로 예상된다.

상당의 약품대금을 돌려받는 횡령과정이 생략되었다고 볼 수 있다. 따라서 도매상들이 사후적으로 할인받은 약품대금은 피해회사의 소유인 타인의 재물에 해당하고, 도매상들이 우선 자신의 자금으로 리베이트를 제공하였는지 여부와는 상관없이 피해회사 직원들과 도매상들은 업무상횡령 범행의 공범으로서 타인의 재물을 보관하는 자의 지위를 인정할 수 있다"고 판시하였다(부산고법 2018노423 판결).

V. 의약품 도매상에 대한 재판매가격 유지행위

1. 공정거래법상 재판매가격 유지행위에 대한 규제

(1) 의 의

재판매가격 유지행위란 "사업자가 상품 또는 용역을 거래함에 있어서 거래상대방인 사업자 또는 그 다음 거래단계별 사업자에 대하여 거래가격을 정하여 그 가격대로 판매 또는 제공할 것을 강제하거나 이를 위하여 규약 기타 구속조건을 붙여 거래하는 행위"를 의미한다(공정거래법 제2조 제6호). 일반적으로 재판매가격 유지행위는 유통과정에서 해당 브랜드 판매업자들 간의 경쟁(=브랜드 내 경쟁)을 제한하는 경쟁제한적 효과와 다른 브랜드 간의 경쟁(=브랜드 간 경쟁)은 촉진한다는 경쟁촉진적 효과도 병존한다고 평가된다.[30] 공정거래법은 사업자에게 재판매가격유지행위를 금지시키고 있으며, 다만, 상품이나 용역을 일정한 가격 이상으로 거래하지 못하도록 하는 최고가격유지행위로서 정당한 이유가 있는 경우에는 예외적으로 허용하고 있다(공정거래법 제29조 제1항).

(2) 최저가격유지행위와 최고가격유지행위 규제 현황

공정거래법은 초기에는 재판매가격유지행위는 최저가격유지행위[31] 및 최고가격유지행위[32] 모두를 금지하였으나, 2010년 이후 법 개정을

---

30 권오승 · 서정, 앞의 책, 제597~599면; 김형배, 공정거래법의 이론과 실제, 삼일, 2019, 제431~442면.

31 「최저가격유지행위」란 거래상대방인 사업자 또는 그 다음 거래단계별 사업자로 하여금 당해 상품 또는 용역을 판매(공급)할 때 최저가격을 준수하도록 강제하거나 규약 또는 구속조건을 붙이는 행위를 말한다(공정거래위원회, 재판매가격유지행위 심사지침 3. 가. 참조).

32 「최고가격유지행위」란 거래상대방인 사업자 또는 그 다음 거래단계별 사업자로

통해 최고가격유지행위로서 정당한 이유가 있는 경우에는 예외적으로 허용(공정거래법 제29조 제1항 단서)하는 것으로 규정하고 있다.[33] 법 규정을 문언적으로만 살펴본다면, 재판매가격유지행위 중 최저가격유지행위는 이른바 '당연위법의 원칙(per se illegal)'이 적용되고, 최고가격유지행위는 이른바 '합리의 원칙(rule of reason)'에 따라 위법성이 판단되어야 한다는 것으로 해석된다. 그러나 2007년 미연방대법원이 재판매가격유지행위 중 최저가격유지행위에 대해 친경쟁적 효과 및 반경쟁적 효과를 모두 가질 수 있으므로 합리의 원칙에 따라 위법성이 판단되어야 한다고 판시하였고,[34] 2010년 우리나라 대법원 역시 최저가격유지행위라도 관련 상품시장에서의 경쟁촉진적 효과에 따라 예외적으로 허용될 수 있다는 취지로 판시[35]한 이후, 재판매가격유지행위 중 최고가격유

하여금 당해 상품 또는 용역을 판매(공급)할 때 지정된 가격수준을 초과하지 아니하도록 강제하거나 규약 또는 구속조건을 붙이는 행위를 말한다(공정거래위원회, 같은 지침 3.나. 참조).

33 참고로 미국의 Khan판결에서는 최고가격유지행위의 위법여부가 쟁점이 되었는데, 석유회사가 주유소에 석유를 공급하면서 일정한 가격 이하로는 판매하는 것을 금지하고, 이를 위반한 주유소에 대해 석유 공급을 중단한 행위의 위법성이 문제된 사안과 관련하여, 미연방대법원은 이러한 가격 제한은 브랜드 내 가격경쟁을 제한하지만, 브랜드 간 가격경쟁을 촉진할 수 있다고 설시하면서, 해당 사안에서 이를 위법하다고 판단할 만한 사유가 입증되지 않았다고 판시한 바 있다(State Oil Co. v. Khan, 521 U.S. 877(1997)).

34 Leegin Creative Leather Products, Inc v. PSKS, Inc., 551. U.S. 877(2007). 이는 가죽제품 판매 사업자인 Leegin사가 핸드백/신발 유통업체인 PSKS사에게 일정한 가격이하로 판매하지 말도록 하였는데, PSKS사가 이를 위반하자 상품공급을 거절한 행위가 문제 된 사안이다.

35 대법원 2010.11.25. 선고 2009두9543 판결. H제약회사가 2003.1.1.~2007.5.31. 도매상들과 거래하면서 도매상들이 동사 제품을 요양기관에 공급할 때 그 가격을 보험약가(약가 상한액)로 공급하도록 강제한 행위가 문제 된 사안에서, 대법원은 "공정거래법의 입법 목적과 재판매가격유지행위를 금지하는 취지에 비추어 볼 때, 최저재판매가격유지행위가 당해 상표 내의 경쟁을 제한하는 것으로 보이는 경우라 할지라도, 시장의 구체적 상황에 따라 그 행위가 관련 상품시장에서의 상표 간 경쟁을 촉진하여 결과적으로 소비자후생을 증대하는 등 정당한 이유가 있는 경우에는 이를 예외적으로 허용하여야 할 필요가 있다. 그리고 그와 같은 정당

지행위는 물론 최저가격유지행위에도 합리의 원칙을 적용하는 것에 대한 논의가 활발하게 전개되었고,[36] 공정거래위원회도 이러한 대법원 판례를 반영하여 2016년 재판매가격유지행위 심사지침 개정을 통해 최저가격유지행위도 예외적으로 허용될 수 있다는 점을 명시적으로 규정하였으며,[37] 2019년 개정된 현행 지침도 이와 동일하다.[38] 현재 재판매가

한 이유가 있는지 여부는 관련시장에서 상표 간 경쟁이 활성화되어 있는지 여부, 그 행위로 인하여 유통업자들의 소비자에 대한 가격 이외의 서비스 경쟁이 촉진되는지 여부, 소비자의 상품 선택이 다양화되는지 여부, 신규사업자로 하여금 유통망을 원활히 확보함으로써 관련 상품시장에 쉽게 진입할 수 있도록 하는지 여부 등을 종합적으로 고려하여야 할 것이며, 이에 관한 증명책임은 관련 규정의 취지상 사업자에게 있다고 보아야 한다."고 판시하였다.

36 손태진, 재판매가격유지행위의 위법성 판단기준, 경쟁저널, 한국공정경쟁연합회, 2012; 이호영, 공정거래법상 재판매가격유지행위 규제의 입법적 개선, 비교사법, 2012, 나영숙, 재판매가격유지행위의 개선방향, 비교사법, 2015 등

37 재판매가격유지행위 심사지침(시행 2016.6.30.)[공정거래위원회예규 제249호, 2016.6.30., 폐지제정]

3. 위법성 심사기준

가. 최저가격유지행위

(1) 대상행위

거래상대방인 사업자 또는 그 다음 거래단계별 사업자에 대하여 최저가격을 설정하는 행위가 대상이 된다.

(2) 위법성의 판단기준

(가) 최저가격 유지행위는 유통단계에서의 가격 경쟁을 제한하고 사업자의 자율성을 침해하므로 원칙적으로 위법한 것으로 본다.

(나) 다만, 최저가격 유지행위가 시장의 구체적인 상황에 따라 브랜드 간 경쟁을 촉진하여 결과적으로 소비자 후생을 증대하는 등 정당한 이유가 있는 경우에는 예외적으로 위법하지 아니하다.

(다) 정당한 이유가 있는지 여부를 판단할 때는 관련시장에서 브랜드 간 경쟁이 활성화되어 있는지 여부, 그 행위로 인하여 유통업자들의 서비스 경쟁이 촉진되는지 여부, 소비자의 상품 선택이 다양화되는지 여부, 신규 사업자로 하여금 유통망을 원활히 확보함으로써 관련 상품시장에 쉽게 진입할 수 있도록 하는지 여부 등을 종합적으로 고려한다.

(라) 정당한 이유가 있는지 여부에 대한 입증책임은 원칙적으로 사업자에게 있다.

(3) 법 위반에 해당할 수 있는 행위(예시)

(가) 시장에서 유력한 지위를 가진 제조업자가 거래상대방인 사업자 또는 그 다

격유지행위에 대한 규제 실무는 재판매가격유지행위의 유형을 불문하고 소비자 후생 증대 효과가 경쟁제한 효과보다 크다고 인정되는 경우에는 예외적으로 허용될 수 있다는 입장으로 판단된다. 다만, 공정거래법상 관련 규정에 대한 개정논의 이후 실제로 개정작업이 이뤄지지 못한 부분은 아쉬운 대목이다.

2. 의약품에 대한 최고 유통가격 및 최저 유통가격에 대한 규제

(1) 보험약가(보험상한액) 고시금액에 따른 최고 판매가격 설정

국내에서 요양기관의 의약품 구입비용은 이른바 실거래가 상환제도에 따라 요양기관의 실제 의약품을 구입한 금액으로 결정되나, 만약 해당 의약품 구입비용이 보건복지부장관이 심의위원회의 심의를 거쳐 해당 약제의 상한으로 고시하는 금액인 보험약가를 초과하는 경우는 보험약가를 그 상한으로 하는바, 요양급여에 따른 의약품은 국민건강보험법에 따라 사실상 최고가격 설정이 이뤄진다(동법 제46조, 동법 시행령 제22조 참조[39]).[40] 이는 의약품이 보유한 공공적 요소, 제한된 의료보험 재

음 거래단계별 사업자에 대하여 판매가격을 지정하여 판매하도록 하는 경우
㈏ 유통업자가 경쟁 유통업자의 가격할인을 억제하기 위해 제조업자에게 유통가격을 지정하도록 요청하여 최저재판매가격유지행위가 실시된 경우

38 참고로 현행 심사지침은 2019.3.12.자로 시행 중이나[공정거래위원회 예규 제316호], 위 각주 37)의 인용 부분은 동일하며, 예외적으로 허용되는 경우의 정당한 이유에 대한 판단기준은 위 대법원 판시(2009두9543)내용을 그대로 활용하고 있다.

39 국민건강보험법 제46조(약제·치료재료에 대한 요양급여비용의 산정) 제41조 제1항 제2호의 약제·치료재료(이하 "약제·치료재료"라 한다)에 대한 요양급여비용은 제45조에도 불구하고 요양기관의 약제·치료재료 구입금액 등을 고려하여 대통령령으로 정하는 바에 따라 달리 산정할 수 있다.
동법 시행령 제22조(약제·치료재료의 요양급여비용)
① 법 제46조에 따라 법 제41조제1항제2호의 약제·치료재료(제21조 제2항 및 제3항에 따른 상대가치점수가 적용되는 약제·치료재료는 제외한다. 이하 이 조에서 같다)에 대한 요양급여비용은 다음 각 호의 구분에 따라 결정한다. 이 경우 購入금액(요양기관이 해당 약제 및 치료재료를 구입한 금액을 말한다. 이하 이 조에

정 등에 따른 정책적 고려라고 볼 수 있다.

(2) 구입가격에 따른 최저 판매가격 설정

현행 약사법 시행규칙(이하 '현행 시행규칙') 제44조는 의약품 유통관리 및 판매질서 유지를 위한 준수사항으로 의약품 도매상 등은 자신이 이전 단계 사업자로부터 실제로 구입한 가격(사후 할인을 받았거나 의약품 일부를 무상으로 제공받는 등으로 할인을 받았다면 그러한 할인가격까지 반영한 가격) 미만으로 다음 단계 사업자에게 의약품을 판매하는 행위를 금지하고 있다.[41]

서 같다)이 상한금액(보건복지부장관이 심의위원회의 심의를 거쳐 해당 약제 및 치료재료별 요양급여비용의 상한으로 고시하는 금액을 말한다. 이하 같다)보다 많을 때에는 구입금액은 상한금액과 같은 금액으로 한다.

1. 한약제: 상한금액
2. 한약제 외의 약제: 구입금액
3. 삭제 〈2014.8.29〉
4. 치료재료: 구입금액

② 제1항에 따른 약제 및 치료재료에 대한 요양급여비용의 결정 기준·절차, 그 밖에 필요한 사항은 보건복지부장관이 정하여 고시한다.

40 보험약가는 보건복지부의 보험약가 고시를 통해 최종적으로 확정된다.

41 약사법 제47조(의약품 등의 판매 질서) ① 다음 각 호의 어느 하나에 해당하는 자는 의약품 등의 유통 체계 확립과 판매 질서 유지를 위하여 다음 사항을 지켜야 한다.

　4. 의약품공급자, 약국 등의 개설자 및 그 밖에 이 법에 따라 의약품을 판매할 수 있는 자는 다음 각 목의 사항을 준수하여야 한다.

　　가. 불량·위해 의약품 유통 금지, 의약품 도매상의 의약품 유통품질관리기준 준수 등 의약품 등의 안전 및 품질 관련 유통관리에 관한 사항으로서 총리령으로 정하는 사항

　　나. 매점매석(買占賣惜) 등 시장 질서를 어지럽히는 행위, 약국의 명칭 등으로 소비자를 유인하는 행위나 의약품의 조제·판매 제한을 넘어서는 행위를 금지하는 등 의약품 유통관리 및 판매질서 유지와 관련한 사항으로서 보건복지부령으로 정하는 사항

동법 시행규칙 제44조(의약품 유통관리 및 판매질서 유지를 위한 준수사항) ① 법 제47조 제1항 제4호 나목에 따라 의약품의 품목허가를 받은 자, 수입자, 의약품 도매상(이하 "의약품공급자"라 한다), 약국등의 개설자, 그 밖에 법의 규정에 따라

참고로 과거에 약사법 시행규칙(1999.1.6. 보건복지부령 제92호로 개정
되기 전의 것, 이하 '기존 시행규칙')은 현행 시행규칙과 같이 도매상 등에
대한 구입가 미만 판매행위를 직접적으로 규제하지는 않았고, '부당한
방법이나 가격으로 의약품을 판매'하는 것을 규제하는 규정만 두고 있
었으나,[42] 1999년 개정된 구 약사법 시행규칙 (1999.10.1. 보건복지부령
제134호로 개정되기 전의 것, 이하 '구 시행규칙')은 현행 시행규칙과 같이
구입가 미만 판매행위에 대한 직접적인 규제 근거를 마련했으며,[43][44]

의약품을 판매할 수 있는 자는 매점매석 등 시장질서를 어지럽히는 행위를 방지
하기 위하여 다음 각 호의 사항을 준수하여야 한다.
2. 의약품 도매상 또는 약국 등의 개설자는 현상품(懸賞品)·사은품 등 경품류를
   제공하거나 소비자·환자 등을 유치하기 위하여 호객행위를 하는 등의 부당한
   방법이나 실제로 구입한 가격(사후 할인이나 의약품의 일부를 무상으로 제공
   받는 등의 방법을 통하여 구입한 경우에는 이를 반영하여 환산한 가격을 말한
   다) 미만으로 의약품을 판매하여 의약품 시장질서를 어지럽히거나 소비자를
   유인하지 아니할 것

42 기존 시행규칙 (약사법 시행규칙 일부개정 1998. 9. 23. [보건복지부령 제78호, 시
    행 1998. 9. 23.])
    제57조(의약품 등의 유통체계확립 및 판매질서유지를 위한 준수사항) ① 법 제38
    조의 규정에 의하여 약국개설자·의약품제조업자·수입자 및 의약품판매업자 기
    타 법의 규정에 의하여 의약품을 판매할 수 있는 자는 의약품의 유통체계를 확립
    하기 위하여 다음 각호의 사항을 준수하여야 한다.
    (중략)
    5. 의약품의 제조업자·수입자 및 도매상은 의료기관·약국 등의 개설자에게 의
       약품 판매촉진의 목적으로 현상품·사은품등 경품류를 제공하지 아니할 것.
    6. 부당한 방법이나 가격으로 의약품을 판매하여 의약품 시장질서를 어지럽히거
       나 소비자를 유인하지 아니할 것.
43 구 시행규칙 (약사법시행규칙 일부개정 1999. 1. 6. [보건복지부령 제92호, 시행
    1999. 1. 20.])
    제57조(의약품등의 유통체계확립 및 판매질서유지를 위한 준수사항) ① 법 제38
    조의 규정에 의하여 약국개설자·의약품제조업자·수입자 및 의약품판매업자 기
    타 법의 규정에 의하여 의약품을 판매할 수 있는 자는 의약품의 유통체계를 확립
    하기 위하여 다음 각호의 사항을 준수하여야 한다.
    (중략)
    5. 의약품의 제조업자·수입자 및 도매상은 의료기관·약국 등의 개설자에게 의
       약품 판매촉진의 목적으로 현상품·사은품등 경품류를 제공하지 아니할 것.

이는 현행 시행규칙까지 동일하게 유지되고 있다.[45]

   이미 살펴본 바와 같이 약사법은 의약품 유통과정에서 의약품 공급자의 판매촉진을 목적으로 한 의료인 등에 대한 경제적 이익 제공을 통한 의약품 유통질서 문란행위(이른바 '리베이트' 제공 행위)를 엄격히 규제하고 있다(동법 제47조 제2항). 의약품 유통과정에서 도매상 등에게 자신의 구입가 미만으로 판매가격을 설정하여 판매하는 것을 금지하는 것은, 만약 ① 거래상대방이 도매상이라면 거래상대방이 해당 거래를 리베이트 자금을 확보하는 수단으로 활용할 수 있고, ② 거래상대방이 요양기관이라면 동 판매행위 자체로 리베이트 제공이 문제될 수 있다는 점 등을 고려한 정책적 고려가 담겨 있다고 보인다. 기존 시행규칙, 구 시행규칙, 현행 시행규칙이 개정 과정을 거치면서도 결과적으로 "① 의약품 시장질서를 어지럽히거나 ② 소비자를 유인하는 행위를 하지 않을 것"이라는 점은 동일하게 규정하고 있는바, 이는 이러한 취지가 반영된 것이라고 판단된다.

---

   6. 의약품도매상 또는 약국 등의 개설자는 현상품·사은품 등 경품류를 제공하는 등의 부당한 방법이나 실제로 구입한 가격(사후 할인이나 의약품의 일부를 무상으로 제공받는 등의 방법을 통하여 구입한 경우에는 이를 반영하여 환산한 가격을 말한다)미만으로 의약품을 판매하여 의약품 시장질서를 어지럽히거나 소비자를 유인하지 아니할 것.
44 구 시행규칙으로의 개정이유는 다음과 같다.
   "행정규제 기본법에 의한 규제정비계획에 따라 1999년 1월 20일부터 의약품의 제조업자 또는 수입자가 정하던 의약품 표준 소매 가격 제도를 폐지하고, 약국 등의 개설자가 의약품을 실제로 구입한 가격 이상이면 그 판매가격을 자유롭게 정하여 표시하도록 하는 한편, 종전의 규정에 의하여 표준소매가격이 표시된 의약품은 1999년 2월 28일까지 개정된 기준에 맞게 판매가격을 표시하도록 하되, 의약품의 제조업자 또는 수입자는 표준소매가격이 이미 인쇄된 용기·포장을 1999년 6월 30일까지 사용할 수 있도록 하려는 것임." (출처: https://glaw.scourt.go.kr/wsjo/lawod/sjo190.do?contId=1730194#0057001)
45 1999년 구 시행규칙 개정 이후에는 의약품 등의 유통과정에서의 가격설정행위에 대한 규제는 그 조항 간의 이동 내지는 규정 형식의 변경만 있었을 뿐, 그 규제 내용은 동일하게 유지되고 있다.

3. 의약품 유통과정에서의 재판매가격 유지행위 사례

제약회사가 도매상들과 도매거래 약정서를 체결하면서, 도매상이 제약회사로부터 공급받은 보험의약품을 보험약가(보험상한액)로 출하하도록 하고, 도매상이 이를 위반하는 경우 제약회사가 일방적으로 거래를 중단하고 손해배상을 청구할 수 있는 재판매가격유지 조항을 정하였고, 실제 그 재판매가격을 지키지 아니한 도매상들에게 제약회사가 거래 정리, 각서 수취, 재발방지 약속 등의 제재를 가하여 재판매가격 유지조항이 실질적으로 구속력이 있었던 사안에서, 법원은 최저재판매가격유지행위도 관련 상품시장에서의 상표 간 경쟁을 촉진하여 결과적으로 소비자후생을 증대하는 등 정당한 이유가 있는 경우에는 이를 예외적으로 허용하여야 할 필요가 있고, 이러한 정당한 이유에 대한 입증책임은 해당 사업자에게 있다는 법리를 제시하면서도, 다만 해당 사안에서는 당해 제약사가 보험약가(보험상한액)를 최저 재판매가격으로 유지한 행위는 경쟁을 통한 보험약가인하를 막는 결과로 이어지며, 그로 인한 부담은 결국 최종 소비자에게 전가되는 행위로 정당한 이유가 없는 재판매가격 유지행위라고 판시하였다(대법원 2010.11.25.선고 2009두9543 판결).

4. 검 토

(1) 실무의 태도

2010년 대법원이 최저재판매가격유지행위도 정당한 이유가 존재하면 허용될 수 있다는 법리를 제시하였다는 점은 이미 살펴본 바와 같으나, 구체적 사안에서 공정거래위원회나 법원이 재판매가격유지행위의 정당한 이유를 인정한 사례는 확인하기 어려우며, 공정거래법규상 명시적으로 재판매가격유지행위가 허용되는 경우는 출판문화산업 진흥법이 적용 대상 간행물, 신문 등의 진흥에 관한 법률상 일반일간신문 및 특수 일간신문이 존재할 뿐이다(공정거래법 제29조 제2항, 동법 시행령 제43조 참조).

현재 의약품은 매년 실거래가 조사를 실시하여 산출된 가중평균가격과 기준상한금액(고시된 보험약가)을 비교하여 가중평균가격이 기준상한금액보다 낮으면 기준상한금액을 동 가중평균가격으로 낮추는 방식으로 약가를 인하하고 있는바,[46] (비록 의약품 구매가격에 대해 별다른 이해관계가 없는 요양기관은 보험약가(보험상한액)로 의약품을 구입하고 동 구입금액을 요양급여비용으로 청구하는 경우가 통상적이기는 하나, 보험약가와 유사하되 이를 하회하는 경우도 존재한다는 점을 고려한다면,) 판례 사안과 같은 제약회사의 최저 재판매가격 유지행위는 여전히 정당성이 인정되기는 어려울 것이다.

(2) 보건의료법령에 따라 허용되는 재판매가격 유지행위

가. 보험약가(보험상한액) 고시금액을 최고 재판매가격으로 설정하는 행위

주지하다시피 보험약가는 해당 의약품 판매행위를 통해 확보할 수 있는 상한액(최고가격)이 되는바, 보험약가가 적용되는 의약품은 국민건강보험법에 따른 최고가격 설정이 이뤄지는 것으로, 이는 공정거래법상 재판매가격유지행위 중 최고가격 유지행위의 외형을 갖춘 것으로 볼 수는 있으나, 사업자가 보험약가를 최고 재판매 가격으로 유지하는 행위는 국민건강보험법령에 따른 정당한 행위[47]로 공정거래법상 재판매가격 유지행위 금지규정 위반 여부가 문제 되지 않으므로, 적법하다고 할 것이다.

---

46 국민건강보험법 제41조의3 제4항, 국민건강보험 요양급여의 기준에 관한 규칙 제13조 제4항 제11호, 약제의 결정 및 조정기준 제8조 제2항 제13호 [별표6] 참조.

47 공정거래법 제58조(법령에 따른 정당한 행위) 이 법의 규정은 사업자 또는 사업자단체가 다른 법률 또는 그 법률에 의한 명령에 따라 행하는 정당한 행위에 대하여는 이를 적용하지 아니한다.

나. 다음 단계 사업자에게 그의 구입가격을 최저 재판매가격으로 설정하는 행위

약사법이 의약품 시장질서를 어지럽히거나 소비자를 유인하는 행위를 방지하기 위하여 사업자에게 자신의 구입가격 미만으로 판매하는 행위를 금지하고 있다는 것은 앞서 살펴본 바와 같다. 따라서 사업자가 다음 단계 사업자에게 의약품을 판매하면서 해당 판매가격을 최저 재판매가격으로 설정하는 것 자체는 역시 약사법령에 따른 정당한 행위로서[48] 역시 공정거래법상 재판매가격 유지행위 금지규정 위반 여부가 문제 되지 않아 적법하다고 사료된다.

다. 관련 문제

사업자가 본인의 구입가격보다 낮은 수준으로 판매가격을 설정한다는 것은, (이전 단계 사업자의 강제 여부와는 관계없이) 일반적인 거래 관행으로 보기는 어렵다. 다만, 당해 사업자의 경영적 판단에 따라 염가판매를 결정하는 경우, 즉, (i) 해당 의약품이 아닌 다른 의약품의 거래조건과 연계하는 경우, (ii) 다음 단계 사업자들(@ⓑⓒ) 중 @와의 거래 개시 자체가 ⓑⓒ와의 거래 개시로 연결될 수 있는 경우[49] 등에는 사업자가 본인의 구입가격보다 낮은 수준으로 판매가격을 설정할 가능성도 존재하게 된다. 예컨대, 의약품 선택권을 가진 특정 병원과의 필수적 유통경로가 되는 전납도매상이 그 구매력을 기반으로 거래가격을 상당한 수준으로 인하할 것을 요구하는 경우, 이전 단계 도매상 등은 구체적 사안에 따라서는 특정 의약품에 대해서 본인의 구매가격 미만의 판매행위 금지

---

48 참고로 재판매가격을 설정한 사업자가 보유한 시장에서의 지위, 해당 재판매가격 설정행위가 이뤄진 동기, 이러한 재판매가격 설정행위로 인한 경쟁저해의 정도 등에 따라서는 공정거래법 위반 여부가 문제될 가능성을 배제하기는 어렵다. 다만, 사업자가 시장 상황을 고려하여 통상적인 범위 내에서 판매가격을 설정한 것이라면, 다음 단계 사업자는 그 자체로 해당 판매가격 이하로 재판매하는 것이 약사법상 금지되는 것인바, 이러한 경우를 전제로 한다면 공정거래법상 재판매가격 유지행위 금지규정 위반 여부가 문제 되기는 어렵다고 할 것이다.

49 @가 후술하는 전납도매상이고, ⓑⓒ가 일반 도매상 또는 요양기관인 경우

규정(약사법 제47조 제1항 제4호 나목)을 위반하는 경우도 존재할 수 있게 된다.[50]

만약 도매상 등이 본인의 경영적 판단에 따라 본인이 구매한 제품을 그 구매가격 미만으로 판매하는 것으로 결정한 것이라면, 이러한 유통행위를 경쟁질서라는 관점에서 금지해야 한다고 보기는 어렵다. 그러나 의약품에 대해서는 이른바 음성적인 리베이트 제공 등으로 인한 시장질서 교란을 방지하고자 약사법규가 구입가격 미만 판매행위 자체를 금지하고 있으므로 당해 사업자에게는 약사법 위반이, 만약 이전 단계 사업자가 이와 같은 조건의 판매행위를 교사 내지 방조하는 등으로 가담한다면 약사법 위반의 공범이 각 성립될 수 있다.[51] 다만, 이와 같은 도매상의 구입가 미만 판매행위는 규제 현실적인 측면에서는 사실상 그 규범력을 확보하고 있지 못한 상황으로 보인다.

VI. 결 어

지금까지 의약품 도매거래를 중심으로 의약품 유통과정에서의 공정거래법 이슈에 대해 살펴보았다. 최근 국내 유력 제약회사들은 리베이트 등에 대한 강화된 규제에 대응하고자 공정거래위원회의 CP등급 평가, ISO 37001(반부패경영시스템) 인증, 사내 임직원에 대한 CP교육 강화

---

50 이때 전남도매상은 약사법상으로는 그 가담 유무 및 정도에 따라 약사법 위반의 교사 내지 방조범 성립이, 공정거래법상으로는 개별 행위 양태에 따라 부당한 거래상 지위의 남용으로 인한 불공정 거래행위 금지규정(동법 제23조 제1항 제4호) 위반여부가 문제될 수도 있을 것이다.
51 만약 사업자의 이와 같은 구입가격 미만의 판매행위가 의료인에 대한 부당한 경제적 이익 제공으로 연결되는 것이라면, 이는 앞서 살펴본 의료인에 대한 리베이트 제공 문제로 연결될 것이며, 그에 따라 법적 책임을 부담해야 한다는 점은 분명하다.

등 자체적으로 CP를 내재화하기 위해 많은 노력을 기울이고 있다.

그러나 국내에서 전문의약품은 제약회사가 직접 요양기관에 공급하는 경우보다는 도매 유통업체를 통해 공급되는 경우가 훨씬 많으며, 국내 의약품 도매상들의 영세성, 제네릭 중심의 포트폴리오로 인한 의약품 경쟁력의 한계, 의약품 처방권을 가진 의사의 우월적 지위 등 의약품 유통구조에 내재된 구조적 요소들로 인해 도매거래를 활용한 부당한 경제적 이익 제공행위 등 공정거래법 이슈는 여전히 문제 되고 있다.

이러한 문제를 해결하기 위해서는 규제 및 수사 기관의 법 집행 강화의 노력도 긴요하겠지만, 구조적인 측면에서의 개선 노력이 중요하다고 사료된다. 즉, 도매상의 설립 및 운영기준 강화를 통해 도매상들 간의 M&A 등을 촉진하여 난립된 영세한 도매상 위주의 유통구조를 우량 도매상 위주의 유통구조로 변경하고, 도매상에 대한 회계기준을 강화하는 한편, 유통거래 시 상대방, 가격, 물량 등 거래조건의 투명성을 더욱 높이는 등 구조적인 측면에서의 노력을 병행해 나간다면, 앞서 살펴본 의약품 유통과정에서의 공정거래법상의 문제들을 개선할 수 있을 것으로 본다.

미국의 의료정보보호법제에 관한 공법적 고찰
─미국의 최근 행정법제 적용사례 논의를 중심으로─

김재선*

〈연구의 배경〉

본 연구는 4차 산업혁명과 빅데이터의 활용으로 가장 중요하게 활용될 분야 중 하나로 보건의료분야가 될 것임을 전제하며, 보건의료분야의 발전은 필연적으로 의료정보(넓은 의미로 건강정보)의 안전한 활용이 그 전제가 되어야 할 것임에 판단하여 수행하게 되었다. 우리나라 의료정보는 의료서비스 제공에 관한 법률(의료법), 의료기기 제조 및 활용에 관한 법률(의료기기법), 신약개발 및 의약품 규제에 관한 법률(약사법)에 개별적으로 규율하고 있으나 각 법률의 입법목적과 규율대상이 분산되어 있어 통일된 규율이 이루어지지 못하여 왔다. 의료정보에 관하여는 개인정보보호법에서 민감정보로 분류되어 왔으며, 2020년 개정된 개인정보보호법(제28조의2)에서는 가명정보의 처리에 관한 특례가 신설되어 통계작성, 연구, 공익 등을 위하여 의료정보의 활용이 촉진될 예정이지만, 구체적인 의료정보의 보호 및 활용방안에 관하여는 규율이 이루어

* 부산대학교 법학전문대학원 조교수, J.D., 법학박사.

지지 못하여 왔다.

이에 따라 본 연구에서는 미국의 의료정보보호법(HIPAA)을 분석하고, 이에 관한 실제 적용사례를 통한 검토를 시도하여 보았다. 미국의 경우 의료정보보호에 관한 기본법제를 두고 보호의료정보(Protected Health Information)에 대한 보호절차를 규정하며, 그 밖의 정보에 대해서는 전문가 합의 또는 세이프하버 방식으로 비식별화조치 또는 제한정보체 형태로 내부심의를 거치는 방식으로 규율하고 있으며, 이에 대하여 보건복지부는 적극적으로 이를 집행하여 온 것으로 이해된다.

추후 개인정보보호법에 근거한 개인의료정보(가명정보)의 활용은 의료행위 뿐만 아니라 모바일 헬스분야(건강보험 정보 활용, 유전체 정보 활용, 웰니스 정보활용) 등에 다양하게 이용될 것으로 예상된다. 이에 따라 현행의 법체계(개인정보보호법에 근거한 의료정보 활용에 관한 가이드라인)를 개선하여 의료정보보호에 관한 기본법제의 도입이 고려되어야 할 것으로 생각된다.

Ⅰ. 들어가며

급격하게 정보화된 사회에서 정보의 수집·관리·활용은 인간의 삶에 중요한 영향을 미친다. 특히 개인에 관한 정보는 개개인의 사생활보장, 인격권, 행복추구권뿐만 아니라 일상생활의 안전보장과도 밀접하게 연관되며 정보유출 시 개인과 사회 전반에 미치는 영향이 중요해지면서 개인정보보호법 위반 사례에 대한 소송 또한 급격하게 증가하고 있다. 개인정보 중 민감정보 영역에 포함되는 건강정보는 일반적인 개인정보로 규율, 보호되고 있는데, 이 중 의료정보에 관한 보호와 관리는 정보의 민감도, 보호·활용에서의 중요성, 가공·유출시 피해의 중대성 등을 고려할 때 일반적인 개인정보와 구분된다.

이에 따라 본고에서는 정보유형 중 의료정보에 적용할 수 있는 정보보호 법제와 정보관리·활용에 관한 법집행 사례에 관심을 가졌으며, 여러 법제 중 의료정보에 관한 기본법으로서 의료정보보호법(Health Insurance Portability and Accountability Act, 이하 HIPAA)을 도입하고 구체적인 집행방안을 마련하고 있는 미국에서의 적용사례에 초점을 맞추었다. 특히 미국의 경우 연방법이 도입된다 하더라도 주법과 충돌되는 경우 연방법원에 소송이 제기될 수 있고, 연방법으로 기본권을 더 엄격하게 보호하고 있는지에 관한 이익형량이 다시 이루어져야 하므로, 1996년 연방법으로 HIPAA가 도입된 이후, 의료기관의 개인정보보호의무, 유출에 대한 책임여부 등에 관하여 연방정부가 어느 정도 집행력을 발휘할 수 있을지에 관심을 가졌다. 또한, HIPAA는 적용대상 정보(보호의료정보, Protected Health Information, 이하 PHI)에 대한 의료기관의 인식이 낮은 상태에서 위반행위 유형화에 대한 해석여지가 많은 입법으로 이루어졌으며, 위반유형범위 내에서도 구성요건의 명확성이 상대적으로 낮아 과징금의 부과 가능성 및 부과 정도에도 관심을 가졌다. 이에 따라 본고에서는 우선 제II장에서 의료정보의 개념과 범위를 검토한 후, 미국의 의료정보관련 법제 현황으로 연방법과 주법 등을 검토하고자 한다. 다음으로 제III장에서는 주요 의료정보보호에 관한 행정법제 적용사례를 미국 보건복지부 인권국 집행사례를 중심으로 검토하고자 하고, 마지막으로 제IV장에서는 우리나라의 법제와 비교를 통한 시사점을 도출하고자 한다.

II. 미국의 의료정보관련 법제 현황

1. 논의의 대상: 의료정보의 개념과 범위

(1) 의료정보의 개념과 범위

개인정보가 "살아 있는 개인에 관한 정보로서 성명, 주민등록번호 및 영상 등을 통하여 개인을 알아볼 수 있는 정보"[1]라면 이 중 의료정보는 "건강에 관한 개인정보"로서 "민감정보"로 분류된다. 개인정보 중 의료에 관한 정보를 의료정보로 분류할 수 있는데 "의료정보"를 우리 법체계에서 별도로 정의하지는 않고 있으며 다만, 개별 법률에서 입법 목적에 따라 보건의료정보 또는 의료정보로 규율하고 있다.

우선 "보건의료에 관한 국민의 권리 · 의무와 국가 및 지방자치단체의 책임" 등을 규율한 보건의료기본법의 경우 "보건의료정보"를 규율하면서 "보건의료와 관련한 지식 또는 부호 · 숫자 · 문자 · 음성 · 음향 · 영상 등으로 표현된 모든 종류의 자료"[2]로서 개인에 관한 의료 또는 건강정보뿐만 아니라 보건정책 수립을 위한 자료 전반을 규율하고 있다. 또한 의료인 · 의료기관 · 감독기능 등을 규율한 의료법은 의료정보를 별도로 규율하지는 않았지만 정보누설금지 또는 부당한 목적의 사용금지를 규율하면서 "의료 · 조산 또는 간호업무, 처방전 작성 · 교부 업무, 진료기록 관련 업무 또는 의료기관 인증업무를 하면서 알게 된 다른 사람의 정보"[3]를 그 대상으로 규정하고 있다. 한편, 건강정보보호법안 등 의료정보에 관한 기본법 제정을 위하여 제18대 국회에 제출된 법률안에서는 "건강정보"를 규율하면서 "질병 · 부상에 대한 예방 · 진단 · 치료 ·

---

1   개인정보보호법 제2조 제1항.
2   보건의료기본법 제1조 및 제3조.
3   의료법 제19조.

재활과 출산·사망 및 건강증진에 관한 지식 또는 부호·숫자·문자·
음성·음향·영상 등으로 표현된 모든 종류의 자료"로 정의된다.[4]

　이에 따라 의료정보는 의료기관 등의 의료행위 전반에서 다루어지는
정보로서 개인정보, 건강에 관한 정보로서 민감정보, 의료행위 과정에
서 발생하는 의료정보로서의 성격을 가지므로 이를 개인정보·건강정
보·의료(진료)정보로 규율할 수 있다. 우선, 개인정보는 "환자의 신상
에 관한 기록"으로 개인정보보호법상 보호대상이 되는 개인정보로 이해
된다. 건강정보는 개인의 건강증진 및 질병예방을 위한 일반정보로서
의료기관뿐만 아니라 모바일 애플리케이션 등 다양한 플랫폼에서 생
성·유통·활용되는 정보를 포함한다. 한편, 의료(진료)정보는 건강정

[의료정보의 내용에 따른 분류][5]

유형분류	정보의 내용	사 례	작성주체	개인 식별 여부
개인정보	환자 신상 기록	성명, 주소, 주민 등록정보	의료행위에 참여하는 자	가능
건강정보	건강증진과 질병예방을 위하여 수집되는 환자의 건강에 관련된 정보	영양상태, 질병력, 사회력(흡연, 음주), 유전질환	제한없음	가능 /불가능
진료정보 (협의의 의료정보)	당해 치료를 목적으로 의료인(또는 의료기관)이 작성하는 환자의 치료를 위한 기록	진단명, 수술명, 수술일, 처방의약품 명칭	의료행위에 참여하는 자	가능 /불가능

4　제18대 국회 건강정보보호법(안) 백원우 의원안 참조. 그 밖에 유일호 의원안, 전
　　현희 의원안 등에서 건강정보를 규율하고 있다. 이한주, "개인의료정보보호법 제
　　정의 필요성과 입법방향,"『한국의료법학회지』, 제22권 제1호, 2014, 179-181면.
5　김재선, "의료정보의 활용과 개인정보의 보호 ―미국 HIPAA/HITECH 연구를 중
　　심으로―,"『행정법연구』, 제44권, 2016, 274-276면.

보에 포함되지만 이보다 좁은 개념으로 치료를 목적으로 의료기관 등 (의료인 또는 의료기관)에서 생성·활용되는 정보로 정의할 수 있다.

그러나 실무상 의료정보는 특정한 영역 또는 형태로 나타나는 것이 아니라 세 가지 유형(개인정보, 건강정보, 의료(진료)정보)이 혼합된 형태로 나타난다. 예컨대 전자의료정보(EMR) 분석결과에 따르면 의료정보 서식에는 "사망진단서, 수술기록, 외래초진기록, 처방전, 응급의료기록, 일반진단서, 진료의뢰서, 출생증명서, 입원기록, 입·퇴원 요약 기록지, 퇴원 기록지" 등이 있으며, 이러한 정보에는 개인정보인 "성명, 직업 주소 등", 진료정보인 "진단명, 수술명, 수술일, 처방의약품 등", 건강정보인 "영양상태, 과거 질병력, 사회력(흡연, 음주) 등"이 함께 기록된다.[6] 또한 오늘날 의료정보는 개인의 의료에 관한 정보로서 의료정보뿐만 아니라 의료정보가 빅데이터 형태로 융합·가공되어 보다 다양한 형태로 활용된다. 예컨대 보건의료빅데이터개방시스템에 따르면 의료정보는 공공데이터, 의료빅데이터, 의료통계정보 등으로 가공된다. 공공데이터는 "진료, 의료자원, 약제 등의 공공데이터와 환자표본자료 등"을 의미하며, 의료빅데이터는 "연구 목적의 연구자 또는 산업체에 지원하는 자료"이며, 의료통계정보는 의료행위 등과 관련된 보다 광범위한 통계정보로 작성·활용되고 있다.[7]

(2) 의료정보 보호 논의의 필요성

현행 법제에서 의료정보는 개인의 의료에 관한 정보로서 개인정보의 분류체계인 개인정보보호법에서 규율되며, 당해 정보가 통신비밀과 관련된 경우, 통신비밀보호법으로, 의료행위 및 의료기기와 관련되는 경

---

6 성승주, "보건의료정보 기초코드 분류체계 개발 및 용어표준 활용 지원 도구 개발 연구보고서," 보건복지부, 사회보장정보원, 2015, 11-40면.

7 보건의료빅데이터개방시스템 홈페이지 참조. available at 〈http://opendata.hira. or.kr〉(검색일: 2018.3.18.).

우 의료법 및 의료기기법 등 개별 법률의 적용을 받고 있다.

하지만 의료정보에 관한 정보주체의 권리는 헌법상 인간의 존엄과 가치, 사생활의 비밀과 자유, 행복추구권 등이 함께 논의되어야 하는 개인정보이이면서, 개인의 건강에 관한 정보로서 민감도가 높으며, 의료기관 등에서 작성되어 치료목적 또는 보건연구 및 정책 수립 그 밖의 공공의 목적으로 활용될 수 있다는 점뿐만 아니라 정보의 오남용·유출이 이루어질 경우 그 피해가 심각해질 수 있다는 점, 특히 오늘날 전자의료정보 시스템(EMR)의 활용, 인공지능 빅데이터 활용 등으로 정보가 다양한 형태로 가공·유출될 경우 피해가 증가할 수 있다는 점 등을 고려할 때 개인정보보호법제만으로 규율하기 어려운 한계를 안고 있다.[8]

이에 따라 본고에서는 개별 주법뿐만 아니라 연방법으로 의료정보에 관한 기본법제를 규율하고 보건복지부(Department of Health and Human Services, 이하 HHS) 인권국(Office for Civil Rights, 이하 OCR)을 중심으로 적극적으로 법률을 집행하고 있는 미국의 사례연구를 비교법적 연구의 대상으로 하여, 바람직한 의료정보보호법제를 모색하고자 한다. 특히 의료정보에 관한 연방법제가 도입된 이후 구체적인 사례연구에서는 주정부가 아닌 연방정부의 집행 형태를 중심으로 논의를 전개하고자 한다.

2. 미국의 의료정보관련 법제 현황

(1) 개 관

미국의 경우, 1996년 의료정보보호법(HIPAA)이 규정되기 이전까지는 의료정보도 우리나라와 유사한 규율체계를 유지하여 왔으나, 1996년 의료정보 보안 및 활용성을 높이기 위하여 의료정보보호법(HIPAA)을 제

---

8 구체적인 내용은 이한주, "개인의료정보보호법 제정의 필요성과 입법방향,"『한국의료법학회지』, 제22권 제1호, 2014, 186-192면; 조홍석, "위험사회에 있어서 개인의 의료정보 보호방안,"『한양법학』, 제24권 제4집, 2013, 173-189면 등 참조.

정하였으며, 미국 보건복지부(HHS) 인권국(OCR)이 중심이 되어 보호의
료정보(PHI)에 대한 정보보호 체계를 형성하였다. 또한 2009년 전자의
료정보(Electronic Medical Record, 이하 EMR) 체계를 활성화하고 진료 또
는 학술목적 의료정보 교류 등을 추진하기 위하여 전자의료정보의 활용
방안을 규율한 의료정보기술법(Health Information Technology for
Economic and Clinical Health Act, 이하 HITECH)이 제정되었다. 두 법은
의료정보의 보호와 치료를 위한 활용방안을 규율하였는데, HIPAA는 보
안성 및 프라이버시권 보호에 중점을 두었다면, HITECH는 전자의료정
보(EMR)를 기반으로 한 의료정보의 활용방안에 초점을 맞춘 것으로 평
가된다. 한편, 각 주정부는 의료정보의 활용 및 보안에 관하여 개별적으
로 규정하여 왔는데 대체로 연방법과 유사한 형태로 개인정보보호 및
보안성 확보방안을 규정하되, 주정부의 입장에 따라 조금씩 다른 입법
형태를 취하고 있다. 한편, 의료정보를 다루지만 현재까지 명확하게 의
료정보보호법상 적용을 받지 못하여 왔던 입법영역인 모바일 플랫폼의
경우 HIPAA가 직·간접적으로 적용될 수 있으며, 추후 의료정보보호영
역으로 편입될 것으로 예상된다. 이에 따라 본 장에서는 미국 연방 및
주법상의 의료정보법제, 특수영역으로 모바일 플랫폼과 의료정보법제
에 관하여 검토하고자 한다.

(2) 연방 의료정보 보호 및 활용 법제

가. 연방 의료정보 보호법제, HIPAA[9]

HIPAA는 보호의료정보(Protected Health Information, 이하 PHI)의 이
용 또는 제공을 원칙적으로 금지하면서 예외적인 경우(치료목적, 공공안
전 또는 범죄예방 등)에만 활용할 수 있도록 규정하고 있다. 보호의료정

---

9 주에 따라 건강보험 가입정보 및 의료기록이 분산되어 있던 보험사들의 전국 판
   매 편의성을 확대하기 위하여 처음 도입이 논의된 동법은 1996년 보건복지부령으
   로 시행, 2003년부터 본격적으로 적용되기 시작하였다.

보(PHI)란, "의료인 등이 보유 또는 전송하는 의료정보 중 식별가능한 민감정보"(individually identifiable health information)[10]로서 문서, 전자정보 등 그 형태를 불문하는 정보로 정의된다. 예컨대 의료기관 등에서 작성한 정보로서 "이름, 거주지, 전화번호, 사회보장번호, 병원등록번호, 계좌번호, 자격증 번호, 차량번호, 지문, 얼굴사진 등"은 식별가능한 정보가 포함되어 있으므로 민감정보로서 보호의료정보(PHI)에 포함된다.

보호의료정보에 속하는 정보는 HIPAA 또는 다른 법률에서 규정하는 예외에 해당하지 않는 한 당사자의 동의 없이 공개할 수 없다. 당사자 동의 없이 공개할 수 있는 사유로는 "치료목적, 의료비 산정, 병원행정, 최소한의 부수적 활용,[11] 중대한 공익(다른 법률에 규정된 경우, 중대범죄 관련정보, 진행 중인 재판 관련 정보 등)"으로 정의된다.[12] 한편, 보호의료정보(PHI)는 전문가 합의(다른 정보와 결합하여 비식별화하는 방안) 또는 세이프하버(식별정보 등 일정 정보를 제거하여 비식별화하는 방안) 방안 등 비식별조치를 통하여 비식별정보(de-identified information)로 재분류하여 공개할 수 있으며, 비식별화조치를 거치지 않더라도 제한정보체 (limited data set)에 해당하는 경우, "연구, 병원행정, 공익"을 위하여 내부 절차(IRB 심의) 등을 거쳐 목적 외 활용금지 등("재식별화 금지, 정보주체와 접촉 금지")을 조건으로 최소한의 범위에서 활용할 수 있다.[13]

또한 의료기관의 경우, 의료정보 보호 및 관리를 위하여 "보안절차 마련, 정보보호담당자 지정 및 교육, 위험발생 시 대응방안 구축, 자료보

---

10 45 C.F.R. §160.103.

11 45 C.F.R. §164.502(a), 관련 조문에 관한 해설은 HHS 홈페이지 참조. available at ⟨https://www.hhs.gov/hipaa/for-professionals/privacy/guidance/incidental-uses-and-disclosures/index.html⟩.

12 45 C.F.R. §164.512. 박대웅·정현학·정명진·류화신, "보건의료 빅데이터의 연구목적 사용에 대한 법제 개선방안," 대한의료법학회, 제17권 제2호, 2016, 331-332면.

13 45 C.F.R. §164.530(i). 최계영, "의료분야에서의 개인정보보호 ―유럽연합과 미국의 법제를 중심으로―,"『경제규제와 법』, 제9권 제2호, 2016, 214-218면.

안시스템 구축(키워드와 패스워드 구축, 자료보관 및 파쇄절차 마련), 자료
보존기간 구축 등"의 절차를 마련하여야 한다.

HIPAA 규정에 위반하는 경우, 보건복지부 인권국(OCR)은 민사과징
금(civil penalty)을 부과할 수 있다. 과징금은 4단계로 부과되는데 (1) 인
식가능성 낮고 피해가 합리적 범위 내인 경우(100달러-5만 달러) (2) 인식
하였거나 중대한 과실로 인지하지 못하고 피해가 합리적인 범위 내인
경우(1000달러-5만 달러) (3) 고의로 위반한 경우(1만 달러-5만 달러) (4) 고
의로 위반하였고 수정하려는 노력도 없었던 경우(최대 5만 달러)로 분류
된다. 한편, 위반행위의 구체적 정황과 고의성 등을 검토하여 법무부는
형법을 적용할 수 있는데, (1) 선의(reasonable cause or no knowledge of
violation)로 PHI를 획득한 경우(1년 이하 징역) (2) False Pretense로 PHI
를 획득한 경우(5년 이하 징역) (3) 악의적으로 PHI를 획득한 경우(10년
이하 징역)로 구분된다.

나. 연방 의료정보 활용법제, HITECH

한편, 2009년 경제재건법(The American Recovery and Reinvestment
Act) 도입된 이후, 미국에서는 정보를 이용한 의료기술의 발전에 관심을
갖고 HITECH법을 제정하였다. 동법은 특히 진료정보의 전자화가 널리
이루어지지 않았던 미국 의료기관 등에 전자의료정보시스템 도입을 추
진하면서 전자의료정보의 효율적 활용방안 도입을 주된 내용으로 하였
다.

HITECH에서 제안하는 의료정보의 의미있는 활용(meaningful use) 계
획은 총 3단계의 과정으로 이루어지는데 우선, 제1단계는 2010년 시작
된 전자의료정보시스템 구축, 제2단계는 2012년 시작된 전자의료정보
의 표준화 및 활용 확대, 제3단계는 전자의료정보의 질·안전성·효과
성 확보 순서로 이루어진다.[14] 제3단계 전자의료정보 활성화 계획을 집

---

14   45 C.F.R. 164.308.

행하고 있는 CMS 가이드라인에 따르면 전자의료정보 활성화의 주요 내용으로 PHI의 의료기관 내 공유, 전자처방전, 의료기관 간 전자기록 공유 등으로 구성되어 있다.[15]

(3) 주정부 의료정보 보호 및 활용 법제

가. 주법상 의료정보 보호 제도

주법의 경우, 의료정보의 수집·보관·활용에 관하여 의료기관에 대한 규제, 의료보호제도인 메디케어(Medicare) 지급 및 의료보험정책 수립 등에 활용하기 위한 목적으로 연방법에 비하여 비교적 상세하게 규율하여 왔다. 하지만 1996년 연방법인 HIPAA가 제정되어서 의료정보에 관한 일반법으로 기능하게 되면서 일반적으로 정보보호에 관하여는 연방법이 주법보다 우선하므로 HIPAA 또는 HITECH가 우선 적용되며, 충돌되지 않는 조항에 대해서만 주법이 적용되게 되었다. 그러나 주법이 기본권보호 또는 공익보호 관점에서 연방법에 비해 엄격하게 규정하고 있는 경우에는 주법이 우선 적용된다.[16] 본 장에서는 주정부 입법 중 뉴욕 주의 의료정보 보호 및 활용에 관한 규정체계를 HIPAA 및 HITECH와 구별되는 부분을 중심으로 검토하고자 한다.

나. 뉴욕 주 공중보건법 등

뉴욕 주 공공보건법(Public Health Law)은 공공보건에 관한 일반법으로 전염병예방, 공공보건조사, 긴급조치 등에 관하여 규율하면서 의료정보 보호방안에 관하여도 규율하고 있다. 우선, 공중보건법의 경우 의료정보의 보안을 개별 규율체계 내에서 규정하는 방식을 채택하고 있다. 예컨대 통제물질에 관리 규정에서 특정 질병 또는 물질(약물)에 대한 보고의무(제3371조)를 규정하고 있으며, 의료기관 등의 보안성 확보

---

15 New York Public Health Law. Chapters 1-31, 50-59.

16 45 C.F.R. Part 46. HHS, "Protecting Personal Health Information in Research: Understanding the HIPAA Privacy Rule," at 3-4.

의무를 규율하면서 익명건강정보의 보안성 확보의무(제2819조), 의료기관 등의 정보공유방안을 열기하면서 의료기관 등에 대한 정보제공 의무(제4405조) 등을 규율하고 있다. 한편, 개별법으로 정보주체의 동의 없는 유전정보의 유출 금지(뉴욕 보험법, New York Insurance Law 제2615조), 보험사 등의 의료정보 제공 동의 시 정보주체에 대한 명확한 설명절차 유지 의무(제4905조), 어린이 및 청소년 보호를 위한 치료절차 마련(뉴욕 정신보건법, New York Mental Hygiene Law) 등을 규율하고 있다. 한편, HIPAA보다 엄격한 규정으로 뉴욕 주 규칙 제14장 제815조(New York Compliance Codes)에 따르면 질환 중 알콜중독 등 약물의존 질환자에 대해서는 치료경력 등 의료정보의 보안절차, 동의의 의미 등에 관하여 환자가 완전히 이해하도록 연방법과 주법에서 정한 절차(서식, 설명의무 등)을 모두 준수하여야 한다고 규정하고 있다.[17]

(4) 모바일 플랫폼과 의료정보 보호법제

가. 모바일 애플리케이션 거버넌스 체계

모바일 애플리케이션은 건강관련 정보를 수집·저장·전송체계를 갖추고 있지만 그 운영주체가 의료기관 또는 의료보험사 등 의료정보를 직접적으로 다루는 기관(covered entity)이 아닌 경우 다양한 기관(교육기관, 산업체 등)인 경우가 다수이며 이므로 HIPAA가 적용되지 않는다.[18]

다만, 모바일 애플리케이션을 통하여 PHI가 전송될 경우, 연방 규제기관들(연방통상위원회〈Federal Trade Commission, 이하 FTC〉, 식품의약품청〈Food and Drug Administration, 이하 FDA〉, HHS)이 개별 소관법률로

---

17 New York Compliance Codes Title 14 §815.4.
18 HIPAA Part II. A. Alexis Guadarrama, "Mind the gap: addressing gaps in HIPAA coverage in the mobile health apps industry," 55 *Houston Law Review 999,* 1010-1011.

규제대상이 될 수 있음을 밝히고 있으나 통합적인 규율체계가 마련되지는 않고 있다. 우선, 의료기기에 관한 규제권한을 가진 FDA의 경우, 모바일 애플리케이션이 활용될 경우 나타나는 위해성을 입증할 경우 의료기기에 관한 규제체계를 적용할 수 있다. 예컨대 FDA 소관 연방규칙 제801조[19]에 따르면 모바일 건강 애플리케이션의 경우 FDA의 결정재량으로 의료기기로 판단하여 규율체계에 포함할 수 있으며, 의료기기가 아니라 할지라도 의료기기로 표기(label)하도록 할 수 있다.[20] 이에 따라 FDA는 모바일 애플리케이션 제조업자가 따라야 하는 규제 가이드라인을 제정하는 등 보완절차를 마련하였다. 반면 FTC는 모바일 애플리케이션 규제가이드라인을 제정, 사업자가 따라야 하는 의무(보안성 유지, 유출금지조치 등)를 규율하였지만, 건강정보에 관한 별도의 보호절차는 규율하지 않고 있다. 한편, HIPAA 소관부처인 보건복지부 인권국(HHS OCR)의 경우, 모바일 애플리케이션에 대하여 별도의 규율을 두지 않을 뿐만 아니라 HIPAA에 대한 적극해석도 유보하고 있는 것으로 해석된다.[21]

나. 모바일 애플리케이션 규제의 필요성과 한계

HIPAA 위반에 관한 분쟁 중 상당 수(백만 건 중 27만 건 정도)는 모바일 기기를 통한 정보교류가 포함하고 있으므로 이러한 정보는 충분히 수집 · 저장 · 판매될 수 있으며, 상대적으로 높은 신뢰도를 가진 의료기관 뿐만 아니라 자격제한 등이 없는 여러 기관(법인, 사인 등)이 운영할 수 있으므로 이용자(환자)의 정보보호에 대한 필요성이 더욱 높아질 것

---

19 21 C.F.R. §801.4.

20 Julia Gonsalves, "The necessity for federal organization to ensure proper privacy and security compliance of mobile healthcare applications," 19 *Journal of High Technology Law* 251, at 269-271.

21 Julia Gonsalves, "The necessity for federal organization to ensure proper privacy and security compliance of mobile healthcare applications," 19 *Journal of High Technology Law* 251, at 266-270.

으로 예상된다. 특히 모바일 애플리케이션 등의 활용빈도가 지속적으로 높아질 것이 예상되므로 이에 대한 규제 논의가 충분히 이루어져야 할 것으로 생각된다.[22]

3. 소 결

의료정보는 개인정보이며 건강에 관한 정보로서 민감도가 높은 반면, 의료기관 등에서 치료목적 또는 보건연구 목적으로 활용될 수 있다는 점에서 특수한 정보로서의 성격을 가진다. 그러나 오늘날 의료정보는 전자의료정보 시스템(EMR)이 널리 활용됨에 따라 다양한 형태로 가공·유출될 수 있으며 목적 외로 활용될 경우 그 피해가 예측하기 어렵다는 점에서 별도의 보호논의가 요구된다. 미국 연방정부는 의료정보보호법(HIPAA)과 의료정보기술법(HITECH)은 보호의료정보(PHI)의 목적 외 사용을 제한하되, 전문가 합의 또는 세이프하버 방식 등으로 비식별화하는 등 정보의 활용방안을 마련하고 있다. 개별 주정부에서도 의료정보보호에 관한 입법을 규정하여 왔으나 연방법이 제정되면서 의료정보유출에 관한 집행은 상당부분 연방 보건복지부 인권국에서 이루어지고 있는 것으로 보이며, 주정부는 공공보건 및 의료보호제도와 관련된 정보주체의 권리보호에 중점을 두고 규정하고 있는 것으로 생각된다. 한편, 모바일 애플리케이션의 경우, 의료기관에서 수집·저장되는 정보가 아니며 운영주체도 의료기관에 한정되지 않는다는 점에서 새로운 형태의 플랫폼이다. 현재 보건복지부(HHS), 연방통상위원회(FTC), 식품의약품청(FDA) 등에서 필요한 경우 규율하도록 하고 있으나 의료정보보호법(HIPAA)의 적용에 대해서는 적극해석을 유보하고 있는 것으로 해석된다.

---

22 Alexis Guadarrama, "Mind the gap: addressing gaps in HIPAA coverage in the mobile health apps industry," 55 *Houston Law Review 999*, 1021-1023.

Ⅲ. 미국의 의료정보관련 행정법제 적용사례

1. 개 관

의료정보보호법제(HIPAA와 HITECH)가 도입된 이후 코네디컷 주 Byrne 사건은 HIPAA와 관련하여 처음으로 주대법원에서 이루어진 판 단이었다. HIPAA 관련 분쟁은 2006년 법집행 이후 지속적으로 증가하 고 있으며 앞으로 더욱 증가할 것으로 예상된다.[23] 특히 2014년 HITECH 도입으로 의료정보가 활용될 경우, 환자 및 HHS에 대한 통지 (보고) 의무가 규정[24]되면서 관련 분쟁의 숫자는 전년도(2013년)에 비하 여 2배 정도 증가한 것으로 나타났다. 구체적으로 2018년 HIPAA 위반 제소가 17만 3,436건 제기되었으며, 이 중 53건에 대하여 7,522만 달러 에 이르는 배상금 결정이 이루어졌다.[25] 또한 의료정보 유출에 대하여 HHS OCR에서 직접 조사하여 약 10건의 의료정보 유출사건을 발견하 였으며, 과징금(financial penalty) 부과 및 개선계획명령을 내렸다. HIPAA 위반에 대한 과징금 부과는 그 규모가 증가하고 있어 2018년 가 장 많은 과징금 부과(2,868만 달러)가 이루어졌다.[26]

---

23 HHS에 따르면 2015년 17,640건, 2016년 21,404건, 2017년 24,503건, 2018년 25,912건으로 그 숫자는 지속적으로 증가하고 있다. available at ⟨https://www. hhs.gov/hipaa/for-professionals/compliance-enforcement/data/complaints-rec eived-by-calendar-year/index.html⟩(검색일: 2019.4.12.).

24 45 C.F.R. §§164.400-414 (2014).

25 Julia Gonsalves, "The necessity for federal organization to ensure proper privacy and security compliance of mobile healthcare applications", 19 *Journal of High Technology Law* 251, at 265-268.

26 HIPAA JOURNAL, "Another year of Heavy OCR HIPAA Enforcement," available at ⟨https://www.hipaajournal.com/summary-2018-hipaa-fines-and-settle ments⟩.

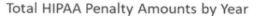
HIPAA 위반 과징금 부과 내역[27]

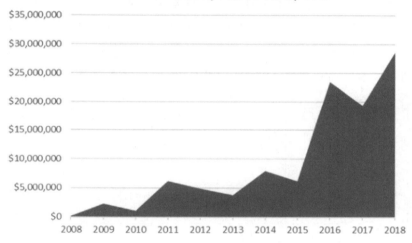
Total HIPAA Penalty Amounts by Year

2. 주요 의료정보보호 관련 행정법제 적용사례

(1) 해킹으로 인한 정보유출: 21st Century Oncology v. HHS[28]

가. 판단의 내용

2017년 12월, 연방조사국(Federal Bureau of Investigation, FBI)은 환자들(수백 명 정도)의 의료정보 유출 사건을 조사하는 과정에서 원고 측 (21st Century Oncology)이 보관하고 있던 의료정보의 유출이 있었음을 확인하고 약 25억 원(230만 달러)의 보상금액을 환자에게 지급할 것을

---

27 HIPAA JOURNAL, "Another year of Heavy OCR HIPAA Enforcement," available at 〈https://www.hipaajournal.com/summary-2018-hipaa-fines-and-settlements〉

28 HHS와 원고의 합의문 전문은 다음과 같다. available at 〈https://www.hhs.gov/sites/default/files/21co-ra_cap.pdf〉(검색일, 2019.5.10.).

권고, 합의하게 되었다.[29] 구체적으로 암 치료 전문기업인 해당 기업은 2013년 내부 직원들에 의한 위법한 의료정보 조회, 2015년 해킹으로 인한 의료정보의 유출이 발생하였는데, 당해 정보에는 221만여 건에 해당하는 PHI[30]가 포함되어 있었다. 이에 대하여 원고 측은 피고 측이 HIPAA에서 규정한 PHI 보호의무(위험관리, 시스템 정기적 검토, 충분한 동의 없이 제3자에 대한 정보공개)를 따르지 않았다는 점을 지적하였다.[31]

위반행위	보호항목	위반법조
사전 위험관리	보안, 진실성, PHI 유출가능성	45 C.F.R. §164.308(a)(1)(ii)(A)
사후 위험관리	사후 위험감소 노력	45 C.F.R. §164.306(A) 45 C.F.R. §164.308(a)(1)(ii)(B)
정기적 시스템 점검	로그기록 감시, 접근기록 보고, 해킹정보 보고	45 C.F.R. §164.308(a)(1)(ii)(D)
제3자에 대한 정보공개	동의 없는 정보공개	45 C.F.R. §164.502(e) 45 C.F.R. §164.308(b)(3)

나. 시사점

위 사건은 앞서 HIPAA에 규정된 사전 및 사후 위험관리, 정기적 시스템 점검, 제3자 정보공개 관리 등 정보보호 절차관리상의 문제를 이유로 배상금 지급에 대한 합의를 한 사안이다. 합의문에 따르면 의료정보

---

29 미국 보건복지부 홈페이지 참조, avilable at 〈https://www.hhs.gov/hipaa/for-professionals/compliance-enforcement/agreements/21co/index.html〉(검색일: 2019.4.20.).

30 45 C.F.R. §164.502(a).

31 미국 보건복지부 홈페이지 참조, avilable at 〈https://www.hhs.gov/hipaa/for-professionals/compliance-enforcement/agreements/21co/index.html〉(검색일: 2019.4.20.).

의 유출결과 자체에 대하여 책임을 지우는 것은 아니지만 정보관리절차에 대한 위험관리책임이 원고 측(의료기관)에 있다는 점을 명확하게 인정한 것으로 판단된다.

(2) 홈페이지를 통한 의료정보 공개: Cottage Health v. HHS

가. 판단의 내용

2018년, 미국 보건복지부는 2013-2015년 동안 PHI에 해당하는 정보를 인터넷에서 검색할 수 있도록 한 원고 측(Cottage Health) 그룹에 대하여 HIPAA 위반으로 과징금(financial penalty, 약 300만 달러)을 부과하고 약 3년간 의료정보보호를 위한 개선계획을 발령할 것을 명하였다. 구체적으로 당해 의료기관의 홈페이지에서 소비자(환자)들은 별도의 본인확인절차(아이디, 패스워드)를 거치지 않고 PHI에 해당하는 정보(진단질병명, 검사결과, 치료정보)를 검색할 수 있도록 하여, 약 2년간 6만여 명 환자들의 PHI가 노출되었다. HHS 조사국은 원고 측이 HIPAA 제164조[32]에 의한 위험관리 의무를 위반하고, 제3자 의료정보 제공 시 PHI 정보보호에 관한 규정이 포함된 필요절차[33]를 거치지 않았음을 이유로 과징금을 부과하는 한편, 개선계획을 제출하고 이행할 것을 명령하였다.[34]

나. 시사점

위 사안은 앞서 검토한 21st Century Oncology 사건과 위반쟁점은 유사하였지만 당해 사건보다 위반규모가 광범위하고 제3자 정보제공 시 의료정보보호에 관한 계약조항을 포함하여야 하는데 이를 포함하지 않았다는 점이 추가로 지적되었다. 주요 쟁점 중 의료정보를 의도적 또는 비의도적으로 유출한 경우뿐만 아니라 홈페이지에서 의료정보를 조회

---

32 45 C.F.R. §164.308(a).
33 45 C.F.R. §164.308(b), 164.502(e).
34 미국 보건복지부 홈페이지 참조, avilable at 〈https://www.hipaajournal.com/
    hipaa-violation-cases〉(검색일: 2019.4.20.).

할 수 있도록 시스템을 설계할 때, 아이디와 패스워드 등을 활용한 본인 확인조치를 취하지 않은 점만으로도 PHI 유출에 대한 책임이 인정되었다는 점도 중요한 의미를 갖는다.

(3) 언론사에 대한 의료정보 공개

가. Allergy Associates of Hartford v. HHS 〈언론인터뷰〉

2018년 미국 보건복지부는 의료진이 언론인과 인터뷰 도중 환자의 PHI를 유출한 경우 제164조[35] 위반임을 이유로 과징금을 부과하였다. HHS에 따르면 공개된 정보는 환자의 프라이버시 침해임이 비교적 명백하였으나 당해 정보공개가 고의적으로 이루어졌는지가 논란이 되었는데, 사전에 정보유출 위험에 대한 의료기관 내부의 경고를 받았다는 점이 입증되어 HIPAA 위반임이 지적되어 의료기관에 대한 과징금 부과가 이루어졌다.[36]

나. ABC Film v. HHS 〈의학 다큐멘터리에 동의 없는 PHI 유출〉

2016년, 미국 보건복지부는 ABC Film에 방영된 의학 다큐멘터리 시리즈 "NY Med"에서 환자의 동의 없이 PHI가 유출되었으므로 HIPAA[37]에 위반하였음을 확인, 99만달러의 과징금을 부과하였다. HIPAA 제164조[38]에 따르면, 의료기관은 당해 정보의 공개가 의료진의 전문적 판단(professional judgment)에 따라 환자의 이익에 반하지 않는다면, PHI를 방송매체에 공개할 수 있다. 다만, 의료기관 등은 사전 계약(동의)서식 작성 시 PHI를 공개하거나 활용할 수 있다는 점을 명확히 하여야 한다. 또한 사전 계약 동의서식에는 PHI의 목적 외 사용금지, 내부연구·자료 발간·보고서 작성 등에 활용될 수 있다는 점을 명시하

---

35 45 C.F.R. §164.530(e)(l).
36 미국 보건복지부 홈페이지 참조, avilable at 〈https://www.hipaajournal.com/hipaa-violation-cases〉(검색일: 2019.4.20.).
37 45 C.F.R. §164.502(a). §164.510(a). §164.504(e)(2).
38 45 C.F.R. §164.151(b).

여야 한다.

당시 복수의 의료기관 측은 ABC 방송제작진에게 환자동의절차를 거치지 않고 PHI에 해당하는 정보를 누설하였다. 특히 당해 사건은 여러 의료기관(New York Prebyterian Hospital, Boston Medical Center(BMC)와 Bringham and Women's Hospital(BWH) 등)의 자문을 받아 이루어진 의학 다큐멘터리와 관련된 사건이었으므로 ABC Film을 거쳐 복수의 의료기관에 HIPAA 위반에 따른 과징금이 부과되었다.

다. 시사점

위 사건은 언론 인터뷰, 의학 다큐멘터리 등 의료정보를 방송매체 등을 통하여 공개할 경우의 쟁점(고의성, 동의절차)에 관하여 다루었다는 점에서 의미를 갖는다. 구체적으로 의료기관 등은 방송매체 등을 통하여 의료정보를 제공하는 경우라 할지라도 사전에 환자(소비자)로부터 동의를 받아야 하며, 동의서식에 PHI가 내부연구, 자료 발간 등에 활용될 수 있음을 명시하여야 하며, 동의서식에 기록된 목적 외 사용은 허용되지 않는다.

(4) 의료정보 유출에 대한 의료기관의 책임: U.S. ex rel. v. Sheldon v. Kettering Health Network(2016)[39]

가. 판단의 내용

2013년 6월, 제6항소법원은 의료기관 직원에 의한 의료정보의 접속이 HITECH에 반하는지 여부를 판단하면서 의료정보 조회가 의료기관 직원의 직무범위 외에서 위법하게 이루어진 경우 HITECH에 반하는 것은 아니라고 판단하였다.

구체적으로 2013년 6월, 의료기관(피고, Kettering Health Network)은 환자(원고, Vicki Sheldon, 부동산업자)에게 피고의 가족(배우자)과 다른 피

---

[39] United States ex rel. Sheldon v. Kettering Health Network, No. 15-3075, 2016 U.S. App. (6th Circuit, 2016.3.7).

고 측 직원이 4회 정도 원고의 건강정보시스템에 접속하여 PHI를 열람하였다는 점을 고지하였다. 원고(환자) 측의 항의를 받은 후, 피고 측(의료기관)은 원고의 동의 없이 의료정보 조회가 있었음을 확인하였다.

2014년 원고는 의료기관 측을 상대로 PHI에 해당하는 정보를 유출하면서 HITECH를 위반하였다는 점을 근거로 허위청구법("False Claims Act") 제3730조[40]에 근거한 대위소송(Qui Tam Action)을 제기하였다.[41] 즉, HITECH에 따르면 의료기관은 전자건강정보에 관하여 의미있는 활용(meaningful use)을 하여야 하고 이러한 경우에만 연방정부로부터 지원금(incentives)을 지급받을 수 있다. 전자진료정보(EHR)에 대한 의미있는 활용(meaningful use)에 해당여부는 제495조[42]에 규정되어 있는데, 이에 해당하기 위해서는 의료정보의 보안성이 확보(안전성 확보 절차 마련, 보안 업데이트, 결함 시 보완절차 마련 등) 절차가 마련되어 있어야 하며, 그러한 절차마련을 거쳐 인증된 기관만 HITECH 제495조[43]에 따라 지원금을 지급받게 된다.[44] 항소법원은 당해 사항에서 피고 측(의료기관)의 직원이 EHR에 접속하였다는 것만으로 보안성 확보를 위한 절차를 마련하지 못하였고, HITECH에 근거한 지원금을 받을 수 없다는 주장을 기각하였다. 특히 당해 법원은 직원의 직무범위 외 위법행위에 대하여는 피고 측(의료기관)의 관리자 책임도 별도로 인정하지 않았으므로 HITECH의 적용을 받지 않는다고 판단하였다.

---

40 31 U.S.C. §3730(b).
41 정부대위소송은 위법하게 이루어진 정부의 재정지출에 대하여 정부 또는 사인이 정부를 대위하여 제기하는 소송형태를 의미한다. 자세한 내용은 김재선, "위법한 재정활동에 대한 국민소송제도에 관한 공법적 고찰 ─미국 연방부정청구방지법 및 납세자 소송 법제 연구를 중심으로─,"『공법연구』, 제47권 제1호, 2018, 297-322면.
42 42 C.F.R. §495.2.
43 42 C.F.R. §495.102(a)(1).
44 Tatiana Melnik, "Is notice of data breach alone a sufficient basis to support a false claims act action? no according to the sixth circuit US court of appeals", 18 *Journal of Health Care Compliance 51*, 2016.

나. 시사점

당해 사건은 원고 측(환자)에서 의료정보를 유출한 피고 측(의료기관)에 대하여 정보유출 자체에 대한 책임을 물어 직접 소송하지 않고 정부에 대한 지원금 환수를 청구하는 정부대위소송을 청구하였다는 점에서 소송유형에서 독특한 구조를 갖는다.[45] 하지만 법원은 EHR에 대한 안전성 확보절차를 미흡하게 마련하였다는 원고의 주장을 받아들이지 않았는데 이 사건은 특히 FCA의 입증책임을 엄격하게 적용한 판례로 이해된다.[46]

3. 소 결

연방법으로 의료정보보호법제(HIPAA, HITECH)가 제정된 이후, 당해 법제에서 규정하고 있는 의료정보보호의 보호대상 정보의 범위, 보호의무 위반의 유형, 보호의무 위반 시 처벌방안 등에 관하여 다툼의 여지가 있었을 뿐만 아니라, 의료기관 등에서 전자의료정보 시스템(EMS)을 도입하던 시기였으므로 민사 또는 형사 제재처분 집행여부 등에 관하여 여러 논란이 제기되었다.

그러나 입법 이후 미국 보건복지부 인권국은 앞서 살펴본 사례에서와 같이 적극적으로 의료정보 보호 법제를 집행, 과징금 부과처분 등을 이행해 온 것으로 생각된다. 구체적으로 검토한 사례에서는 PHI 정보가 고의 또는 과실로 유출된 경우, 의료기관의 위험관리책임(사전 및 사후 위험관리, 정기적인 시스템 점검, 제3자 정보공개 시 절차준수의무) 등을 인정하고 있는 것으로 이해된다. 위반유형으로는 "직접유출, 간접유출, 홈페

---

45 "Most Imaginative Whistleblower Claim of the Month," available at 〈https://beyondhealthcarereform.com〉(검색일, 2019.5.10.).

46 김재선, "위법한 재정활동에 대한 국민소송제도에 관한 공법적 고찰 —미국 연방 부정청구방지법 및 납세자 소송 법제 연구를 중심으로—,"『공법연구』, 제47권 제1호, 2018, 297-311면.

이지 유출, 대량정보, 개별정보, 의료진 일탈행위 등"(구체적으로 본인확
인절차 없는 홈페이지 공개, 해킹을 통한 유출, 직원의 유출에 대한 관리책임,
언론사에 대한 정보공개 등)이 포함되며, 위반 시에는 정보유출의 고의성,
정보주체의 동의여부와 동의의 유형(구체적 정보제공 및 인지), 피해정도
에 따라 과징금이 부과되고 있는 것으로 이해된다.

최근 의료정보 보호 관련 미국의 사례

시 기	의료기관	과징금 부과	부과형태	위반유형
2018년 2월	Fresenius Medical Care North America	350만 달러	합의	· 위험관리 · PHI 유출 · 안전정책 부재
2018년 2월	Filefax, Inc.	10만 달러	합의	· PHI 유출
2018년 6월	University of Texas MD Anderson Cancer Center	434만 달러	민사과징금 (Civil Monetary Penalty)	· PHI 유출 · PHI 암호화 부재
2018년 10월	Anthem Inc.	1600만 달러	합의	· 위험관리 실패 · 상시 정보유출 대응체계미비
2018년 12월	Cottage Healthe	300만 달러	합의	· 위험관리 실패 · BAA(제3자 의료정보 제공 관리협약) 부재

IV. 나가며

1. 우리나라의 논의 현황

(1) 개 관

우리나라의 경우 2002년 전자서명법이 제정되면서 전자서명이 이루어진 전자문서의 유효성을 인정한 의료법 제23조가 도입된 이후, 전자의료정보(EMR) 도입은 상당히 빠른 속도로 이루어졌다. 의료기관의 약 71.3%가 5단계 중 3단계[47]에 해당하는 EMR 시스템을 활용하여 의료정보를 생성·활용하고 있으며,[48] 특히 최근 국내의 대형 의료기관의 경우 EMR의 표준화도 추진하고 있다.[49] 이와 같은 변화는 앞서 검토한 바와 같이 미국의 진료정보 전자화가 2009년 이후에 이루어진 점을 고려할 때 상당히 빠르게 이루어져 왔다.

한편, 2011년 개인정보보호법 도입 이후 정보보호에 관한 논의가 증가한 반면, 의료정보의 보호와 활용에 관한 단일법제는 도입되지 못하였다. 하지만 의료정보 활용의 효용성(의료기관 간, 의료기관과 국민 간 활용)이 높게 인정되어 현행 의료법을 중심으로 하위법령(시행령, 고시 등)을 활용하여 정보의 표준화를 추진하며, 해당 과정에서 발생하는 문제

---

47 5단계는 다음의 단계로 논의된다. 이 중 3단계까지는 "(1) 자동화(Automated) (2) 전자보관(Com-puterized) (3) 전자화(Electronic)"된 진료기록(Medical Record)을 의미한다. 한편, 4단계, 5단계의 경우 "(4) 전자의료기록(Electronic Patient Records) (5) 전자건강기록(Electornic Health Record)"으로 환자 개인의 건강정보를 포함하게 된다. 김수민·박정선, "의료법상 진료정보교류를 위한 법제도적 고찰,"『한국콘텐츠학회논문지』, 제17권 제10호, 2017, 485면.

48 김수민·박정선, 앞의 글, 483면.

49 김학기·정은영·박동균, "OMOP CDM 구축 시 개인의료정보 보호를 위한 HIPAA PHI 적용 방법 연구,"『한국차세대컴퓨팅학회 논문지』, 2017년 12월, 66-67면.

점 등에 대하여는 의료법, 개인정보보호법, 정보통신망 이용촉진 및 정
보보호에 관한 법률(이하 정보통신망법) 등으로 보호법제가 구성되어 왔
다.[50][51]

  우리나라의 경우, 진료정보 교류에 따라 발생할 수 있는 보안성 문제
는 의료법상 개인정보 보호에 관한 규정(제19조 등)이 적용된다. 진료정
보 작성 및 보관자에 의료인, 의료기관뿐만 아니라 진료기록전송을 담
당하는 기관도 포함하여 진료정보의 제공이 가능하도록 규정하였다. 다
만, 의료법 제21조의2에 의하여 당해 위탁기관은 정보보안을 위한 기술
및 관리의무를 부담하며 재위탁은 금지된다. 그 밖의 사항에 대하여는
개인정보보호법, 정보통신망법이 적용된다. 개인정보보호법 제23조에
따르면 건강정보는 민감정보로 처리가 제한되지만 제37조 제2항에 의
하여 불가피한 경우에는 정보주체의 처리제한 요구도 거절할 수 있도록
규정하고 있다. 이에 따라 건강정보 중 민감정보에 해당하는 건강정보
(또는 진료정보)의 범위의 결정, 민감정보 중 의료정보의 범위 등은 여전
히 입법적으로 해결되지 않고 있다.

---

50 구체적으로 우리 의료법(제21조의2)에 따르면 의료기관은 환자 또는 보호자의 동
    의가 있는 경우 진료정보를 다른 의료기관으로 이송할 수 있다. 의료법 제2조 제2
    항에 따르면 응급환자의 경우 진료기록 사본을 "지체없이" 이송하도록 규정하면
    서 제3항에서는 진료기록전송지원시스템을 활용할 수 있도록 규정하고 있다. 또
    한, 의료법 시행령(제10조의3)에 따르면 다른 의료기관은 "설립목적이 보건의료
    또는 사회보장 관련 기관"으로 하고 있으며 위탁기관도 이에 포함하고 있다.

51 또한 의료법은 전자의무기록의 표준적, 통일적 관리를 권고(제23조의2)하고 있으
    므로 표준화된 의료정보를 일정한 법적 요건(동의, 응급상황)을 갖춘 경우 교류할
    수 있도록 하고 있다. 의료법 시행령(제10조의5-7)에는 전자의무기록 표준, 인증
    에 관한 구체적 사항이 규정되어 있다. 의료법 시행령(제10조의5)에 근거하여 제
    정된 "진료정보교류표준"의 경우, 의료정보의 저장 및 전송시스템을 표준화하고
    있다. 한편, 2019년 하반기부터 도입될 예정인 "전자의무기록 시스템 인증제"의
    경우, "상호운영성 및 보안성" 부분을 강화하여 진료정보에서 보안의무를 강조하
    고 있다. 보건복지부 고시 제2016-233호(2017.1.1. 제정). 김수민·박정선, "의료
    법상 진료정보교류를 위한 법제도적 고찰,"『한국콘텐츠학회논문지』, 제17권 제
    10호, 2017, 483-485면.

한편, 개별 분야에 해당하는 경우 동의절차에 관한 규제체계가 달리 적용된다. 예컨대 인간대상연구를 규율하는 생명윤리법(제16조 등)의 경우, 연구대상자로부터 별도의 동의를 받아야 한다고 규율하는 반면, 연구목적으로 익명화된 정보에 대해서는 동의가 면제되며(개인정보보호법 제18조), 암 관리·심혈관질환 관리 등에 관한 법률의 경우 개인정보보호법 적용을 제외하고 있다.

대상	주요 내용	근거규정
전자의무기록 (EMR)	작성·보관, 표준화, 부당한 경제적 이익 금지	의료법 제23조, 의료법 제23조의2, 의료법 제23조의3
진료기록 열람	본인, 가족(요건 갖춘 자), 다른 법률상 요청하는 경우	의료법 제21조
진료기록 송부	의료기관 간 진료기록 송부 진료기록전송시스템 구축·운영 위탁받은 전문기관의 보안성·안전성 확보 의무	의료법 제21조의2
개별 분야 해당 시 당해 법률 적용	(인간대상 연구) 연구대상자 동의 필요	생명윤리법 제16조, 생명윤리법 제18조
	(통계 등 연구목적) 익명화 처리 시 동의면제	개인정보보호법 제18조
	(연구목적) 개인정보보호법 적용 제외	암관리법 제14조 심혈관질환 예방 및 관리에 관한 법률 제6조 등

(2) 우리나라에서의 논의과정

우리나라의 경우 전자의무기록(EMR) 도입이 미국에 비하여 빠른 시점인 2010년경에 이루어졌으므로 기록의 열람 및 활용에 관한 논의도 이루어졌지만 의료정보의 활용 및 동의에 관한 사회적 합의가 이루어지지 않아 입법화 논의가 빠르게 진행되지는 못하고 있다. 구체적으로

2009년 보험업법 개정 논의는 질병정보 공유를 목적으로 제정이 추진되었으며, 2016년 의료법 개정안(제23조의2)이 신설되어 전자의무기록의 표준화 및 정보활용이 촉진되고 있다. 이후 의료정보 보호 및 활용과 관련하여 대법원의 판단이 이루어지지는 않았지만 처방전(EMR 형태)의 약국전송 모바일 애플리케이션을 제작, 약 7,800만여 건의 민감 정보(이름, 성별, 진료병원 등, PHI에 해당)를 환자 본인의 동의 없이 저장·전송한 사례에 대한 판결,[52] 요양급여 청구를 위하여 청구정보 전달 프로그램을 통하여 암호화한 청구정보를 전송한 사건[53]의 경우, 2019년 고등법원에서는 행정청(약학정보원)이 개인정보보호법을 위반하였다고 판단하였으나, 원고의 손해가 입증되지 않으며, 당해 정보가 통계자료 생산 목적으로 활용되었을 뿐 원고의 권익을 해할 만한 다른 목적으로 사용된 것이 아니므로 손해배상을 인정하지는 않았다.

그간 중요한 개인정보 유출관련 판례(GS칼텍스 사건,[54] 3개 카드사 사건[55] 등)에서는 위탁관리직원 등이 고의적으로 정보를 유출한 경우, 보안시스템 관리자로서 감독의무(저장매체 반·출입 통제 의무), 보안시스템 기록 의무(접속기록 내용 저장 및 점검 의무, 암호화 조치 의무) 충분한 보안조치를 갖추었는지에 관한 판단[56]이 이루어질 것으로 예상된다.

---

52 SK텔레콤 사건의 경우, 개인정보보호법 위반 등으로 현재 사건이 진행 중이다.

53 약학정보원-IMS헬스코리아 사건의 경우, 민사소송 항소심에서 손해발생이 입증되지 않았다는 점을 이유로 개인정보보호법 위반이 아니라고 판단하였으며, 형사소송 항소심은 현재 재판이 진행 중이다. 특히 당해 사건은 영국 Care.data 사건, 대만 전민건강보험 사건 등 의료정보 보호 필요성에 관하여 논의가 이루어질 것으로 생각된다. 박대웅·류화신, "보건의료 빅데이터 법제의 쟁점과 개선방향 ―시민참여형 모델구축의 탐색을 중심으로―,"『법학논총』, 제34집 제4호, 7-18면; 이호영, "약정원-IMS헬스, 민사 항소심도 승소 … "손해 입증 부족,""『메디파나』, 2019년 5월 3일자.

54 대법원 2018.12.13., 2018다219994, 2018다220000.

55 서울중앙지방법원 2018.5.15., 2017가단58305.

56 전승재·권헌영, "개인정보 유출로 인한 손해배상 제도에 관한 고찰 ―신용카드 개인정보 유출 소송을 통해 드러난 제도적 한계를 중심으로―,"『경제규제와 법』,

2. 미국 사례연구의 시사점

미국 의료정보 관련 법제를 분석한 결과, 의료정보를 활용목적, 대상 정보에 따라 상세하게 규율하여, 보호의료정보(PHI)에 대한 유출금지 및 보안절차 유지의무를 엄격하게 규율, 의무위반행위에 관하여 연방정부에서 집행하되, 그 밖의 정보의 경우에는 전문가 합의 또는 세이프하버 방식을 통한 비식별화조치 또는 제한정보체(limited data set)의 형태로 내부 심의(IRB 등)를 거쳐 목적범위 내에서 활용할 수 있도록 규율하고 있다.

이에 따라 연방법 도입 이후 미국 보건복지부 인권국은 연방법인 HIPAA를 적극적으로 집행, 과징금 부과처분 등을 이행하여 왔다. 대체로 과징금 부과는 보호의료정보(PHI)의 유출(직접유출, 간접유출, 홈페이지 유출, 대량정보, 개별정보, 의료진 일탈행위 등), 의료기관의 위험관리책임(시스템 점검, 제3자 정보공개 시 절차준수의무) 등에 대하여 이루어졌으며, 법령 위반 시 정보유출의 고의성, 정보주체의 동의여부와 동의의 유형(구체적 정보제공 및 인지), 피해정도에 따라 과징금액이 산정·부과되고 있다.

의료정보를 개인정보의 일부로 보아 규율하고 있는 우리 법체계에서는 의료정보의 유출 및 위험관리책임에서 의료정보의 특수성을 반영하기 어려운 한계가 있다. 예컨대 의료정보가 유출될 경우 개인정보관리책임만 적용되므로 의료정보의 민감성에 따른 별개의 과징금부과 등 행정처분이 이루어지지 어려우며, 현행 법체계에서 개인정보보호 측면이 강조될 경우, 사실상 의료정보의 활용이 이루어지고 있는 영역(치료, 연구, 보건정책목적 등)은 개별 법률에서 특별한 규정이 없는 한 일반법으로 포섭되지 못하는 결과가 나타난다. 이에 따라 본고에서 검토한

바와 같이 미국의 의료정보보호 법제의 도입사례 및 적용사례 등을 참
조하되, 우리 정보 및 의료에 관한 법률에서 규정하고 있는 공법적 가
치를 고려하여 정보유출 방지, 보안의무 강화, 연구 및 치료목적의 정
보 활용 기준 및 절차 명확화 등의 제도적 보완이 고려되어야 할 것으
로 생각된다.

〈저자 약력〉

이희정
서울대학교(법학박사)
고려대학교 법학전문대학원 교수

김재선
미국 Washington University in St. Louis (J.D.)
고려대학교(법학박사)
부산대학교 법학전문대학원 교수

박정연
고려대학교(법학박사)
국립 한경대학교 법경영학부 교수

박현정
고려대학교(법학석사)
식품의약품안전처 사무관

이은솔
한양대학교 법학과 졸업
고려대학교 법학전문대학원 4기
한국제약바이오협회 변호사

이하원
고려대학교(법학 박사과정 수료)
사법연수원 38기
HK inno.N 법무팀장

최미연
고려대학교(법학 석사과정 수료)
사법연수원 45기
(주)비보존제약 사내변호사

파안연구총서 개척 03

의약품 · 의료기기 관련 산업과 법

-

초판 인쇄 2020년 12월 21일

초판 발행 2020년 12월 31일

-

저 자 이희정(기획) · 김재선 · 박정연 · 박현정 · 이은솔 · 이하원 · 최미연

발행인 이방원

-

발행처 세창출판사

신고번호 제300-1990-63호

주소 03735 서울시 서대문구 경기대로 88 냉천빌딩 4층

전화 02-723-8660 팩스 02-720-4579

이메일 edit@sechangpub.co.kr   홈페이지 www.sechangpub.co.kr

블로그 blog.naver.com/scpc1992 페이스북 fb.me/sechangofficial 인스타그램 @sechang-official

-

ISBN 979-11-6684-007-4 93360